GÜTERSLOHER
VERLAGSHAUS

Hermann Detering

# Die LUST der WELT und die Kunst der Entsagung

Gütersloher Verlagshaus

# INHALT

# EINLEITUNG

## »Konsum tut gut«

*»›Wir haben das Glück erfunden‹ –*
*sagen die letzten Menschen und blinzeln.«*
Friedrich Nietzsche[1]

Nie ging es uns so gut wie heute. Wovon wir als Kinder träumten, scheint endlich Realität. Das Schlaraffenland, es existiert. Zwar gibt es noch keine Bäume aus brauner Schokolade und auch keine Bäche aus gelber Limonade, aber das Leben ist schön. In den Auslagen der Kaufhäuser und Einkaufspassagen, die so einladend drapiert und ausgeleuchtet sind, wird uns nicht nur angeboten, was wir uns wünschen, sondern auch, was wir uns nicht wünschen und trotzdem haben müssen. Charmant lächelnde Verkäuferinnen, die nach »Narciso Rodriguez« duften, zeigen uns ihre perlweißen Zähne und wickeln unsere Ware in buntes Seidenpapier.
Man ist gut drauf. Unsere Fernsehprogramme sorgen immer für gute Unterhaltung. Alles ist leicht und locker, eben easy, und auch ein bisschen sexy. Die Werbung informiert uns stündlich über neue Produkte. Über den Tod wird nur noch selten geredet. Es gibt einen Totensonntag, aber dann beginnt eigentlich schon der Weihnachtseinkauf. Und die Schokoladenweihnachtsmänner stehen eh seit September in den Regalen. Warum lange warten? Genuss sofort ist kein Problem. Wozu haben wir Banken? Bei Überschuldung hilft uns Peter Zwegat. Weiche Drogen sind weithin akzeptiert und auch die härteren sind uns nicht ganz unbekannt. Das Schönste aber: Wir *dürfen* nicht nur, wir *müssen* konsumieren. Das ist inzwischen sogar eine Art moralischer Verpflichtung,

denn: »Konsum tut gut.«[2] Wir konsumieren nicht nur für unser Wohlergehen, sondern auch für das unseres Landes, für Europa und für die ganze Welt. Wir haben begriffen: Nur Wachstum zählt. Überhaupt hat sich das Bild des Konsumenten in den letzten Jahren grundlegend gewandelt. Früher sprach man vom »Konsumidioten«. Heute wissen wir, das war ein Irrtum. Der Konsument ist in Wahrheit ein Wohltäter, ein Albert Schweitzer, eine Mutter Theresa der schönen Neuen Welt. Wie Kinder, die brav ihre Hausaufgaben machen, werden wir von unseren Politikern und Wirtschaftsleuten für stets vorhandene Konsumbereitschaft gelobt. Das lassen wir uns gern gefallen.

Wir stopfen uns voll und zappen uns durch alle Kanäle. Manche schaffen es, mehrere Programme gleichzeitig zu sehen. Wir shoppen und ficken, denn auch sexuell ist mittlerweile alles erlaubt. Pornos sind schon lange kein Problem mehr. Wem der Weg in den Sexshop an der nächsten Straßenecke zu weit ist, lädt sich was von seinem Laptop herunter. Tabus gibt's nicht. Klar, Kinderpornografie ist nicht o.k. – solange man sich nicht erwischen lässt –, aber sonst? Wer wollte den Moralapostel spielen? Die Zeiten haben sich geändert. Wir sind nicht mehr im 19. Jahrhundert. Und weil die Liebe kein endlich limitiertes Gut ist, leben einige von uns in polyamoren Netzwerken, ganz ohne Stress, denn Eifersucht ist ein alter Hut.

Wir sind eine Informationsgesellschaft. Radio, Fernsehen und Internet halten uns jederzeit auf dem Laufenden. Wir müssen nur aufpassen, dass wir nichts verpassen. Weil wir gut informiert sind, haben wir zu jedem Thema eine Meinung. In den Internetforen können wir unter Pseudonymen wie »Silberstern« und »Wasserfloh« mit »Sartre« und »Ratte« diskutieren und herausbekommen, wer am besten informiert ist.

Was Huxley und Nietzsche kaum zu denken wagten, haben wir geschafft: »Man ist klug und weiß alles, was geschehen ist: So hat man kein Ende zu spotten. Man zankt sich noch, aber man versöhnt sich bald – sonst verdirbt es den Magen. Man hat sein Lüstchen für den Tag und sein Lüstchen für die Nacht; aber man ehrt die Gesundheit.«[3]

Die schlimmsten Risse in der schönen Fassade unserer Wohlstands-, Informations- und Überflussgesellschaft sind freilich nicht zu übersehen. Klimaerwärmung und Atomstrom sind seit langem die Dauerbrenner in unseren Medien, mit viel Kontroversen und anschließendem Chat mit Experten. Irgendwo muss ja die Energie zur Produktion unserer Konsumartikel herkommen, die wir so dringend benötigen wie der Junkie den Stoff. Zum Glück gibt es Windräder und Fotovoltaik-Anlagen. Mit denen beruhigen wir unser Gewissen. Dass sich die Rohstoffe verknappen und wir den nachkommenden Generationen einen geplünderten Planeten hinterlassen, können sie auch nicht verhindern. Und was die Landschaft betrifft: In den Urlaub fliegen wir ohnehin nur nach Tansania oder auf die Malediven und überhaupt dorthin, wo uns keine Windräder und Atomreaktoren stören. Dass die idyllischen Plätzchen auch immer rarer werden, schert uns nicht, solange es sie zu unseren Lebzeiten noch gibt.

Unsere Gier wirft lange Schatten. Es geht schon lange nicht mehr um ein paar Pausenbrote im Papierkorb. Ein Projekt zur »Verringerung von Lebensmittelabfällen« will herausgefunden haben, dass ca. 25 % – 50 % unserer Lebensmittel im Abfall landen.[4] Nicht etwa deswegen, weil wir uns die längst überfällige Gewichtsdiät verordnet hätten, sondern weil sie nicht mehr unseren hochgeschraubten Qualitätsvorstellungen genügen. Während wir immer älter werden, legen wir besonderen Wert auf Frische.

Geiz ist geil, aber die Gier, so scheint es, ist noch viel geiler. Rating-Agenturen und Börsenspekulanten treiben Staaten und Politiker wie Hasen bei einer Hetzjagd vor sich her. Raffgier ruiniert ganze Länder. Die Verschuldung der Staatshaushalte hat schwindeler-

regende Höhen erreicht. Eine kinderarme Gesellschaft wälzt ihre Schuldenlast auf die Schultern der nachfolgenden Generationen. Schlimmer noch ist die gefühlte Unzufriedenheit, die doch eigentlich gar nicht sein dürfte, da wir im Prinzip jederzeit gut drauf sind. Aber das ist natürlich auch nur Schein, Strategie, um gegen Leere und Langeweile anzukämpfen, die unter der glatt polierten Oberfläche lauern. Manchmal werden sie in uns übermächtig. Dann greifen wir zum Glas, betäuben unsere Nerven mit Tabletten oder bestäuben unsere Nasenspitzen mit Koks. Nach kurzer Euphorie fühlen wir uns so ausgebrannt wie die Oberfläche des Planeten, den wir hinterlassen. Burn-out.
Zum Drogenkater gesellt sich der sexuelle Frust. Trotz der Vielzahl sexueller Reize und Möglichkeiten will sich keine Befriedigung mehr einstellen. Der ständige Partnerwechsel macht uns unsere eigene Austauschbarkeit bewusst. Weil wir überall Sexualobjekte sehen, sind wir selbst welche geworden. Das kränkt unser Selbstwertgefühl.
Die Möglichkeit, per Netz und Satellit überall dabei sein zu können, hat Folgen für unsere Privatheit. Die Ruh' ist hin, seitdem unser Herz für die Erdbebenopfer in der Türkei, für die des Hochwassers in Pakistan, des Reaktorunfalls in Fukujima und für den ganzen Erdkreis schlagen muss; seitdem wir durch Laptop, Handy und Smartphone zu jeder Zeit und an jedem Ort für jeden erreichbar sind. Weil wir überall gleichzeitig sein wollen, sehen wir nur noch mit einem Auge hin und hören nur noch mit einem Ohr zu. Das andere Auge verfolgt den Nachrichtenticker des Online-Magazins. Das andere Ohr haben wir für unser Smartphone oder den Kopfhörer unseres MP3-Players reserviert, auf dem wir über tausend Musiktitel speichern können. Unsere Hände sind, wie die des Klavierspielers, auf Unabhängigkeit trainiert. Während die eine den »Coffee-to-go«-Becher umfasst, fliegt die andere über die Tastatur unseres Laptops oder schreibt eine SMS. Man nennt

das »double tracking« oder – wo mehr als zwei Beschäftigungen gleichzeitig verrichtet werden – »multitasking«.
Je gieriger wir die Gegenwart ausschlürfen wollen, umso mehr entzieht sie sich unserem Zugriff. Es gibt kein Leben mehr aus einem Guss. Wir sind nur noch halb da. Weil wir nichts verpassen und alles auskosten wollen, zerstückeln wir uns und unsere Tage. Überfordert durch die Anzahl der Möglichkeiten zur Zerstreuung, beginnt unser Leben zu metastasieren. Wir werden krank oder fangen an, uns von unserer Langeweile paralysieren zu lassen. Unser Leben bekommt den faden Geschmack eines verzappten Fernsehabends.
Inzwischen dürfte klar geworden sein: Wer glaubt,

- dass der wahre Charakter einer Sache ihr Warencharakter ist,
- dass sich die Probleme seines Lebens mit Beauty, Wellness, Fitness oder einem Frühbucherrabatt lösen lassen,
- dass ein »Traumtrip« eine Sache des Geldbeutels ist,
- dass sich die Lebensfreude proportional zum Wirtschaftswachstum verhält,
- dass die von unserer Gesellschaft entwickelten Lebensformen alternativlos seien,
- dass sich durch den Kauf eines neuen Mac, iPhone, iPod oder die Installation des neuesten Software-Pakets irgendetwas Wesentliches in seinem Leben ändern könnte,
- dass Steve Jobs auf dem Wasser wandeln konnte,
- dass die Medien zu wenig über die Aktienkurse informieren,
- dass die Worte »Innovation«, »Leistungsträger«, »Lebensqualität« einen guten Klang haben,
- dass uns die Bilanz des Einzelhandels zum diesjährigen Weihnachtsgeschäft den Sinn des Festes erklären kann,
- dass Falten hässlich sind,
- dass Botox schön macht,

wird bei der Lektüre der folgenden Seiten nicht auf seine Kosten kommen.
Zur Klarstellung sei allerdings gesagt, dass es in diesem Buch keineswegs nur um eine Kritik an der Konsumgesellschaft oder um eine Einladung zum Konsumverzicht geht. Falls die eine Leserin oder der andere Leser sich dazu anregen lassen sollte, so wäre dies durchaus im Sinne des Autors. Und doch wäre es eine sehr verengte Sicht, den Gegenstand des Buches lediglich vor der dunklen Folie einer drohenden globalen Katastrophe zu betrachten, wie dies heute weithin geschieht. Ein Blick auf die Geschichte des Askesegedankens kann zeigen, dass der bewusst geübte Verzicht schon immer eine wesentlich umfassendere Bedeutung besaß. Er war – als Mittel zur Disziplinierung und Kontrolle menschlicher Bedürfnisse – nicht nur ein Weg zur Erlangung innerer Freiheit, sondern auch zur Selbst- und Gottfindung. Die Aufforderung, »den Gürtel enger zu schnallen« und zugunsten künftiger Generationen zu verzichten, hat heute zweifellos ihre Berechtigung. In der Geschichte des Verzichts handelt es sich dabei um einen recht spät auftauchenden Gesichtspunkt, der erst seit den 70er-Jahren des letzten Jahrhunderts vor dem Hintergrund der sich zuspitzenden globalen Krise ins Gespräch gebracht wurde.
Eine umfassend verstandene Askese, die den persönlichen Aspekt einbezieht, schließt den bewussten Konsumverzicht selbstverständlich nicht aus, aber dieser erhält dadurch eine tiefere Dimension. Es geht nicht »nur« um globale Fragen der Zukunft unseres Planeten – die freilich wichtig genug sind –, sondern um das persönliche Verhältnis des Einzelnen zur Welt. Es geht nicht »nur« um die Rettung der Welt, sondern schlicht um unser Menschsein. So richtet sich dieses Buch an all diejenigen, die sich noch nicht ganz im Dschungel unserer heutigen Überflussgesellschaft verloren haben und die sich trotz einer sich endlos drehenden Werbeschleife und trotz Mediendauerberieselung eine unbestimmte

Sehnsucht nach etwas anderem bewahrt haben, von dem sie selbst nicht genau wissen, was das ist oder sein könnte. Die kurz vor dem Einschlafen oder manchmal auch beim Aufwachen das Gefühl überkommt, am Eigentlichen vorbeizuleben, den Jugendträumen ihres Lebens untreu geworden zu sein, die Poesie ihres Lebens verraten zu haben, zu tun, was sie niemals wollten und preisgegeben zu haben, was ihnen das Wertvollste schien: ihre persönliche Freiheit.

## Die Kunst der Entsagung

Schon die wenigen einleitenden Überlegungen könnten gezeigt haben: Askese oder die »Kunst der Entsagung«, wie wir von nun an öfter sagen, ist im Wesentlichen eine freie Kunst. Sie ist es deswegen, weil das Ziel, um das es dabei geht, Freiheit ist. Nicht die freie Gesellschaft, sondern die persönliche Freiheit des Einzelnen. Die Kunst der Entsagung gehört aber nicht nur deswegen zu den freien Künsten, weil sie frei macht, sondern weil sie jedem Einzelnen eine freie Entscheidung abverlangt, die er jederzeit – auch unter den unfreiesten Bedingungen – für sich treffen kann. Insofern ist sie keineswegs »ein Vergnügen an Dingen, welche wir nicht kriegen«, wie es bei Wilhelm Busch heißt. Das würde bedeuten, dass wir aus der Not, also unserer Unfreiheit, eine Tugend machten. Davon kann nicht die Rede sein, jedenfalls nicht im Allgemeinen.

Indessen wäre es unredlich zu unterschlagen, dass der ehrbare Wunsch nach einem anderen Leben häufig mit unangenehmen Erfahrungen zu tun hat. In der Hauptsache handelt es sich dabei um Gefühle des Ekels. Die Skala reicht vom Konsumekel über Gesellschaftsekel und Weltekel bis hin zum Selbstekel. Jemandem, der das nicht kennt, ist schwer zu vermitteln, worum es geht. Wer nicht spürt, dass die Präsentation eines Kühlregals mit, sagen wir, 25 bis 30 verschiedenen Joghurtsorten eine natürliche menschliche Schamgrenze überschreitet und stattdessen in euphorische Kaufstimmung verfällt, ist für die Kunst der Entsagung vermutlich verloren. Oft ähnelt unsere Entscheidung für den Verzicht dem Wunsch des Kranken nach Gesundheit.

Schließlich gehört die Kunst der Entsagung auch deswegen zu den freien Künsten, weil wir sie kostenfrei bekommen und sie uns jederzeit verfügbar ist. Wir können sofort mit ihr beginnen. Wir brauchen keine weiteren Voraussetzungen, keine andere Gesellschaft, kein Starterkit und auch kein zinsgünstiges Startkapital, keine teure Abenteuerausrüstung mit Klamotten von »Jack Wolfskin«, wir sind so frei und benötigen – rein gar nichts.

## Von Säulenheiligen und anderen Entsagungskünstlern

Nachdem der Leser ein wenig ins Thema eingeführt wurde, wird er nichts dagegen haben, wenn wir gemeinsam mit ihm eine Galerie von Entsagungskünstlern und -meistern besichtigen, anhand derer wir uns das bisher Gesagte veranschaulichen. Gegenüber allgemeinen Grundsatzerklärungen hat unsere Führung den Vorteil, konkrete Einsichten ohne moralisierenden Unterton zu vermitteln. Sie ermöglicht uns, vom Leben zu lernen, das bekanntlich der beste Lehrmeister ist.

Zugegeben, es gibt schwierige Typen unter unseren Exponaten, einige mürrische Sonderlinge, deren altersweises Grummeln nicht jedermanns Sache ist, dazu ein paar dreckstarrende Wanderasketen und Waldbewohner, Säulen- und Baumheilige, Hungerkünstler, Ketzer, Selbstversorger, mit anderen Worten: gesellschaftliche Außenseiter zuhauf und in Fülle. Man muss sie schon mögen. Gleichwohl will der Verfasser nicht verhehlen, dass er sich in ihrer Gesellschaft immer wohler gefühlt hat als in der gewisser Weltverbesserer, die unter dem Applaus des Publikums eloquent den Mund spitzen und auf jede gesellschaftlich relevante Frage eine gesellschaftlich relevante Antwort parat haben. Im Vergleich zu ihnen schienen sie ihm immer die besseren Welt- und Menschenkenner, ja, die eigentlichen Philosophen. Zu solchen gehört nun einmal jene Distanz, die wir anderswo oft schmerzlich vermissen. Wir sollten überdies nicht vergessen, dass diese Männer und Frauen im Gegensatz zu den nervigen Optimisten und Weltverbesserern meistens persönlich integer waren und sich selten etwas zuschulden kommen ließen. Selbst die größten Misanthropen unter ihnen blieben höflich und bewahrten Haltung. Außerdem waren sie tierlieb, und manche von ihnen lebten nur von Gemüse. Davon, dass durch sie Unruhen verursacht oder gar Kriege ausgelöst worden wären, kann nicht die Rede sein. Sie haben bisweilen gesagt, was niemand hören wollte, aber wer kann für die Wahrheit oder was er dafür hält? Dass diese Wahrheit gar mit Mitteln der Gewalt durchgesetzt werden müsste, kam ihnen selten in den Sinn. Nur wenige drängte es in die Welt, um sie zu verändern, die meisten hielten sie für unveränderbar. Keinen verlangte es danach, ihre Wahrheit anderen mit Gewalt aufzuzwingen. Vielleicht, dass ihr Mitteilungsdrang und Optimismus anfangs noch etwas stärker waren, bis sie merkten, dass ihre Botschaft nicht gut ankam. Da zogen sie sich zurück und waren einfach mal weg – entweder in ihren eigenen vier Wänden oder in der Wüste, im Wald, im Kloster, unter der Brücke oder auf ihrer Säule. Na und?

Schön ist auch, dass das Evangelium der Entsagung keine nationalen oder kulturellen Beschränkungen kennt, sondern ein universales ist. Mit Bezug auf seine Vertreter könnte man geradezu von einer »Internationalen der Entsagungskünstler« sprechen. In ihnen vereint sich nicht nur die Schnittmenge vieler Konfessionen und Denominationen, sondern auch die der Religionen und Philosophien. Die Kunst der Entsagung ist weder an Nationen noch Kulturen, weder an Kontinente noch Zeiten gebunden.

Auch wenn Glaube und Weltanschauung einzelner Entsagungskünstler ganz unterschiedlich gewesen sein mögen, rein menschlich betrachtet ähnelten sie einander sehr. Und vielleicht liegt darin ja auch das Besondere, das sie für uns bis heute so anziehend macht und ihnen im Gedächtnis der Menschheit, die diesen Namen verdient, allezeit einen Platz sichern wird: ihre Reduktion des Menschen auf das absolut Wesentliche, Essenzielle. Indem sie alles abstreiften, was ihnen überflüssig erschien oder zum Hals heraushing, indem sie alles fortwarfen, was sie für Ramsch erachteten, machten sie aus dem mit Klamotten von »Chanel« bekleideten, mit Schmuck von »Cartier« behängten und nach Wässerchen von »Dior« duftenden Affen wieder einen Menschen – und das ganz ohne volkspädagogische Absicht. Sie gaben den mit teurem

Make-up gepuderten, mit Botox aufgespritzten, gelifteten und hinter den Ohren befestigten Masken wieder die menschlichen Züge und das Lächeln zurück. Im Allgemeinen geschah dies sogar unfreiwillig, denn das eigene Seelenheil beschäftigte unsere Entsagungskünstler oft mehr als das Heil der Menschheit oder das Wohl des Planeten im Ganzen.

Ein wenig ist das wie in der Musik oder im Theater, wo uns nach dem Hören einer »Symphonie der Tausend« oder der Aufführung eines Theaterstückes mit 20 Haupt- und über 50 Nebendarstellern das Gefühl überkommt, eine schlichte zweistimmige Invention von Bach könne die Ehre der Musik oder ein Einakter von Beckett die des Theaters retten. Nur dass es in unserem Fall nicht um die Kunst, sondern um den Menschen geht.

Was die meisten Entsagungskünstler außerdem miteinander verbindet, ist eine herzliche Abneigung gegen das Establishment, das jeweils unterschiedliche Namen trägt und in dem je nach Kultur und Epoche unterschiedliche Herren den Ton angeben: Kaiser, Könige und ihre Getreuen, Päpste, Kirchenfürsten, Literaturkritiker, Chefintendanten oder Vertreter von Investmentbranche und Einzelhandel. Überflüssig zu sagen, dass diese Abneigung in der Regel auf Gegenseitigkeit beruht. Wer wen weniger leiden kann, lässt sich schwer feststellen. Offenbar reagiert nicht nur der Entsagungskünstler auf das, was ihm die Kinder der Welt zugefügt haben, auch diese, sobald sie bemerken, dass man sie nicht mag, reagieren auf den Affront empfindlich und schlagen zurück. Dann schleudern sie dem Entsager das Wörtchen »Versager« wie ein spitzes Messer hinterher. Allein es trifft nicht mehr und ist bereits das Eingeständnis ihrer Niederlage. Jeder Rückzug eines Einzelnen macht für alle sichtbar, dass die Welt, in der sie und über die sie Herren zu sein glauben, so bedeutsam gar nicht ist. Schlimmer als diejenigen, die ihnen den Rang ablaufen wollen und mit ihnen um Macht und Vorrangstellung kämpfen, sind diejenigen, die von ihnen gar keine Notiz nehmen. Die dem, worüber sie als stolze Könige zu herrschen glauben, gar keine Bedeutung schenken. Der Medusenblick, mit dem man sie zu bannen suchte, damit sie gesellschaftliche Verantwortung übernähmen, Familien gründeten, Kinder kriegten, zur Wahl gingen, Weihnachtseinkäufe tätigten, Steuern zahlten und sich's im Übrigen wohl sein ließen in der von ihnen eingerichteten Welt, hat seine Wirkung verfehlt. Er wird einfach ignoriert. Die Bilanzen der Finanzleute imponieren nicht. Die eindringlichen Appelle der Politiker verhallen ungehört. Die scharfsinnigen Analysen der Wissenschaftler beeindrucken nicht. Die einhellige Meinung von Medien und Medienmachern löst Gelächter aus. Der wohlmeinende Rat von Ärzten und Psychotherapeuten wird einfach übergangen. Um sich am »gesellschaftlichen Dialog« zu beteiligen, fehlt es an Zeit und Lust. Die Kinder dieser Welt haben sich einmal mehr als begabte Marionetten eines traurigen Systems entlarvt, das sie zu beherrschen glaubten und das, wie nun deutlich wird, in Wahrheit sie beherrscht. Nicht um aufzubegehren und zu verändern, sondern um sich zu verabschieden, blickt man noch einmal zurück. Von nun an werden eigene Spielregeln erfunden.

Indem unsere Entsagungskünstler zu der von ihnen verachteten Welt auf radikale Distanz gingen, bewirkten sie indirekt, was von ihnen gar nicht beabsichtigt war. Weil sie die Welt als einen für sie unbewohnbaren Ort verließen, machten sie sie paradoxerweise für viele andere wieder bewohnbar. Denn nun zeigte sich: Sie ist keineswegs nur Tummelplatz von raffgierigen Börsenspekulanten, bis auf die Zähne bewaffneten Militärs und korrupten Politikern, an dem die unerbittlichen Gesetze des Marktes inklusive des Rechtes des Stärkeren gelten, sondern ein Ort, an dem es sogar Menschen gibt.

Die radikalsten Entsagungsmeister gingen sehr weit. So weit, dass es das Vorstellungsvermögen des Normalbürgers mit seinem naiven »Yes, we can«-Optimismus gänzlich sprengt. Hier ist nicht nur das Vertrauen in den Menschen und in dessen Fähigkeiten zum sogenannten Guten generell erschüttert, sondern die ganze Beziehung zur Welt und ihrem Schöpfer hoffnungslos infrage gestellt und unumkehrbar zerrüttet. Der Wurm sitzt überall – selbst in dem, was man landläufig so »Gott« nennt.

## Aspekte der Entsagung

Auf den ersten Blick scheint die Fülle der Entfaltungsmöglichkeiten, die dem Entsagungskünstler zur Verfügung stehen, unerschöpflich. Enthaltung bedeutet ja immer Enthaltung von etwas, d. h. in der Regel von bestimmten lustvollen Beschäftigungen. Da nun aber die Liste der mit Lust ausgeübten menschlichen Tätigkeiten sehr lang ist,[5] ist es auch die der Dinge, deren sich der Entsagungskünstler enthalten kann. Zu jeder positiven Betätigung gibt es eine negative Entsprechung. Dabei ist allerdings zu bedenken, dass die üblichen Bewertungsmaßstäbe vom Entsagungskünstler auf den Kopf gestellt werden. Schlecht ist, was dem Körper gut tut, und gut ist, was dem Körper widerstrebt. Dass nicht alles, was dem Körper widerstrebt, für ihn schlecht sein muss, erkennt man daran, dass gerade Entsagungskünstler oft gesünder sind als andere Menschen und häufig auch viel älter werden.
Konkret bedeutet das Gesagte: Der von den meisten Menschen mit Lust ausgeführten Tätigkeit des Essens setzt der Entsagungskünstler das Fasten entgegen, der des Trinkens den Verzicht auf Getränke, zumal dann, wenn es sich dabei um alkoholische handelt. Der von den meisten Menschen mit ebensolcher Lust und nicht nur zum Zweck der Fortpflanzung geübten geschlechtlichen Betätigung wird die vorübergehende oder gänzliche sexuelle Enthaltsamkeit entgegengesetzt. Auch die Kleidung, weil sie den Körper wärmt oder dem Träger soziales Prestige verleiht, steht als potenzielles Komfort- und Luxusobjekt unter grundsätzlichem Vorbehalt. Entsagungskünstler, die in den kälteren Zonen leben, werden kaum ganz auf sie verzichten können und sich bei ihrer Askese nur auf ein paar möglichst einfache, praktische Kleidungsstücke beschränken. Dagegen kann es in den wärmeren Regionen und dort, wo es die äußeren Umstände zulassen, durchaus vorkommen, dass sich der Entsagungsmensch seiner Kleidungsstücke

gänzlich entledigt und so lebt, wie Gott ihn schuf. Selbstverständlich gilt dasselbe auch für jede Art von Schlafkomfort. Während die meisten Menschen gerne in weichen Daunenkissen versinken, bevorzugt der Entsager den nackten Erdboden. Für manche von ihnen, wie z. B. den Säulenheiligen, ist schon Liegen Luxus; sie verbringen ihre Tage und Nächte im Stehen auf der Säule und sind in der Lage, selbst stehend zu schlafen. Wieder andere gehen noch einen Schritt weiter und sehen bereits im Schlaf Versuchung und diabolische Aufreizung der Sinne; sie bemühen sich daher, ihn so gut wie möglich zu vermeiden. Dem Besitz wird der Verzicht auf Besitz entgegengestellt. Der Verwurzelung an einem festen Wohnort die dauernde Unbehaustheit. Doch gibt es auch das Gegenteil! Während die Entsagung für den einen bedeutet, heimatlos durch die Welt zu streunen, besteht sie für den anderen darin, sich in einer Klause einzuschließen, die er zeitlebens nicht mehr verlässt. Weil die meisten Menschen ihre Lust daran haben, den ganzen Tag zu reden, verlegen sich viele Entsagungskünstler aufs Schweigen. Um den Eigenwillen zu brechen, der im menschlichen Ungehorsam hässlich hervortritt, unterwerfen sich viele dem Gehorsam gegenüber Mitbruder oder Vorsteher. Zum völligen mentalen Verzicht auf die Welt ist eine geistige Schwerpunktverlagerung erforderlich. Sie erfolgt in Meditation und Versenkung oder im Gebet. Wie für den Maler Farbe, Pinsel und Leinwand sind Nahrungsentzug, Schlafentzug, sexuelle Abstinenz, Verzicht auf Körperpflege, unbequeme Kleidung und Meditation für den Entsagungskünstler sozusagen das Handwerkszeug, mit dessen Hilfe er sein angestrebtes Ziel, die völlige Herrschaft über den Körper und möglichst große Freiheit von seinen Begierden zu finden sucht. Dabei können die unterschiedlichen Techniken in jeweils unterschiedlichen Kombinationen angewandt werden. Mal steht Nahrungs- und sexuelle Abstinenz im Vordergrund, ein andermal die »stabilitas loci« (Ortsgebundenheit) in der Zelle oder auf der Säule, wieder

ein anderes Mal allein der Gehorsam, ohne dass eine spezielle Nahrungs- oder Kleidungsabstinenz gefordert wäre.
Der ständige Kampf mit seinem Körper, mit dem er lebenslang auf Kriegsfuß steht und dessen kategorisch eingeforderte Rechte er ständig niederzuhalten oder ganz zu unterdrücken versucht, ist für den Entsagungskünstler nicht nur Lebensthema, sondern auch künstlerische Herausforderung. Ihn am Ende wie einen gezähmten Bären am Nasenring durch die Manege zu führen, ist sein Ideal.

Unsere Galerie der Entsagungskunst besteht aus neun Ausstellungsräumen. Der erste steht unter der Überschrift »Der Verzicht wird entdeckt« und ist den Anfängen gewidmet. »Ex oriente lux« besagt: Der Ursprung liegt im Osten, bei den indischen und buddhistischen Weisen. Wir besichtigen den philosophisch-religiösen Innenraum der frühen Entsagungskunst und lernen die Grundlagen kennen, Weltpessimismus und/oder Identitätsphilosophie, ein Muster, dem wir von nun an immer wieder begegnen. Der Blick des Verzichtenden ist auf befreiende Erlösung gerichtet: Erlösung von der Welt.
Raum zwei ist dem Thema Vegetarismus gewidmet. Fleischverzicht ist wieder aktuell. Die Ursprünge in Europa gehen bereits auf Orphik und Pythagoreer zurück. Hier haben wir Gelegenheit, mehr über die Hintergründe des frühen Vegetarismus zu erfahren und uns mit dessen modernen Tendenzen auseinanderzusetzen.
Vorsicht beim Betreten des dritten Ausstellungsraums! Diogenes von Sinope streckt uns sein Hinterteil entgegen. Mit ihm begegnen wir dem humanistischen, anti-zivilisatorischen »Mensch ist Mensch-« und »Zurück zur Natur-« Typen, der auch heute noch in der Form des »Aussteigers« auftritt. Er unterscheidet sich in der Regel von den anderen durch Desinteresse an Religion, Mystik und Metaphysik, auch in Sachen Philosophie ist er relativ lei-

denschaftslos. Wenn überhaupt, ist er Vertreter einer handfesten Lebensphilosophie, die ohne große Distinktionen auskommt. Abstrakte philosophische Diskussionen interessieren ihn nicht und bieten lediglich Anlass für sarkastische Bemerkungen.
Als Lebens- und Unterhaltungskünstler ist der humanistische Typ Fluxus-Künstler und tritt oft durch Happenings und zeichenhafte Handlungen in Erscheinung, mit denen er seine Umgebung vor den Kopf stößt. Ihn treibt die Einsicht, dass der Mensch unter dem Ballast von Luxus, Reichtum und weichen Betten seine Menschlichkeit verloren hat und daher dringend einer Rückbesinnung auf das wesentlich Menschliche bedarf. Dazu will er gern verhelfen. Seine Entsagung ist nicht als Rückzug aus der Welt, sondern als Rückzug aus der zivilisierten Welt zu verstehen. Auch ihm geht es um Freiheit, freilich im Sinne von Autarkie.
In Raum vier wird der Verzicht getauft. Das zeigt zweierlei: Die christliche Askese musste nicht erst neu erfunden werden, und die frühe Kirche war eine Kirche der Entsagung. Da das letztere inzwischen weithin in Vergessenheit geraten ist, sieht sich der Ausstellungsleiter an dieser Stelle zu näherer Erklärung veranlasst. Dem liberalen Charakter der Führung entsprechend, wollen wir nicht über Sinn oder Unsinn moderner Erotikgottesdienste urteilen. Es soll nur der Hinweis gestattet sein, dass alle, die das Christentum auf historischen Instrumenten hören möchten, dort fehl am Platze sind.
In Raum fünf gibt es eine große Flügeltür. Die ist weit nach draußen geöffnet: Wir folgen dem Gang des Verzichts in die Wüste. Auf den Spuren der Wüstenväter und Säulenheiligen machen wir uns unter anderem über den stimulierenden Effekt des Verzichts auf Imagination und Fantasie Gedanken. Künstlerisch interessierte Besucher und Absolventen musischer Gymnasien sind eingeladen, hier ein wenig länger zu verweilen.
Im nächsten Ausstellungsraum geht es verstärkt um Sex. Dieser

Aspekt des Themas, der schon in den vergangenen Kapiteln diffus herumwaberte, wird nun endgültig auf den Punkt gebracht. Am Beispiel des Kirchenvaters Augustin wird hier eindrucksvoll klar, dass die Entbehrung der Sexualität womöglich die schmerzlichste Seite des Verzichts darstellen kann. Notorische Voyeure erhalten Trost und Rat.
In Raum sieben steht wieder der Verzicht auf Besitz und Nahrung im Vordergrund. Ein Zusammenhang mit Raum sechs ergibt sich nur insofern, als alle in diesem Raum vorgestellten Personen die Überzeugung teilen, dass Armut geil sein kann.
Nach dem Besuch von Raum acht wissen wir, dass der Verzicht im Islam »Dschihad« heißt, ohne Nine-Eleven zu meinen.
Im letzten Ausstellungsraum stehen ein paar Vitrinen zum Thema: »Schrumpftum statt Wachstum«. Wir begegnen dem politischen Typus des Entsagungskünstlers. Mit dem von Diogenes repräsentierten humanistischen Typ verbindet ihn die Freude an spontanen Aktionen und Happenings, denn der politische Entsager ist wie der humanistische vorwiegend Aktions- und manchmal auch Unterhaltungskünstler. Außer den genannten Vitrinen mit alten Schwarz-Weiß-Fotos von »Gammlern«, »Hippies« und anderen gesellschaftlichen Außenseitern gibt es noch eine kleine Nische für den Menschen Gottfried und ein Klettergerüst, auf dem sich Cécile Lecomte, genannt »Eichhörnchen«, abseilen kann.

Ich bitte um Verständnis dafür, wenn die Entsagungskunst in dieser kleinen Galerie nur am Beispiel der profiliertesten Typen vorgestellt wird. Damit sich der Leser am Anblick dieser stolzen Bergmassive erbauen kann, wurde die Messlatte absichtlich sehr hoch gelegt. Von den hohen Gipfeln führt dann eine Reihe von Hängen, Triften und bunten Wiesen in die Niederungen und Täler. Gemeint sind die Bereiche, in denen die hohe Kunst der Entsagung in fließenden Übergängen zu einem fröhlichen Gesellschaftsspiel wird.

Auch in unserer heutigen Zeit finden sich überall Verflachungstendenzen, beispielsweise dort, wo Menschen, angeregt durch amüsante autobiografische Erfahrungsberichte prominenter Fernsehstars, mal eben einen Pilgertrip nach Santiago de Compostela machen, um, ausgerüstet mit einem Pilgerstab aus echtem Kirschbaumholz und Lederschlaufe und einer Pilgermuschel mit zweifacher Bohrung und Umhängeband, die Gebeine des Hl. Jakobus zu besuchen; auch ein Heilfasten mit zehn Übernachtungen in einem Wohlfühlzimmer inklusive frisch gepresstem Heilfastensaft, WLAN-Verbindung und kostenfreiem PKW-Stellplatz direkt vorm Haus gehört wie so vieles andere in diesen Zusammenhang. Exponate der Anhänger dieser Richtung erfüllen natürlich nicht die Voraussetzungen, um in unseren heiligen Hallen aufgenommen zu werden, da es bei ihnen mehr um Wellness, Fitness und Beauty oder die Steigerung des eigenen Prestiges im Kollegenkreis oder in Talkshows geht als um echte alte Entsagungskunst. Wer über Light-Entsagung mehr zu wissen wünscht, sei auf die einschlägige Literatur verwiesen. Unter Titeln wie »Fastenprogramm für zu Hause« oder »Richtig essen nach dem Fasten« wird der interessierte Leser sicherlich das ihm Gemäße entdecken.
Einzuräumen ist, dass solche Bemühungen für viele Menschen nicht selten erste Schritte aus den Armen der Krake Konsumgesellschaft sein können. Solange es nicht nur um Äußerlichkeiten und Schickimicki geht, ist dagegen auch nichts einzuwenden. Der Autor wäre froh, wenn er den Leser zu ebensolchen kleinen oder noch kleineren Schritten veranlassen könnte. Indessen ist er immer noch einem etwas altmodischen humanistischen Grundsatz verpflichtet und glaubt, dass Menschen hauptsächlich an ihren Idealen wachsen. Darum will er sich lieber auf die großen starken Entsagernaturen konzentrieren, die Hardcore-Entsager sozusagen, in der Hoffnung, der Leser möge sich an ihnen emporrichten – ein wenig.

Der perspektivenreiche Standpunkt bringt es mit sich, dass das von ihm gelieferte Bild der Entsagungskunst kein zweidimensionales Schwarz-Weiß-Bild sein kann. Auch wenn gewisse beklagenswerte Phänomene unserer gegenwärtigen Kultur die Neugier nach Alternativen wecken und den Ausgangspunkt unserer Reise bilden, ist klar, dass es dabei nicht um eine Wallfahrt ins Gelobte Land gehen kann. Es müsste als Zumutung für den Leser empfunden werden, wenn ihm das Weltbild eines Säulenheiligen oder das Leben des Diogenes in der Tonne als ernsthafte Alternative zu seinem bisherigen, vermutlich in gutbürgerlichen Bahnen verlaufenden Leben präsentiert würde. Eine Verklärung, wie sie neuerdings in einigen Esoterikbüchern betrieben wird, ist vom Autoren keineswegs angestrebt. Ebenso würde es dem »Aufklärer« in ihm widersprechen, die Augen vor manchen Problemen der Entsagungskunst zu verschließen, wozu vor allem die krass frauenfeindliche Einstellung einer Mehrzahl ihrer Ausübenden gehört, aber auch der von ihnen propagierte enge Verbund von Armuts- und Keuschheitsideal, der in der Regel damit zusammenhängt.
Aber auch zeitgemäßere Alternativen, wie die von Madame Eichhörnchen, wollen vor allem dargestellt und nicht anempfohlen sein. Die unterschiedlichen Ausstellungsräume mit ihren unterschiedlichen Konzeptionen von Entsagung und deren Repräsentanten sollten vom Leser vielmehr als interessante Modellstationen für seinen eigenen Weg aufgefasst werden, d. h. als mögliche Anregungen und Appetizer für sein ganz persönliches Projekt einer Selbstfindung durch Weltdistanzierung. Das sollte nicht mit einer Anleitung zu einem entsagungsvollen, aber erfüllten Leben verwechselt werden. Der Autor sagt nicht »klar und angenehm, was erstens, zweitens, drittens käm'.« Die Entscheidung wird dem Leser überlassen.

# 1. EX ORIENTE LUX – DER VERZICHT WIRD ENTDECKT

## Buddhismus – ein Partythema?

Um sich davon zu überzeugen, dass der Buddhismus in Deutschland angekommen ist, genügt ein Blick in deutsche Vorgärten, wo Terrakotta-Buddhas inzwischen vielerorts die Gartenzwerge ersetzen. Tatsächlich ist die Zahl der buddhistischen Zentren in Deutschland in den letzten Jahren kontinuierlich gewachsen. Wie hoch die Anzahl der Buddhisten bei uns ist, lässt sich nicht genau sagen, da viele Anhänger des Buddhismus ihre Religion außerhalb fester Gemeinschaften, die in dem Dachverband der Deutschen Buddhistischen Union (DBU) zusammengeschlossen sind, praktizieren. Sie soll derzeit zwischen 250.000 und 300.000 liegen.
Wichtige Anstöße für die Verbreitung des Buddhismus in Westeuropa kamen aus den USA. Filme wie »Little Buddha« von Bernardo Bertolucci (1993) oder »Kundun« (1998) von Martin Scorsese trugen maßgeblich dazu bei, die Religion populär zu machen. Inzwischen hat sich der Buddhismus in den USA zur Lieblingsreligion auch vieler Prominenter entwickelt. Zu ihnen gehören Schauspieler wie Richard Gere, Sängerin Tina Turner, Golfprofi Tiger Woods oder der verstorbene Apple-Chef Steve Jobs – mit dem entsprechenden Nachahmungseffekt in Deutschland, wo sich unter anderem Fritz Wepper, Cleo Kretschmer oder RTL-Chef Helmut Thoma zu buddhistischen Ansichten bekennen oder mit ihnen kokettieren. Mehr noch als diese Prominenten mögen die mit großer medialer Aufmerksamkeit begleiteten zahlreichen Besuche des Dalai Lama die Popularität des Buddhismus gefördert haben. Umfragen zufolge wird seine moralische Autorität hierzulande höher eingeschätzt als die des Papstes.[6]
Während die einen im Buddhismus eine ernsthafte Alternative

zum (kirchlichen) Christentum sehen, gibt er den Anhängern eines »Bussi-Buddhismus« eine willkommene Möglichkeit, sich in Talkshows oder auf Partys interessant zu machen.
Außer dem Dalai Lama gibt es zahlreiche weitere umtriebige Reisende, die in Sachen Buddhismus unterwegs sind. Eine Art »Jürgen Fliege des Buddhismus« ist der Däne Ole Nydahl. Seine Bücher sind teilweise Bestseller, seine Vorträge füllen große Säle. Oft sind die Grenzen zwischen Religion und Kommerz fließend. Das ist bei den meisten Religionen so. Im Fall des Buddhismus verwundert es allerdings deswegen, weil er in dieser Hinsicht bisher als unschuldig galt. Vielleicht ein Vorurteil. Jedenfalls hat sich inzwischen ein ganzer Industriezweig zur Aufgabe gemacht, Buddha-Anhänger mit dem nötigen Equipment zu versorgen. Verkauft werden, außer den erwähnten Terrakotta-Figuren, die inzwischen in jedem Baumarkt erhältlich sind, Sitzkissen, Meditationsmatten, Gebetsfahnen, Glücksschalen usw. Dazu werden die obligaten Retreat-Wochenenden sowie Pilgerreisen angeboten.

Buddhismus war schon einmal Mode. Als die alten Pali-Texte im 19. Jahrhundert erstmals in deutscher Übersetzung erschienen, ließen sich viele von der neu entdeckten Religion, unter ihnen auch der Philosoph Arthur Schopenhauer, faszinieren. Damals blieb die Buddhismus-Renaissance im Großen und Ganzen auf die Elite beschränkt. Heute ist der Buddhismus in allen gesellschaftlichen Schichten angekommen. Recht dürftig fällt mitunter das Niveau aus, auf dem über den Buddhismus reflektiert wird. Nicht immer ist klar, worauf dessen Faszination eigentlich beruhen soll. Für einige soll das Karrieredenken dadurch an Gewicht verlieren, viele fühlen sich durch die Religion angeregt, so zu leben, »wie wenn man die nächste Tasse Tee nicht mehr austrinken könnte«. Für andere zählt das rein Menschliche: »Es ist der Weg der Mitte, was genannt wird, dass man aus diesem Mitgefühl, Miterleben, aus dieser Quelle von diesem, also der Liebe, kann man eben sagen, dem Herzen her, mit dem Alltag umgeht.«[7]

Dies alles lässt Zweifel daran aufkommen, ob jene, die bei dünnem Tee über »Samsara«, »Karma« und »Nirwana« parlieren, sich auch immer ganz im Klaren darüber sind, worum es hier eigentlich geht. Häufig ist die Hinwendung zum Buddhismus mit Kritik an der christlichen Religion verbunden. Man will »fröhlich leben«. Das Christentum, so heißt es, verhindere dies, denn es »verherrliche das Leiden«. Überhaupt ist viel von Gelassenheit, Liebe und Freundlichkeit oder von der Bedeutung des »Hier und Jetzt« die Rede.[8] Bei vielen Esoterik-Autoren ist die wohl weltflüchtigste aller Religionen inzwischen zu einer Wohlfühlreligion geworden, die niemandem mehr wehtut. Was »der Erhabene« wohl dazu sagen würde?

## »Kuh- und Hundeheilige« – vorbuddhistische Askese in Indien

So wenig die christliche Religion ohne die geistige Vorbereitungsarbeit der griechisch-römischen und jüdischen Antike kann der Buddhismus ohne die vorangehenden älteren indischen Traditionen verstanden werden. Zu ihnen verhält er sich ähnlich wie der Protestantismus zum Katholizismus, d. h. wie eine Reform- und Erneuerungsbewegung. Die Analogie liegt auch deswegen nahe, weil sich der Buddhismus, ähnlich wie der Protestantismus, vor allem hinsichtlich des ihm eigenen Ernstes, mit dem die Verantwortung des Einzelnen betont wird, wesentlich von der Vorgängerreligion unterscheidet.

Große Teile der buddhistischen Gedankenwelt basieren auf Vorstellungen, die bereits in der späteren brahmanischen Vedenliteratur (»Veda« = »Wissen«), den Upanishaden, vertreten werden. Diese Texte sind ungefähr zwischen 500 und 700 v. Chr. entstanden und unterscheiden sich von der älteren Literatur, bei der es sich zumeist um Hymnen, Lieder und Ritualtexte für das Opferzeremoniell handelt, durch ihre mystische Betrachtungsweise. In ihnen vollzieht sich die Abkehr vom alten indischen Opferbrauch mit seinen strengen rituellen Bestimmungen hin zu einer Frömmigkeit des Geistes.

Im Zentrum der meisten Texte stehen die beiden Begriffe Brahman und Atman, die schon in der älteren Literatur begegnen, hier aber eine neue Bedeutung bekommen haben. Ursprünglich war mit Atman der Lebenshauch bzw. die Seele (vgl. deutsch »Atem«) und mit Brahma eine der indischen Hauptgottheiten gemeint. In den Upanishaden steht Atman, vereinfacht gesagt, für das Göttliche im Menschen (Meister Eckharts »Seelenfünklin«), Brahman dagegen für das Göttliche in der Wirklichkeit der Welt. Beide sind in Wahrheit eins, und doch sind sie wie die beiden Königskinder, die nicht zueinander kommen können, weil sie durch einen tiefen

Fluss voneinander geschieden sind. Dieser Fluss heißt Unwissenheit, »Avidya«, und bewirkt, dass der Mensch über seine göttliche Herkunft im Unklaren bleibt und sich stattdessen der Erscheinungswelt, d. h. der materiellen Wirklichkeit, zuwendet.
Diese Unwissenheit hat böse Folgen für sein Dasein in der Welt, denn aufgrund seiner Verhaftung an die Erscheinungswelt zieht er schlechtes Karma auf sich. Karma bezeichnet ursprünglich die Tat oder das Werk. Im Zusammenhang mit der Lehre von dem ewigen Kreislauf der Wiedergeburten (Samsara) ist damit der Tun-Ergehen-Zusammenhang bzw. das unerbittliche Gesetz gemeint, aus dem sich die jeweilige Form des Daseins im nächsten Leben ergibt. Gutes Karma verschafft die Möglichkeit des Daseins auf einer höheren Existenzstufe, z. B. als Gott, schlechtes Karma dagegen bewirkt ein Absinken auf der Stufenleiter des Geschöpflichen bis hin zum Tier oder zum pflanzlichen Dasein.
Voraussetzung für die Beendigung dieses unheilvollen Kreislaufs, der die Seele von einer Wiedergeburt zur anderen treibt, ist die Überwindung der Unwissenheit durch Erkenntnis. Der Inhalt dieser Erkenntnis, bei der es sich nicht um ein intellektuelles Verständnis, sondern um eine kontemplative Erfahrung handelt, lässt sich in den drei Worten zusammenfassen: »Tat tvam asi«, d. h. »Das bist du«. Das Atman muss sich im Brahman selbst erkennen. Hierbei handelt es sich nicht um eine Einsicht neben anderen, sondern um die entscheidende, d. h. die erlösende Erkenntnis, »Pratibuddha«, was auch mit »Erwachen« übersetzt werden kann. Wo der Mensch diese Erkenntnis vollzogen hat und die Identität von Atman und Brahman erkannt hat, wo Subjekt und Objekt, Innen und Außen überwunden sind, ist er aus seiner Individualexistenz erlöst. Er hat sich aus dem Kreislauf der Geburten befreit und ist als »Nichtverlangender«, d. h. Entsagender, zum Brahman geworden.

Bleibt die entscheidende Frage nach der praktischen Umsetzung der Lehre im Leben dessen, der die Erkenntnis der Einheit von Atman und Brahman vollzogen hat. Die Antwort ist eindeutig: Er hat sich in Entsagung zu üben und fortan, wo es ihm die Umstände ermöglichen, als Bettler (»Sanyasi«) zu leben, wie es das indische Armutsideal verlangt.

Zentraler Begriff für den indischen Entsagungskünstler ist das Wort »Tapas« bzw. »Tapasya«, das ursprünglich Glut bzw. Hitze bedeutet und in einem ganz physischen Sinne das innere »Aufglühen« der durch Nahrungsentzug und Askese gleichsam in Brand geratenen Organe bezeichnet. Der Begriff hat später allerdings ein recht weites Bedeutungsspektrum erhalten und kann sowohl Konzentration, Meditation, körperliche und geistige Disziplinierung als auch Selbstbestrafung bezeichnen.

In der Erkenntnis der All-Einheit ist dem indischen Entsagungskünstler der Weltraum zum Kleid geworden; er »lebt, wie es eben kommt als Bettler. ... mit Gold und dergleichen befasst er sich nicht, kein Sichtbares gibt es für ihn und kein Anschauen.« Bereits das lustvolle Anschauen des Goldes gilt als sträflich und macht zum »Brahmamörder«. Statt sein Herz an äußere Schönheit zu hängen, soll sich der Asket vollkommenen Gleichmut aneignen, »im Schmerze unentwegt, in der Lust ohne Verlangen, in der Begierde entsagend, allerwärts weder am Schönen noch Unschönen hängend, ist er ohne Hass und ohne Freude. Aller Sinne Regung ist zur Ruhe gekommen, nur in der Erkenntnis verharrt er, fest gegründet im Atman. Das ist der wahre Yogin, ist der Wissende.«

Als einer der ersten Abendländer hat der Grieche Megasthenes (350 bis 290 v. Chr.), ein Zeitgenosse Alexanders des Großen, diese indischen Asketen mit eigenen Augen gesehen. Voll Verwunderung berichtet er von Menschen, die in Wäldern leben und sich von Blättern und wilden Früchten ernähren. Sie seien mit Gewändern aus Baumrinde bekleidet und hätten sich des Umgangs mit

Frauen und des Weins enthalten. Aristobul, ebenfalls ein Zeitgenosse Alexanders, berichtet von zwei Brahmanen, die jeder auf seine Weise ein beeindruckendes Beispiel ihrer Askese gaben. Der eine, mit dem Rücken auf der bloßen Erde liegend, trotzte dem niederfallenden Regen und der sengenden Sonne, während der andere, auf einem Bein stehend, einen drei Ellen langen Holzscheit hoch gehalten haben soll.

Auch bekannt sind »Kuhheilige« und »Hundeheilige«. Der Buddhismus-Experte Hans W. Schumann zählt sie zu den »Skurrilitäten«: »Der erstere hatte sich ... Hörner aufgesetzt und einen Kuhschwanz angesteckt und hielt sich bevorzugt zwischen Rindern auf. Der nackte Hundeasket dagegen fraß vom Boden, rief Wau Wau! und rollte sich beim Hinlegen nach Hundeart zusammen.«[9]

Besonders die Gruppe der »Hundeheiligen« scheint uns bemerkenswert. Als »Kyniker« sind »Hunde«, ob heilig oder nicht, auch im späteren Griechenland nicht ganz unbekannt.

Außer den Hunde- und Kuhasketen erwähnt Schumann noch Fledermausasketen, die täglich einige Stunden kopfunter am Baum hingen, »Immersitzer- und Immer-krumm-Asketen«, die sich niemals ausstreckten, Asketen, die so lange auf einem Bein standen, bis sich Schlingpflanzen daran emporrankten, solche, die nie schliefen oder auf Nagelbrettern ruhten, Selbstverstümmler usw.

Ein extremes Beispiel für die leibes- und todesverachtende Haltung indischen Asketentums, das den Teilnehmern des Indienfeldzugs in nachdrücklicher Erinnerung blieb, war das Schicksal des Kalanos. Er soll sich unter Absingung von Hymnen vor dem makedonischen Heer zu Susa selbst verbrannt haben, nachdem er sich zuvor nach indischer Art bekränzt hatte. Der freiwillige Hungertod wurde auch von den indischen Radikalasketen, den Jainas, geübt.

Der vielerorts praktizierte Vegetarismus bezog sich häufig nur auf die Enthaltung vom Fleisch der als heilig geltenden Rinder, aber auch bestimmte Gemüsesorten, wie z. B. Bohnen, galten als tabu. Die Sexualaskese war im vorbuddhistischen Zeitalter in Indien eher selten. Selbst Waldasketen, denen diese Form der Entsagung über ihre Kräfte ging, nahmen ihre Ehefrauen oft mit in die Einsamkeit ihrer Klause, und, da Polygamie in Indien durchaus nicht unüblich war, konnten es unter Umständen sogar mehrere sein. Freilich taten sie dies sicherlich nicht immer mit gutem Gewissen, denn größerer himmlischer Lohn war denen verheißen, die sich des Geschlechtsverkehrs ganz enthielten.

Überhaupt waren natürlich nicht alle, denen die Erkenntnis der Identität von Atman und Brahman zuteil geworden war, auch in der Lage, ihr Leben augenblicklich umzustellen, d. h. sich ihrer bürgerlichen Pflichten als Familienväter zu entziehen und als umherziehende Bettler durch die Gegend zu streifen. Auch in Indien galt der Stand des verehelichten Hausvaters als Norm und bevorzugte Lebensform für Männer mittleren Alters. Jedoch war es durchaus üblich, diese Phase zeitlich zu limitieren und sich nach ca. 30 Jahren von seiner Familie zu verabschieden, um sich in Wald oder Einöde dem kontemplativen Ruhestand zu ergeben oder, sofern die körperlichen Kräfte dies noch erlaubten, ein bettelndes Büßerleben zu führen.

Obwohl oder weil solche Kompromisse mit dem bürgerlichen Leben die Regel waren, genoss die heroische Form des Asketenlebens, bei dem sich der Asket von Jugend an einem Leben in Heimatlosigkeit, Ehelosigkeit und Weltentsagung geweiht hatte, das größte Ansehen. Es waren keineswegs nur die alten Lebenssatten, sondern gerade jüngere Leute, die sich von der Begeisterung für das asketische Leben anstecken ließen. Für sie galt, dass keine Entsagung zu groß und keine Anstrengung rücksichtslos genug sein konnte, um das angestrebte Ziel zu erreichen. Am ehesten schien das in jenen Gruppierungen möglich, in denen eine besonders radikale Form der Askese geübt wurde. Dies war z. B. bei den

»Nigganatha«, den »von Fesseln Befreiten«, oder den »Acela«, den »Nackten«, der Fall.
Einer von ihnen war Siddhartha Gautama, der sich später als »Buddha«, d. h. als »Erwachter«, bezeichnete. Der Name Buddha ist daher so wenig ein Eigenname wie die Bezeichnung Christus, bei der es sich bekanntlich um einen Titel, »der Gesalbte«, handelt. So gab es auch vor und neben Siddhartha Gautama Buddhas, die von ihren Schülern verehrt wurden.

## Buddhas Leben

Über das Leben Buddhas existiert eine Reihe von Überlieferungen, deren Zuverlässigkeit in historischer Hinsicht sehr zu wünschen übrig lässt. Abgesehen davon, dass die meisten erst Jahrhunderte später entstanden sind, handelt es sich dabei um einen bunten Reigen legendärer und mythischer Geschichten, deren historische Kernstücke sich nur schwer feststellen lassen. Nachdem die Existenz des historischen Buddha gegen Ende des 19. Jahrhunderts schon einmal – ähnlich wie die des Mannes aus Nazareth – bezweifelt worden ist, geht man heute allgemein davon aus, dass Siddhartha Gautama als historische Person existiert hat. Man nimmt an, dass er um 560 v. Chr. im Nordosten Indiens, in der Stadt Kapilavastu (dem heutigen nepalischen Terai) geboren wurde und aus einem adeligen Geschlecht stammte. Sein Vater soll Shuddhodana geheißen und den Titel König getragen haben. Die Mutter Siddharthas, Maya, starb sieben Tage nach der Geburt ihres Sohnes, woraufhin ihr Sohn der Pflege ihrer Schwester anvertraut wurde. Es heißt, der junge Königssohn soll zunächst im Luxusleben des väterlichen Palastes aufgewachsen sein und nach der Heirat mit der Yasodhara – die in anderen Überlieferungen andere Namen trägt – einen Sohn, den Rahula (»Fessel«), gezeugt haben.

Die Begegnung mit Leiden, Alter und Tod veranlasste Siddhartha schließlich, sein bisheriges Leben aufzugeben und mit 29 Jahren Ehefrau und Sohn zu verlassen, um sich fortan als Wanderasket in die Hauslosigkeit zu begeben. Er schloss sich verschiedenen Gruppen an und unterwarf sich unterschiedlichen asketischen Praktiken, auch radikaleren. Schließlich kam er jedoch zu der Erkenntnis, dass die von ihm gesuchte Erlösung nur auf dem Wege der Kontemplation zu erlangen sei. Nach sechsjähriger Meditation fand er unter einem Feigenbaum die erlösende Einsicht in Form einer Erleuchtung (»Bodhi«). Er selbst war dadurch zu einem

Buddha geworden. Der zentrale Inhalt der Erleuchtung war die Erkenntnis der »vierfachen edlen Wahrheit« vom Leiden und dessen Aufhebung.

Mit der ersten öffentlichen Proklamation des neuen Evangeliums von der »Erlösung vom Tode« war das »Rad der Lehre« in Schwung gebracht. Es folgte eine 45 Jahre dauernde Tätigkeit, die der Verbreitung der Lehre und dem Aufbau und der Organisation von Mönchsgemeinden gewidmet war. Im Jahre 480 soll der von Anhängern und zeitgenössischen Herrschern Hochgeehrte nach einer Vergiftung an einem Stück Fleisch verstorben sein.

Das von den Forschern aus den verschiedenen Überlieferungen als historisch herausgefilterte Leben des Buddha ist nur der dünne Extrakt aus einem üppigen Mythen- und Legendenschatz, dessen fantastische Erzählungen die Gedanken der Anhänger in den vergangenen Jahrtausenden sicherlich mehr beschäftigt haben als die paar dürftigen Einzelheiten, die von der Forschung als »historisch« übrig gelassen wurden.

Folgt man diesen Mythen, so beginnt die ganze Geschichte Buddhas auch gar nicht mit seiner Geburt auf der Erde, sondern bereits im Himmel, wo der Präexistente von Göttern und Engeln dazu gedrängt wird, auf Erden Gestalt anzunehmen, um den Menschen die Erlösung zu verkünden. Bei der Suche nach einer »Leihmutter« fällt die Wahl nach längerer Prüfung auf die »Große Maya«. Im Traum erscheint er ihr als weißer Elefant mit einem weißen Lotus. Als er mit seinem Rüssel in ihren Schoß eindringt und sie empfängt, wird das ganze Universum von Glanz erhellt: Blinde sehen, Lahme gehen, Stumme sprechen, Bucklige werden gerade, Elefanten brüllen, Pferde wiehern, die Wasser des Meeres werden süß, die Ströme stehen still usw.

Auf die Geburt folgen eine Reihe weiterer Vorzeichen und wunderbarer Begebenheiten. Der Knabe kann bereits schreiben, ehe er es gelernt hat, alle Lehrer verneigen sich vor seinem Glanz usw.

Jedoch befindet sich unter den Vorzeichen auch eine Weissagung, die dem Vater nicht gefällt. Sie besagt: »Wenn er ein weltliches Leben wählt, wird er zum Weltbeherrscher, entsagt er der Welt, wird er zum Buddha.« Weil sich der Vater einen weltlichen Herrscher als Sohn wünscht, unternimmt er alles, um ihn vor jeglichem Leid abzuschirmen. Doch die Götter haben es anders beschlossen. Als Siddhartha in einer Kutsche mehrere Ausflüge außerhalb des väterlichen Palastes macht, veranlassen sie, dass der Prinz nacheinander eine Begegnung mit einem Greis, dann mit einem Kranken und schließlich mit einem Leichnam hat. Bei der vierten Ausfahrt sieht Siddhartha einen Asketen. Er beschließt, sich vom häuslichen Leben loszureißen, der Welt zu entsagen und die Erlösung vom Leiden, das Nirwana, zu suchen.

Das Leben des Asketen wird vor und nach dem »Erwachen« zu einem fortwährenden Kampf mit Mara, einem mythischen Wesen und der Verkörperung des Todes und des bösen Versuchers, der, zusammen mit seinen Töchtern, zur Rettung seiner Macht das Erlösungswerk Buddhas durchkreuzen will. Einige Quellen berichten von gewaltigen Dämonenschlachten, die an die Kämpfe Saurons gegen Gandalf in Tolkiens »Herr der Ringe« oder an den Kampf Michaels mit den abtrünnigen Engeln erinnern. Das Heer der Dämonen, das Mara anführt, dehnt sich bis zum äußersten Horizont aus. Man kann den donnernden Lärm bis auf tausend Meilen Entfernung hören. Doch Buddha hält stand, denn er steht festgegründet unter dem Rettungsschirm seiner zehn Vollkommenheiten.

Als weitere Versuche Maras, Buddha zu vernichten, gescheitert sind, sendet er schließlich seine drei Töchter. Was selbst mit einem Großaufgebot dämonischer Macht nicht gelang, soll weibliche Verführungskunst bewirken. Da die drei sich ein wenig auf Psychologie verstehen und um den unterschiedlichen Frauengeschmack von Männern wissen, präsentieren sie sich in dreifacher

Gestalt: als junge Schönheit, als Frau in der Lebensmitte und als reife Matrone. Doch trotz des dreifachen Aufgebots bleibt der meditierende Mönch kalt. Nach sieben oder sechs Wochen, in denen Buddha in seiner Versenkung verharrte und weder aß noch seine Kleidung wechselte, sind die Anschläge des Versuchers beendet.

In diesen fantastischen Erzählungen, in denen kaum jemand eine Erinnerung an den historischen Buddha sehen wird, klingt ein Thema an, dem wir von nun an immer wieder in den Helden- und Heiligenviten der großen Entsagungskünstler begegnen: das der dämonischen Versuchung des zum Weltverzicht entschlossenen Asketen. Das bekannteste christliche Pendant zu der buddhistischen Überlieferung ist die Geschichte von der Versuchung des Heiligen Antonius, auf die wir noch zurückkommen. Auch hier wird der Heilige zweifach, sowohl von Dämonen als auch von begehrlichen Nymphen, heimgesucht. Bei dem Versuchungsmotiv scheint es sich um einen klassischen literarischen Topos zu handeln: Der Versucher, Mara, Diabolos, Satan oder wer auch immer, tritt genau dann auf den Plan, wenn der Held des Dramas im Begriff steht, mit der Verkündigung seiner erlösenden Botschaft zu beginnen bzw. sich ernsthaft zu einem Leben in Entsagung entschlossen hat.

Auch wenn diese Überlieferungen in historischer Hinsicht wenig ergiebig sind, sind sie darum keineswegs wertlos. Denn vermutlich erklärt sich ihre Ähnlichkeit nicht nur durch motivgeschichtliche Zusammenhänge, sondern auch dadurch, dass es sich um Objektivierungen bestimmter subjektiver Erfahrungen handelt, die von Asketen, Mönchen und Eremiten gemacht wurden. Es könnte sich um Halluzinationen oder Sinnestäuschungen handeln, die durch extremes Fasten, Schlafentzug oder Erschöpfung zustande gekommen sind. In diesem Sinne mag man der Geschichte der Versuchung Buddhas durch den Todesdämon Mara dann auch trotz all ihrer fantastischen Züge einen gewissen Rest an »Historizität«

belassen. Es sind die psychischen und darum durchaus in einem historischen Raum sich abspielenden Erfahrungen der buddhistischen Mönchs- und Asketengemeinde, womöglich auch ihres Urhebers, die sich darin niedergeschlagen haben.

## »... dass alles Leben Leiden ist«

Religionsstifter haben es bisweilen an sich, dass sie ihr öffentliches Wirken mit einer Grundsatzpredigt einleiten. Das haben sie mit dem deutschen Professor gemein, der seine akademische Laufbahn in der Regel mit einer öffentlichen Antrittsvorlesung beginnt. Auch darin stimmen Professor und Religionsstifter gewöhnlich überein, dass sie zuvor einen Ruf erhalten haben müssen, denn ohne Ruf und Berufung geht es nun einmal nicht.
Im Christentum heißt die Antrittsvorlesung »Bergpredigt«. Sie wird von Jesus gehalten, der bei der Taufe einen Ruf als Gottessohn erhalten und diesen erfolgreich gegen die dämonischen Einflüsterungen Satans verteidigt hatte. Statt einer theologischen Karriere hatte dieser ihm einen gut bezahlten Job in den Führungsetagen von Wirtschaft oder Politik angeboten (Mt 4, 8f.).
Auch die buddhistischen Schriften haben ihre Bergpredigt. Sie heißt nur anders. Weil sie nicht auf einem Berg, sondern in einem Gazellenpark stattfindet und sich dieser in der Nähe der Stadt Benares befindet, spricht man von der Predigt im Gazellenpark von Benares. Jedoch sollte dies nicht zu dem Missverständnis verleiten, dass Buddha wie weiland der heilige Franz den Tieren gepredigt hätte.
Alles beginnt mit einem kleinen Vorgeplänkel.[10] Das Auditorium reagiert aufmüpfig und erweist dem Neuankömmling nicht die gebührende Achtung. »Freunde«, so rufen sich die fünf Mönchasketen zu, als sich ihnen der aus seiner Trance erwachte Buddha nähert, »dort kommt der Asket Gotama, der im Überfluss lebt, der sein Streben aufgegeben und sich dem Überfluss zugewandt hat. Wir wollen ihm keine Ehrerbietung beweisen, nicht vor ihm aufstehen, ihm nicht seine Almosenschale und sein Obergewand abnehmen; aber wir wollen einen Sitz für ihn hinstellen; wenn er will, mag er sich setzen.«
Als es außerdem noch zu plumpen Fraternisierungsversuchen

kommt und die Mönchsasketen den Erhabenen gar »Freund« nennen, wird es Buddha zu bunt. Er reagiert ungehalten und ist um die Herstellung der nötigen Distanz bemüht. Darum ruft er aus: »Ihr Mönche, redet den Vollendeten nicht mit seinem Namen an und nennt ihn nicht Freund. Der Vollendete, ihr Mönche, ist der heilige, höchste Buddha.«

Man interpretiert diese Worte gewöhnlich so, dass Gautama, weil als Erlöster inzwischen der Welt des Samsara enthoben, »in welthafter Sprache begrifflich nicht mehr zu erfassen« sei.[11] Damit wird es sicherlich seine Richtigkeit haben. Gleichwohl lässt sich nicht ausschließen, dass es sich dabei auch um eine Art »Knalleffekt«, d. h. eine geschickte Überrumpelungstaktik zur Disziplinierung seiner Zuhörerschaft, gehandelt haben könnte: »Ich bin der höchste Buddha.« Das musste für Verblüffung und Aufmerksamkeit sorgen.

Nachdem die disziplinarischen Probleme behoben und Ruhe und Aufmerksamkeit im Auditorium des Gazellenparks von Benares hergestellt sind, kann sich Buddha endlich seinem Vortragsthema zuwenden: »Tut euer Ohr auf, ihr Mönche; die Erlösung vom Tode ist gefunden.« Und wie vier gewaltige Hammerschläge folgen alsdann die vier edlen Wahrheiten.

»Dies, ihr Mönche, ist die heilige Wahrheit vom Leiden: Geburt ist Leiden, Alter ist Leiden, Krankheit ist Leiden, Tod ist Leiden, mit Unliebem vereint sein ist Leiden, von Liebem getrennt sein ist Leiden, nicht erlangen, was man begehrt, ist Leiden, kurz die fünferlei Objekte des Ergreifens sind Leiden …«

Der Beginn der buddhistischen Frohbotschaft von des »Todes Erlösung« klingt eigenartig unfroh. Die »heilige Wahrheit vom Leiden« soll sein, dass alles Leiden sei. Um die Totalität der Aussage zu unterstreichen, wird sie sogleich in der für buddhistische Schriften typischen Weise leicht zu erinnernde Merkverse durchdekliniert: Wo das Auge auch hinblickt, von der Geburt bis zum

Tod, nichts als Leiden. Wie ein Schwarm von Fischen, die vom Wasser aufs Land geworfen wurden und sich auf dem trockenen Sand schnappend zu Tode zucken, so auch wir Menschen, »unser Geist, in dies Leben verirrt, zuckt wie im Sterben, verängstigt, verwirrt«. Leben heißt Leiden. Dieser Gedanke wurde von niemandem radikaler und kompromissloser gedacht als von Buddha.

Wer noch nicht in die Tiefen der buddhistischen Geisteswelt eingedrungen ist, könnte mit diesem Satz seine Probleme haben. Er erinnert sich an die schönen Stunden des Kennenlernens mit seiner Frau, er besinnt sich auf sein im Großen und Ganzen recht erfülltes Familienleben, auch fallen ihm gesellige Abende mit Freunden ein; nicht zu vergessen die Momente, in denen er voller Zufriedenheit seine Arbeit aus der Hand legte – kurz, er besinnt sich auf Zeiten in seinem Leben, bei denen von irgendwelchen Leiden partout nicht die Rede sein konnte. Er wäre bereit anzuerkennen, dass sich Freud und Leid in seinem Leben die Waage hielten, vielleicht würde er sogar einräumen, dass die Leiden die Freuden überwogen, aber er ist – Buddha hin, Buddha her – einfach nicht bereit, die erste edle Wahrheit, wonach *alles* Leiden sein soll, blanko zu unterschreiben.

Und doch würden solche Bedenken kaum vor den erhabenen Gedanken Buddhas bestehen können. Sie würden als ein sicheres Zeichen mangelnder Einsicht in die wahre Natur des Lebens gelten, denn: »Das Leiden nicht erkennen, wird Unwissenheit genannt.«[12] Hatte nicht Buddha selbst diese Erkenntnis als die schwierigste bezeichnet? Warum? Sie ist eben nicht leicht zu haben und verlangt von uns, dass wir bereit sind, in das Wesen der Dinge einzudringen, so tief, bis wir endlich zu der auf dem Grund liegenden bitteren Hefe vorgestoßen sind. Bis zu jenem Punkt, an dem wir erkennen, dass die Geburt nur der Anfang vom Sterben ist, dass wir lebend hier nicht herauskommen, dass die schönen Augenblicke mit unserer Frau und den Kindern den Schmerz der

Trennung nicht aufwiegen, den wir empfinden, wenn sie nicht mehr da sind; dass die wenigen glücklichen Momente mit Freunden nichts sind gegen die tiefe Enttäuschung, wenn sie uns wieder einmal im Stich gelassen haben; dass die paar unbeschwerten Urlaubstage am Strand ein Nichts sind gegen das, was uns bevorsteht, wenn uns der Arzt nach der nächsten Routineuntersuchung eine überraschende Diagnose mitteilt. Sind sie es wert, die wenigen Tage am Strand, die paar glücklichen Augenblicke mit Frau und Freunden? Der Buddha-Blick geht tiefer als der des Alltagsmenschen, der den Unheilscharakter seiner Existenz oft nicht zu durchschauen vermag und dem die Kunst Buddhas fehlt, dem Verlauf der Dinge konsequent nachzudenken und sie von ihrem Ende her zu beurteilen. Die Aufforderung »respice finem«, »bedenke das Ende«, ist nicht nur Börsen-, sondern Lebensweisheit, die für den, der beherzt genug ist, daraus die entsprechenden Konsequenzen zu ziehen, fast zwangsläufig zum Buddhismus führen muss.
Mit der Erkenntnis des Wesens der menschlichen Existenz und des Daseins schlechthin als Leiden verbindet sich bei Buddha eine andere, nicht weniger fundamentale: die des Nicht-Ichs. Sie ist dort angedeutet, wo Buddha von den »fünf Gruppen von Elementen, aus denen das leiblich geistige Dasein des Menschen besteht«, spricht.
In der indischen Lehre galt das Atman als Wesenskern menschlichen Seins. Es bildete durch den Kreislauf der Geburt hindurch im Wandel der Existenzen eine Konstante, auf die Verlass war. Die Entdeckung Buddhas ist nun, dass es einen solchen ewigen und unzerstörbaren Kern im Menschen gar nicht gibt, dass das Atman nicht existiert. Unter dem prüfenden Blick des Erhabenen ereignet sich sozusagen eine Art Kernspaltung: Wie das Atom nur scheinbar die kleinste Einheit darstellt, bei näherer Betrachtung jedoch in verschiedene einzelne Bestandteile zerfällt, so löst sich auch das Ich in verschiedene Komponenten bzw. Daseinsfaktoren auf, die im Buddhismus als »Dharma« bezeichnet werden. All diese Da-

seinsfaktoren sind abhängig von anderen. Aus diesem Grund sind sie dazu bestimmt, ständig Wechsel und Veränderung und damit Leiden zu verursachen. Nur einen einzigen Daseinsfaktor gibt es, der unabhängig ist, das Nirwana.

Wer also »Ich« sagt, hängt einer Illusion an. Das ist das Erbteil von Mutter Maya, die uns nicht nur über die Welt, sondern auch über uns selber täuscht. In Buddhas Welt zählt unterm Strich nicht das Ich, sondern das Nicht-Ich, nicht Atman, sondern Anatman.

Man hat oft bemerkt, dass sich die Lehren Buddhas durch weitgehenden Verzicht auf metaphysische Spekulationen auszeichnen. »Gott und Welt«, so der Indologe Hermann Oldenberg, »kümmert den Buddhisten nicht; er kennt nur die eine Frage: Wie soll ich in dieser Welt des Leidens vom Leiden frei werden?«[13] In der Konsequenz, mit der alles Beiläufige, alle metaphysischen Nebentöne und Störgeräusche ausgeschaltet sind, in ihrer ausschließlichen Konzentration auf das Wesentliche hat die Lehre Buddhas etwas von einem erhabenen Kunstwerk. Aus den Lehrtexten spricht die hochgradige Besessenheit eines Künstlers, der sich nicht genug daran tun kann, seinem Lieblingsthema in immer neuen Variationen immer neue Aspekte abzugewinnen. Der aber auch dort, wo ihm dies nicht mehr gelingt, einfach kein Ende finden kann und sich stattdessen in endlosen Wiederholungen verliert. Die Monomanie gerät zur Monotonie. Das hat etwas Beruhigendes, aber auch etwas Einschläferndes, wie ein Regen, der an einem grauen Novemberabend gegen das Fenster trommelt, oder wie das Wellenrauschen des Ozeans, mit dem Buddha selbst seine Lehre manchmal vergleicht. »Gleichwie, ihr Mönche, der große Ozean nur einen Geschmack hat, den des Salzes, so hat diese Lehre und Ordnung nur einen Geschmack, den der Erlösung.«[14]

Grau wie das Wasser des Ozeans ist auch die Farbe des buddhistischen Gleichmuts, aber auch die des müden Weltekels, der wie brütender Nebel auf den Wassern liegt. Entsagungskünstler von solcher Besessenheit hat es vor und nach Buddha wohl nur noch wenige gegeben. Vielleicht überhaupt nur noch einen. Wir kommen später auf ihn zurück, sein Name lautet: Marcion aus Sinope. Auch bei ihm hat der Weltekel diese – sagen wir es freiheraus – das Neurotische streifende Dimension. Doch wer will schon darüber urteilen, wer oder was in dieser Welt »neurotisch« ist? Und haben nicht viele Neurotiker mit den Genies zwei Eigenschaften gemeinsam: klar zu fühlen und konsequent zu handeln?

Nach eingehender gründlicher Untersuchung des todkranken Patienten erfolgt die Diagnose. Die zweite edle Wahrheit: »Dies, ihr Mönche, ist die heilige Wahrheit von der Entstehung des Leidens: es ist der Durst, der von Wiedergeburt zu Wiedergeburt führt, samt Freude und Begier, der hier und dort seine Freude findet: der Lüstedurst, der Werdedurst, der Vergänglichkeitsdurst.«

Auf das Bild der Weltvergiftung und eines durch Leiden vollständig kontaminierten Daseins folgt nun ein zweites, das des Durstes. Hier wird er dreimal durchdekliniert: als Lüstedurst, Werdedurst, Vergänglichkeitsdurst.

Wie aber kommt dieser Durst zustande? Er ist zunächst einmal einfach nur da und wird mit jedem neuen ins Dasein tretenden Menschen aufs Neue geboren. Er begleitet den Menschen wie ein Schatten, und zwar ein hässlicher Schatten, denn er ist ja die Ursache seines Leidens. Das Fatale an der Situation besteht darin, dass der Mensch seinen Durst löschen will, und zwar an der Welt. Weil ihm dies nicht gelingt und jede vorübergehende Befriedigung des Durstes nur damit endet, dass weiterer noch größerer Durst entsteht und das Leiden immer größer wird, wird ein unheilvoller Kreislauf in Gang gesetzt, der am Ende in den Kreislauf der Geburten mündet. Der Mensch wird getrieben, sich wieder und wieder ein neues Dasein zu suchen – um am Ende doch ewig unbefriedigt zu bleiben. Der Durst erhält damit eine über das Einzelschicksal hinausgreifende kosmische Dimension und verdammt den Menschen zu einer von Geburt, Wiedergeburt und ständig neuem Leiden bestimmten grauenhaften Unheilsexistenz.

Durchbrechen kann er diesen Kreislauf erst, wenn er erkennt. Er muss seinen Grundirrtum durchschauen, der darin besteht zu meinen, er könne seinen Durst an den Gütern der Welt löschen. Denn: »Die Begier kann nie gestillt werden, sie wächst wie der Durst, wenn man Salzwasser getrunken hat.«[15]

Auf die Diagnose folgt die Therapie. Es ist eine harte Diät, die uns der kundige Arzt verschreibt. Seine Worte, die dritte »edle Wahrheit«, lauten also: »Dies, ihr Mönche, ist die heilige Wahrheit von der Aufhebung des Leidens: die Aufhebung dieses Durstes durch gänzliche Vernichtung des Begehrens, ihn fahren lassen, sich seiner entäußern, sich von ihm lösen, ihm keine Stätte gewähren.«

Zur besseren Veranschaulichung des Gesagten wollen wir die Bilder erneut austauschen und die Leserin und den Leser darum bitten, ihre Gedanken allmählich von der Vorstellung des »Durstes« zu der des »Brandes« zu lenken, was ja in der deutschen Sprache, wo beide Begriffe, zumindest im vulgären Idiom, häufig synonym gebraucht werden, keine großen Probleme bereiten sollte. Tatsächlich begegnen Durst und Gier in den buddhistischen Schriften in dem Bild eines bedrohlichen und zerstörerischen Feuers, das die menschliche Existenz in ihren Grundlagen bedroht: »Alles, ihr Mönche«, so der Meister »ist in Brand: was alles aber, ihr Mönche, ist in Brand? Das Auge, ihr Mönche, ist in Brand, die Formen sind in Brand, das Sehbewußtsein ist in Brand, die Sehberührung ist in Brand ...«

Wir haben die Aufzählung stark gekürzt, um die Geduld des Lesers nicht über Gebühr zu strapazieren. Er hat auch so verstanden. Die ganze Welt ist in Brand. Von einer Art Weltbrand der Gier und des Durstes ist hier die Rede, der alles erfasst und alles lichterloh in Flammen setzt.

Wie aber lässt sich der Brand löschen, wie das heftige Fieber, das den Patienten schüttelt und sein Heil bedroht, senken? Die Antwort ist denkbar einfach. Er darf kein neues Öl mehr in das Feuer gießen, er darf der alles verzehrenden Flamme keinen neuen Brennstoff mehr zuführen. Er muss einfach »ausgehen«. Allein so, d. h. als »Arhat«, kann er dem unseligen Kreislauf von Geburt und Wiedergeburt entrinnen und die ersehnte Leidenserlöschung im Nirwana finden.

Das klingt nach radikaler Askese, ist aber nicht so gemeint. Echte Weltentsagung erweist sich nach Buddha nicht in asketischen Kraftakten, sondern in der inneren Einstellung. Die von einigen seiner Zeitgenossen geübte harte Askese wird abgelehnt. Selbst in der radikalsten Selbstkasteiung flackert noch ein subtiler Funke des Willens zum Leben, der sich in seiner gegen das Leben gerichteten Tendenz als ein letzter vitaler Willensimpuls erweisen kann. Solche heroischen Kraftakte mögen das Staunen der Menge erregen, das Leiden wird durch sie im Letzten nicht überwunden, und zwar deswegen nicht, weil nur die Wirkung, aber nicht die Ursache des Leidens bekämpft wird. Echte Ursachenbekämpfung geschieht nicht durch Selbstkasteiung, sondern durch ein ruhiges, bedächtiges Erlöschen, durch ein »Ausgehen« eben.

Da wir uns mit diesen Ausführungen dem Nirwahn auf Schrittweite angenähert haben, sei an dieser Stelle noch auf eine weitere ozeanische Metapher verwiesen, die den Zustand des »Ausgegangenen« sehr schön zum Ausdruck bringt. Es ist diejenige der »inneren Meeresstille, die Einheit des Gemütes, die von sinnen, von gedenken freie, in der Einigung geborene selige Heiterkeit«.

Ganz angekommen sind wir damit freilich immer noch nicht. Im Nirwana befinden wir uns erst, wenn Worte nicht mehr zureichen, unseren Zustand – irgendwo zwischen Todlosigkeit und völliger Leidenserlöschung – zu beschreiben.

Mit der vierten edlen Wahrheit betreten wir das Gebiet der buddhistischen Lebensführung. »Dies, ihr Mönche, ist die heilige Wahrheit von dem Wege zur Aufhebung des Leidens: es ist dieser heilige, achtteilige Pfad, der da heißt: rechter Glauben, rechtes Entschließen, rechtes Wort, rechte Tat, rechtes Leben, rechtes Streben, rechtes Gedenken, rechtes Sichversenken.«

Auf dem kargen und felsigen Boden asketischen Lebens erblüht eine Ethik, die ihresgleichen nicht hat und die auf jeden, der sich ihr unbefangen öffnet, bis heute eine faszinierende Wirkung ausübt. Dabei geht es keineswegs nur um Atemkontrolle, Yogaübungen oder Heilfasten, sondern auch um praktische Regeln und Ratschläge für das Leben innerhalb der mönchischen Gemeinschaften und die ihnen nahestehenden Laienanhänger. Gewiss bieten einige der Hauptgebote nichts anderes als den auch aus anderen Religionen gewohnten ethischen Standard, wie z. B. das Verbot des Tötens, das hier allerdings auf alle Lebewesen ausgedehnt wird, des Stehlens oder Ehebruchs sowie das Elterngebot. Andere Gebote sind wiederum ganz auf die mönchisch-asketische Lebensweise zugeschnitten und beinhalten die dafür typischen Empfehlungen zur äußersten Bedürfnislosigkeit, zur Vermeidung des Geschlechtsverkehrs oder der Enthaltung von Alkohol und anderen Rauschmitteln.

Doch gibt es unter den buddhistischen Verhaltensregeln immer wieder auch solche, die deswegen aufhorchen lassen, weil sich darin eine bis dahin nicht gekannte, auch später im Christentum kaum erreichte ethische Kultur offenbart. »Nicht durch Feindschaft kommt Feindschaft zur Ruhe, sondern durch Nichtfeindschaft kommt Feindschaft zur Ruhe. Durch Nichtzürnen überwinde man den Zorn, das Böse überwinde man mit Gutem, den Geizigen überwinde man durch Geben, durch Wahrheit überwinde man den Lügner.«[16]

Diesen und anderen Geboten hat das Christentum wenig Neues hinzuzufügen vermocht. Es bleibt der Eindruck einer erstaunlichen ethischen Noblesse sowie einer hohen sozialen Sensibilität bei einer Religion, die die Welt doch eigentlich schon hinter sich gelassen hat.

## Kleines und Großes Fahrzeug

Das war sie also, die reine, herbe Lehre Buddhas. Die Mönchsasketen zeigten sich von seinem Vortrag so überwältigt, dass sie sich schleunigst dem Meister anschlossen und ihm als Jünger folgten. Auch wir sind fasziniert. Doch ungeachtet der Frage nach der praktischen Durchführbarkeit manch gut gemeinter Verhaltensregel zögern wir noch. Zumindest eines scheint klar: Wer allen Ernstes meint, er müsse seine Freunde zur Abwechslung einmal zu einer Buddha-Party einladen, muss etwas missverstanden haben. Ein Party-Thema ist Buddhismus nicht. Eher ein Schlag ins Gesicht einer auf Ego-Trips spezialisierten Fun-Gesellschaft. Kochen für Freunde? Sushi beim Asiaten? Karneval in Rio? Urlaub auf Las Palmas? Nein und nochmals nein! Stattdessen durchdekliniertes Leiden: Kochen ist Leiden, Sushi-Essen ist Leiden, Karneval ist Leiden, und Urlaub auf Las Palmas ist selbstverständlich erst recht Leiden.
Diese rätselhafte Religion, die vielleicht noch nicht einmal eine ist, eignet sich für Partygespräche oder Talkshowabende nun einmal weniger als jede andere – es sei denn man halte jemanden, der sich zur Selbstmotivation gerne mit Ekelbildern stimuliert und etwas von einem »Gerippe, wimmelnden Würmern, blauschwarzer Verwesung, einem zerfressenen Leichnam und aufgedunsener Fäulnis«[17] in sich hineinmurmelt, für die Bereicherung eines geselligen Abends. Zweifellos hätte dieser dunkle Gast, zumal in unserer Zeit, wohl kaum Chancen, je wieder eingeladen zu werden.
Doch nicht nur unsere heutige Gesellschaft schneidet schlecht ab. Genau besehen ist Buddhas Lehre ein geistiges Attentat auf die überlieferten Grundlagen jeder menschlichen Gesellschaft. Kaum eine kulturelle oder zivilisatorische Errungenschaft kommt ungeschoren davon. Glück und Zufriedenheit in und durch Arbeit? Frau und Kinder, ein erfülltes Familienleben? Fehlanzeige. Da gibt es inner-

weltlich gesehen so gar nichts mehr, woran wir unser Herz noch hängen könnten. Stattdessen weht uns ein eisiger Wind vollkommener Hoffnungslosigkeit entgegen, Hoffnungslosigkeit, die auf schwer beschreibbare Weise in heiteren Gleichmut umschlägt. Die buddhistische Gleichmut, ein Lächeln, so weltfern, weltfremd und in sich versunken, dass es nichts und niemanden mehr erreicht.
Es ist verständlich, dass eine Religion, die nun schon über 2500 Jahre wie ein fremder Meteorblock in Kultur und Geschichte hineinragt, für die Menschheit immer eine Herausforderung, ja, Provokation darstellte. Man konnte sich ihr stellen, indem man sie rigoros ablehnte oder aber, indem man sich wie die fünf Mönchasketen spontan zu ihr bekannte. Wer sich dafür entschied, gehörte von nun an zusammen mit einer erlesenen Schar gehärteter Asketen zu den Insassen des sogenannten Kleinen Fahrzeugs, Hinayana-Buddhismus genannt. »Kleines Fahrzeug« deswegen, weil die Zahl der Auserwählten, die zu einem Buddha-Dasein berufen waren, ursprünglich für sehr gering eingeschätzt wurde und ein anspruchsloser Kleinwagen als Beförderungsmittel ins Nirwana durchaus angemessen schien. Wer in diesem Gefährt seine Zuflucht gefunden hatte, musste sich gut auf Pali verstehen, denn das war die Sprache der hier gelehrten kanonischen Schriften. Es galt die Ursprungslehre, die Lehre der Ältesten. Indessen durfte man sich mit seiner Entscheidung für das Kleine Fahrzeug auf der sicheren Seite wissen und beruhigt davon ausgehen, den beschwerlichen Weg zu dem angestrebten Ziel im Nirwana auch wirklich pannenfrei zu erreichen.
Eine weitere Möglichkeit lag darin, dem sperrig in die Landschaft ragenden rohen Meteorgestein Ecken und Kanten abzuschleifen, um es ein wenig gefälliger zu machen und seine Attraktivität für Sympathisanten und all jene zu erhöhen, deren Geist wohl willig, aber deren Fleisch schwächer war als das derjenigen, die ihnen im Kleinen Fahrzeug so geschwind davonfuhren.

Wir kennen eine solche Entwicklung auch aus dem Christentum, das mit einer kleinen Gemeinde, die sich gegenseitig am Händedruck erkannte, begann, bis es nach und nach durch immer größere Zugeständnisse an den religiösen Massengeschmack verwässert und am Ende zu einer Religion für Herr und Frau Jedermann wurde. Das, was man im Christentum Katholizismus nennt, heißt hier Mahayana-Buddhismus, also Großes Fahrzeug, ein gut ausgestatteter, ansehnlicher Multivan, geräumig genug, um auch größeren Reisegruppen eine angenehme Fahrt zu ermöglichen. Tatsächlich bot das Große Fahrzeug im Gegensatz zum Kleinen noch so manchen zusätzlichen Komfort. Wachslichter, Weihrauchduft und üppige Messgewänder sorgten dafür, dass die im Kleinen Fahrzeug vernachlässigten Seh-, Hör-, und Geruchssinne auf ihre Kosten kamen. Dem Mangel an persönlichen Gottheiten wurde durch die Einführung von sogenannten Bodhisattwas (»für die Erleuchtung bestimmte Wesen«) abgeholfen. Sie entsprachen dem von Buddha ignorierten Bedürfnis nach einem kultischen Objekt religiöser Verehrung bzw. einem metaphysischen Ansprechpartner und fanden viel Anklang. Die liebende Verehrung von Bodhisattwas wurde »Bhakti« genannt. Sie entsprach in vieler Hinsicht der christlichen Heiligenverehrung, auch insofern, als sich unter den Bodhisattwas verschiedentlich Gottheiten aus dem Pantheon vorbuddhistischer Religionen befanden. Kennzeichnend für den Bodhisattwa ist seine Liebe zu den in der Menschheit verstreuten, verirrten Seelen. Um ihrer Rettung willen und von dem Wunsch getrieben, andere auf seinem Weg in das Nirwana mitzuziehen, hat er vorerst selbst auf seinen Eintritt in das Nirwana verzichtet. Die Begriffe »Mitgefühl« und »unendliche Liebe« (»Maitri«) verweisen schon auf die christliche Liebesreligion, mit der sich der Mahayana-Buddhismus möglicherweise zusammen entwickelt hat.
Kurzum, im Großen Fahrzeug ging alles ein wenig persönlicher, wärmer, menschlicher und auch kurzweiliger zu als in dem spar-

tanisch ausgestatteten Kleinen mit seinen harten Pritschenbänken.
Während die häufig gestellte Frage, ob es sich bei dem Buddhismus um eine Religion oder Philosophie handelt, im Hinblick auf das Kleine Fahrzeug nicht sicher entschieden werden kann, ist die Sache beim Großen Fahrzeug ganz klar. Es besitzt all jene Eigenschaften, die sich auch bei anderen Religionen feststellen lassen: einen Kultus, persönliche Gottheiten, Gebetsdienst, Bußakte und göttliche Gnadenkundgebungen – das alles auf der Grundlage eines Systems, das asketische Formen nicht völlig ausschloss, aber in erster Linie den breiten Massen geöffnet war, die meistens nicht in der Lage waren, strenge Askese und Alltag miteinander zu vereinbaren.
Neben dem Kleinen und dem Großen gibt es noch das Diamantene Fahrzeug, eine tibetanische Sonderform des Buddhismus, die sich dank Dalai Lama und Lama Ole auch in den westeuropäischen Ländern verbreitet hat. Mit der ursprünglichen Lehre Buddhas hat das nur noch wenig zu tun – wie man überhaupt nicht immer genau weiß, ob es sich bei dem Diamantenen Fahrzeug noch um einen hartgeschliffenen Edelstein oder nur um eine harmlose Talmi-Nachbildung handelt.
Blicken wir wieder auf den Hinayana-Buddhismus und dessen erhabenen Urheber – und nur davon soll hier die Rede sein – so bleibt das eindrucksvolle Bild eines Weltentsagungskonzepts, das in dieser Geschlossenheit und Dichte und in dieser Radikalität nie wieder erreicht wurde. Nie wieder wurde über den Menschen und die Grundlagen menschlicher Existenz illusionsloser und nüchterner nachgedacht als hier. Nie wurden die Konsequenzen, die sich aus dieser Erkenntnis ergaben, entschlossener und mutiger in die Praxis umgesetzt. Als ein kühnes Ausloten letzter menschlicher und auch spiritueller Möglichkeiten muss uns die alte Lehre Buddhas selbst dann Respekt abnötigen, wenn wir ihr nicht immer in

allem folgen können und uns einen Rest gesunden Weltvertrauens dann doch nicht ganz nehmen lassen möchten.
Vielleicht kommt es aber auch gar nicht darauf an. Das bloße Vorhandensein einiger weniger Arhats auf dieser Erde mag genügen, um zu zeigen, dass der Mensch von seinem Wesen her keineswegs dazu verurteilt ist, zu sein, was er im geistigen Klima unserer heutigen Konsum- und Überflussgesellschaft sein zu müssen glaubt: der um seinen Besitz, sein Äußeres, seine Performance, sein richtiges Deo, seine Aktien, sein Haus, sein Auto etc. besorgte Raffer, sondern dass er mehr und bessere Möglichkeiten in sich trägt, als Wolf unter Wölfen zu sein. Buddha und seine Anhänger erwarteten nichts für sich und nichts von der Welt. Eben dadurch haben sie sie für viele wohnlicher gemacht.

*»Je mehr du hast, je mehr du willst,*
*mit Strömen Gelds du nicht stillst*
*die Gier, die schafft stets neue Pein.*
*Wer dies begreift, wird weise sein.«*[18]

# 2. DER VERZICHT AUFS STEAK

## Urworte – orphisch

Ungefähr zur selben Zeit, als die unbekannten Verfasser der Upanishaden über Atman und Brahman, über Wiedergeburt und Karma, über Unwissenheit und Erkenntnis meditierten, kam es auch an der kleinasiatischen Küste und im südöstlichen Teil Europas zu religiösen und philosophischen Auf- und Umbrüchen. Die Parallelen sind trotz räumlicher Distanzen hier wie dort so zahlreich, dass gegenseitige Abhängigkeit nicht ausgeschlossen werden kann und von vielen Wissenschaftlern auch als das Wahrscheinliche angesehen wird.
Als Ursprungsland der um 700 v. Chr. entstehenden orphischen Bewegung gilt zumeist das antike Thrakien, die östliche Balkanhalbinsel also, deren Gebiet sich das heutige Griechenland, Bulgarien und die Türkei teilen. Der Name knüpft an eine mythische Gestalt an: die des antiken Sängers Orpheus. Nach dem Tod seiner Gattin Eurydike soll er – wie so viele göttliche Helden vor und nach ihm (einschließlich Christus) – den Gang in die Unterwelt angetreten und deren Göttin, Persephone, durch seinen herzzerreißenden Gesang dazu bewogen haben, seine Frau zurückzugeben. Da er jedoch beim Aufstieg in die Oberwelt gegen das Verbot verstieß, nicht mehr zurückzuschauen, musste er Eurydike für immer im Hades zurücklassen.
Die Sage von Orpheus rief Priester, Dichter und Denker auf den Plan und regte dazu an, dem verehrten Idol umfangreiche Konvolute mythosophischer Texte unterzuschieben, die als »Hieroi Logoi«, d. h. als heilige Schriften, galten. Darin ist die Gestalt des Dionysos Zagreus von zentraler Bedeutung. Das Schicksal des jungen Dionysosknaben, den Zeus zusammen mit seiner eigenen

Tochter Kore-Persephone zeugt, beschreibt der Mythos in einer ausdrucksstarken, geradezu surrealistischen Szene, die noch der Verfilmung durch einen begabten Horror-Film-Regisseur harrt. Der auf dem Thron seines Vaters sitzende und mit dessen Blitz und Donnerkeilen spielende Knabe wird von den sieben Titanen aufgesucht, die einst von Zeus in die Unterwelt verbannt wurden. Nun sollen die sieben, von der eifersüchtigen Hera dazu angestiftet, den Dionysosknaben mit Spielzeug, Kreisel, Kegel, einem Spiegel und den Äpfeln der Hesperiden locken und töten. Um nicht erkannt zu werden, haben sie ihre Gesichter mit »titan«-weißem Gipsstaub gepudert. Der Plan gelingt, der Knabe wird in sieben Teile zerstückelt, in einem Kessel gekocht und verschlungen. Als Göttervater Zeus von dem Frevel erfährt, lässt er die Mörder des Sohnes unter seinen Blitzen zu Asche verbrennen.

Das Ende der Titanen ist nach orphischer Überlieferung der Anfang des Menschen. Aus ihrer Asche entsteht – durch die Hand des Prometheus – der Mensch. Da aber die Asche nicht nur aus Anteilen der Titanen, sondern auch des von ihnen verzehrten Dionysosknaben besteht, ist das Wesen des Menschen ein Zweifaches: Es enthält sowohl Titanisches als auch Dionysisches. Während sich in diesem die alte Schuld und Schlechtigkeit, die »Erbsünde« der Titanen, verkörpert, wird jenes zum Hinweis auf den göttlichen Ursprung der Seele in einer dionysischen All-Einheit.

Nimmt man den Mythos als Momentaufnahme eines menschlichen Bewusstseinsprozesses, so wird klar, dass sich mit dem Eindringen orphischer Gedanken in die bisherige griechische Geisteswelt ein entscheidender Bruch vollzogen hat. Mit der dualistischen Scheidung von Titanischem und Orphischen beginnt die Seele sich von ihrem alten despotischen Ehemann, dem Körper, zu emanzipieren. Sie ist, anders als noch bei Homer, keinesfalls nur ein den Körper belebender »Hauch«, der diesem auf Gedeih und Verderb ausgeliefert ist. Vielmehr erkennt sich die Seele

jetzt als ganz eigenständige, unabhängig vom Körper existierende Größe.
Das heißt auf der einen Seite: Sie wird zur Fremden im eigenen Hause. Denn der Körper, der seinen Ursprung im Titanischen hat, gilt jetzt nur noch als »Erdenrest zu tragen peinlich«, als eine Art unliebsamer Lebensabschnittspartner oder, um es traditioneller zu sagen, als Gefängnis. Etwas undeutlich, aber unmissverständlich hören wir aus dem dunklen Priestergemurmel der Orpheotelesten die Formel heraus: »sōma – sēma«, »der Körper – ein Grab«. Auf der anderen Seite gönnt sich die orphisch emanzipierte Seele einen Gedanken, der in dieser Weise im Griechischen bisher so noch nicht möglich war: den einer eigenständigen Fortexistenz nach dem Tode. Das schloss die schon aus Indien bekannte Reinkarnationslehre ein. Selbst von einem »Rad der Geburten« ist bei den Orphikern die Rede.
Folgerichtig widmeten sie dem Thema Sterben und Tod und allem, was danach kommt, größte Aufmerksamkeit, zeigte sich doch die durch ihre Emanzipation vom Körper gewonnene Freiheit nirgendwo stolzer und eindrucksvoller als gerade hier. Kleine beschriftete Goldtäfelchen, die man den Toten beilegte, sollten ihnen als »Reisepässe« zur Legitimation ihrer Jenseitsreise dienen und dafür sorgen, dass sie sich in der neuen Umgebung zurechtfanden. Dem freudigen Ereignis des Todes entspricht die hochgestimmte Tonlage der meisten Texte: »Glücklich Seligzupreisende du, nun wirst du statt eines Sterblichen ein Gott sein.« »Jetzt bist du gestorben und jetzt bist du geboren worden, dreimal Seliger an diesem Tag.«[19]
Wo Menschen den Tod als Retter herbeisehnen, können sie vom irdischen Dasein nicht viel erwarten. Tatsächlich hält mit den Orphikern der Pessimismus in Griechenland Einzug. Wir wollen das wertneutral konstatieren, ohne auf die sich stellende allgemeine Frage, ob Optimismus in Bezug auf ein Dasein, das mit

dem Tod endet, überhaupt eine vernünftige Alternative darstellen kann, weiter einzugehen. Das Dasein gilt dem Orphiker als abzubüßende Strafe. Mit den Worten von Goethes Mephisto könnte man sagen, dass alles, was entsteht, wert ist, dass es zugrunde geht. Aber der orphische Pessimismus greift wohl noch tiefer. Schopenhauer hat ihn am deutlichsten erfasst. Das menschliche Leben ist Folge einer metaphysischen Schuld: »Die Kapitalabzahlung geschieht durch den Tod.«[20]

Erlösung als Entmischung von Titanischem und Dionysischem vollzog sich nicht automatisch mit dem Tod, sondern war eine lebenslängliche Aufgabe, zu der ein »orphischer Lebensstil« mit Einweihungs- und Reinigungsriten, aber auch mit asketischen Praktiken gehörte. Verglichen mit den Höchstleistungen indischer Asketen ging es bei den griechischen Entsagungskünstlern recht gemäßigt zu. Nagelbretter, Verknoten der Gliedmaßen oder andere körperliche Verrenkungen waren unbekannt. Allerdings waren die Mysten verpflichtet, streng vegetarisch zu leben, auf Fleisch, Eier und vor allem auf Bohnen zu verzichten und keine wollenen Gewänder zu tragen. Auch alkoholischer Getränke hatte man sich weitgehend zu enthalten. Den Verzicht auf Eier mag man sich vor allem damit, dass bereits das Ei als Träger neuen Lebens angesehen wurde, erklären. Das Bohnenverbot hingegen will nicht recht einleuchten. Schon die Dringlichkeit, mit der es ausgesprochen wird, will uns befremden. »Unselige, ganz Unselige. Haltet Eure Hände zurück von den Bohnen. Ebenso grässlich Bohnen zu essen, wie Häupter der Eltern.«[21] Nach dem Altphilologen Heinrich Dörrie könnten wir es dabei mit einer Nützlichkeitsregel zu tun haben, deren Befolgung sich vor allem »bei gemeinsamer Nachtruhe im Schlafsaal« empfahl.[22] Unbestritten ist, dass der Verzicht auf eine abendliche Bohnenmahlzeit dort ein wichtiger Beitrag zu ungestörtem Schlaf und gesunder Luft sein kann. Aber kann das die unverhältnismäßige Nachdrücklichkeit der Warnung erklären?

Wahrscheinlicher ist wohl, dass man Bohnen für Fleischprodukte hielt und darin Ähnlichkeiten mit menschlichen Embryonen sah. Sieht man einmal von Bohnen, Eiern, kultischen Reinheitsritualen, Jenseitsstrafen und anderem ab und betrachtet ausschließlich den Kern des religiösen Anliegens, lassen sich gewisse Parallelen zwischen orphischen und indischen Anschauungen nicht von der Hand weisen. Vor allem der Leib-Seele-Dualismus, die Reinkarnationslehre und eine damit zusammenhängende Form des Karma-Gedankens müssen östlichen Ursprungs sein, auch wenn wir nicht genau wissen, wie und auf welche Weise diese Vorstellungen von Indien nach Griechenland gekommen sind.

Dass der Samen aus dem fernen Osten auf fremden Boden fiel, zeigt sich darin, dass Entsagung fortan einen sportiven Beigeschmack bekommt und zur »askēsis«, d. h. zur Entsagungs-Übung, wird. Spätere Philosophenschulen, wie z. B. Neuplatoniker, Stoiker und Kyniker, haben daran angeknüpft. Der Verzicht wird bei ihnen zur selbstbewussten Demonstration der Überlegenheit des menschlichen Geistes über den Körper.

Mit der Orphik trat in Griechenland ein neuer, bis dahin wohl nur in Indien bekannter Typus des »holy man« auf den Plan: der des von Ort zu Ort reisenden, zur Buße aufrufenden, aber auch Erlösung verkündenden Wanderpredigers, der als charismatischer »Wanderradikaler«, Derwisch oder mittelalterlicher Bettelmönch auf kleinasiatischem und europäischem Boden von nun an zur treibenden Kraft ganz unterschiedlicher religiöser Bewegungen werden sollte. Als Sänger, Seher, Heiler und Priester war er eine Art religiöses Faktotum, das unterschiedliche Funktionen in sich vereinigte. Die Übergänge zum Scharlatan waren von Anfang an fließend. Ein wichtiges Anliegen der mit ihren Büchern von Stadt zu Stadt ziehenden orphischen Prediger war es, den Reichen ins Gewissen zu reden. Der Predigt verlieh man mit finsteren Strafandrohungen den notwendigen Nachdruck. Beim Satiriker Lukian lesen wir, dass unbußfertigen Reichen angedroht wurde, 250.000 Jahre lang in der Gestalt von Eseln wiedergeboren zu werden.[23] Das könnte O-Ton orphischer Bußpredigt sein.

Enge Verbindungen bestehen zwischen der orphischen Bewegung und Pythagoras von Samos (570 – 480 v. Chr.). Obwohl sich für viele an dessen Namen nur leidvolle Schülererinnerungen an einen mathematischen Lehrsatz knüpfen, dürfen wir uns Pythagoras keineswegs als kühlen Rechner oder nüchternen Geometer vorstellen, sondern wohl eher wie einen Ehrfurcht gebietenden Guru. Vielleicht sogar in weißem Ornat wie den Papst, in jedem Fall aber in Leinengewändern, denn Wolle zu tragen, war bei den Orphikern, zu denen Pythagoras im weitesten Sinne zählte, nicht opportun – so wenig wie Nylonsocken bei den Anthroposophen. Auch sonst gab es Parallelen mit östlichen Yogis. Wie sie soll Pythagoras die wunderbare Kunst der Bilokation beherrscht haben und an zwei Orten gleichzeitig gesehen worden sein. Entsprechende Fertigkeiten wurden später auch katholischen Heiligen nachgesagt. Auch soll er die Sprache der Tiere verstanden und sich noch deutlich daran erinnert haben, in welcher Tiergestalt er selbst einst auf Erden wandelte. Man hat in diesen und anderen wunderbaren Zügen einen schamanistischen Hintergrund sehen wollen. Doch mag uns der Hinweis auf das Vorbild östlicher Gurus, ihre Gedankenwelt und ihren Lebensstil an dieser Stelle genügen.
Was wir von Pythagoras zuverlässig wissen, ist eben nicht viel. Ebenso wenig wie der Stifter des Christentums hinterließ er irgendwelche Schriften. Die Überlieferung erfolgte zunächst mündlich, erst mehrere Jahrhunderte später wurden Leben und Lehre schriftlich aufgezeichnet. Dass die Lehre des in Samos gebürtigen Philosophen und Religionsstifters, der später mit seiner Anhängergemeinde in Unteritalien lebte, nur schwer von der Orphik abgegrenzt werden kann, klang schon an. Sowohl orphische Identitätslehre und Dualismus wie auch Reinkarnationsgedanke finden sich darin wieder. Der Dualismus der Orphik wird allerdings

etwas zurückgenommen, stattdessen beherrscht die Vorstellung vom Allgeist das pythagoreische Denken. In ihm soll der menschliche Geist (»nous«), der damit wesensverwandt ist, sich selbst erkennen können, sofern er nur die notwendigen Vorkehrungen trifft und sich von seinen Leidenschaften reinigt und die wichtigsten diätischen Regeln beachtet. Denn nur der Reine kann Reines, nur Gleiches kann Gleiches erkennen.

Damit die Seele zur Erkenntnis fähig würde, prägte Pythagoras einen ganz eigenen Lebensstil, den pythagoreischen eben, der sich von dem orphischen durch das Vorherrschen ethischer Maßregeln unterschied. Wichtiger als die Enthaltung von gewissen Speisen war die Enthaltung von bösem Tun. Dazu gehörte vor allem die Vermeidung des Blutvergießens und des Fleischgenusses. Die Pythagoreer waren die ersten Vegetarier auf europäischem Boden. In Ermangelung des Begriffes »Vegetarier«, den es damals noch nicht gab, nennen antike Texte als charakteristisches Merkmal pythagoreischer Lebensweise die »Enthaltung von Beseeltem«. Im Allgemeinen vermischen sich bei der Begründung des Vegetarismus die Reinheitsgesichtspunkte immer wieder mit der Reinkarnationslehre und dem damit verbundenen Gedanken der Wesensverwandtschaft aller Lebewesen. »Die Anhänger des Pythagoras und Empedokles und die übrige Menge der Italer«, so der antike Philosoph Sextus Empiricus, »behaupten, dass wir nicht nur miteinander und mit den Göttern, sondern auch mit den unvernünftigen Tieren Gemeinschaft haben ... Deshalb werden wir, indem wir sie töten und uns mit ihrem Fleisch nähren, Unrecht tun und gottlos sein, da wir Verwandte umbringen.«[24]

Aus dem Gedanken einer Wesensverwandtschaft von Mensch und Tier entwickelten sich bei den Pythagoreern über den Vegetarismus hinaus schon früh Grundsätze einer allgemeinen Tierschonung. Man kann in ihnen die frühesten Vertreter des heutigen Tierschutzgedankens sehen. Pythagoras, so heißt es in einem antiken Zeugnis, habe »die Vertraulichkeit den Menschen von weither einpflanzen« wollen und verband sie daher »auch mit den verwandten Tieren, indem er ihnen befahl, diese für vertraut und befreundet zu halten, so dass man keinem von ihnen Unrecht tun oder es töten und verzehren dürfe«.[25]

Wie man weiß, hat der Vegetarismus des Pythagoras mitsamt dem in Ansätzen bereits erkennbaren Gedanken eines Tierschutzes Schule gemacht. Seine Anschauungen gingen zunächst auf den Kreis seiner Schüler über und erlebten im Neupythagoreismus ihre Blüte. Der Philosoph Porphyrius verfasste eine umfangreiche Schrift mit dem Titel »Über die Enthaltung vom Beseelten«. Pythagoreische Gedanken beeinflussten aber auch andere antike Philosophen, z. B. Epikur, Seneca, Musonius und die Neuplatoniker.

Im 19. Jahrhundert war es vor allem Arthur Schopenhauer, der sich der von den deutschen Philosophen bis dahin sträflich vernachlässigten Tierwelt annahm. Da Schopenhauer ganz bewusst an indische und orphisch-pythagoreische Traditionen anknüpfte, stehen auch bei ihm Vegetarismus und Tierschutzgedanke in engem sachlichen Zusammenhang mit einem grundsätzlichen weltanschaulichen Pessimismus. So kommt es zu einer auf den ersten Blick befremdlichen Konstellation: Während die Rechte des Tieres dort, wo der Glaube an eine gute Schöpfung jahrhundertelang offizieller Glaubenssatz war, wie im späteren Christen- oder im Judentum, teilweise mit Füßen getreten wurden, entwickelten sich positive Ansätze zum Tierschutz ausgerechnet dort, wo ein tiefer religiöser bzw. weltanschaulicher Pessimismus herrschte, d. h. bei den Buddhisten, Orphikern und Pythagoreern, auf die sich Schopenhauer berief. Leicht zu erklären ist das nicht. Vielleicht hängt es damit zusammen, dass das Bewusstsein für die grundsätzliche Tragik menschlichen Daseins eher Solidaritätsgefühl und Verständnis für die mitleidenden Kreaturen zu erwecken vermag als naiver Weltoptimismus oder religiöser Erwählungsglaube.

Wie auch immer, als Vegetarier und frühes Mitglied des 1837 gegründeten Frankfurter Tierschutzvereins stand Schopenhauer in der geistigen Nachfolge des antiken Philosophen Pythagoras. Der in der Schrift »Über die Grundlage der Moral« ausgesprochene ethische Grundsatz »Mitleid mit Allem, was Leben hat« klingt wie ein Echo pythagoreischer, aber auch buddhistischer Prinzipien. Ein eifriger Unterstützer Schopenhauers war Richard Wagner, der sich in einem offenen Brief für die Sache der Tierschutzbewegung im Kaiserreich einsetzte. Der durch Schopenhauer angestoßene Tierschutzgedanke wurde schließlich in unsere staatliche Gesetzgebung aufgenommen. Heute erfreut sich auch der Vegetarismus steigender Beliebtheit und ist in manchen Kreisen geradezu eine Modeerscheinung – sicher nicht die übelste Ausprägung eines »Zeitgeistes«.

Dass das Christentum als Religion der Liebe und des Mitleids kaum Anteil an dieser Entwicklung hatte, ist zu bedauern. Schuld daran sind die Engführungen einer jahrhundertelangen dogmatischen Diskussion und ein, zumal unter Protestanten, immer noch weit verbreitetes, geradezu libertinistisches Gnadenverständnis. Als der Autor einmal mit einem bibelfesten Christen und Inhaber eines Legebatterien-Komplexes über die Problematik der Legehennenhaltung sprach, räumte dieser zwar »Fehlentwicklungen« ein, glaubte aber seine ethische Position mit dem frappanten Hinweis auf das lutherische »pecca fortiter« (»sündige tapfer«) plausibel begründen zu können. Der gegen die katholische Kirche und Werkgerechtigkeit polemisierende Reformator hatte sich einst, wohl in einer seiner schwächsten Stunden, zu diesem kategorischen Imperativ, der nur wenig für eine allgemeine Gesetzgebung taugt, hinreißen lassen. Bleibt nur zu hoffen, dass Gott ein bekennender Lutheraner ist und die Berufung des inzwischen verstorbenen Legebatterien-Inhabers auf den Reformator akzeptieren wird. Außer Schopenhauer hat sich auch der Friedensnobelpreisträger

Albert Schweitzer (1875 – 1965) sehr engagiert für den Tierschutz eingesetzt. Auch er war Vegetarier. Die »Ehrfurcht vor den Tieren« war für ihn eine Folgerung aus seiner Ethik der »Ehrfurcht vor dem Leben«. Diese beruhte auf dem schlichten Grundsatz: »Ich bin Leben, das leben will, inmitten von Leben, das leben will.«[26]
In der heutigen Zeit haben Vegetarismus und Tierschutz durch Massentierhaltung, Tiertransporte, Tierversuche, Überfischung der Weltmeere und globales Artensterben eine neue, apokalyptische Dimension bekommen, die weder von Schopenhauer noch Schweitzer vorhergesehen wurde. Die Komplexität des Problems macht komplexe Lösungen erforderlich. Zu den profiliertesten Vertretern der heutigen Diskussion gehört neben Helmut F. Kaplan und Tom Regan der australische Philosoph Peter Singer, der mit seinem 1975 erschienenen Buch »Animal Liberation« (»Die Befreiung der Tiere«) einen wesentlichen Grundstein für die heutige Tierrechtsbewegung legte.
Es sollte hellhörig machen, wenn sich Singer gleich zu Beginn seines Buches von jenen »emotional« motivierten Tierfreunden abgrenzt, die »nur« aus Tierliebe handelten. Weil der australische Professor keine schwammigen Sentimentalitäten, sondern nur rationale ethische Begründungen gelten lassen will, entwickelt er eine durchaus eindrucksvolle Tierethik. Jedoch kommt es immer wieder zu problematischen Konsequenzen. Einerseits sollen selbst Menschenaffen fundamentale Rechte zugesprochen werden, andererseits werden von Singer sowohl Sterbehilfe als auch Abtreibung und selbst Kindstötung unter bestimmten Bedingungen gebilligt. Erst vor kurzem forderten zwei englische Mediziner im Anschluss an Singer, die gesetzlichen Voraussetzungen für die legale Tötung von Kindern, die mit schweren Behinderungen geboren werden, zu schaffen – das Einverständnis der Eltern vorausgesetzt.
Auch wenn Tierschützer für jeden Mitstreiter dankbar sein sollten, werden sie das Ganze mit gemischten Gefühlen betrachten, sehen

sie sich doch unversehens in der Rolle derer, die den Menschen vor den Tierschützern schützen müssen. Das Problem liegt darin, dass viele heutige Tierethiker die Tierrechtsbewegung von religiösem bzw. einem als »irrational« oder »sentimental« betrachteten Empfinden abkoppeln möchten und nur noch rationalistisch auf der Basis des angeblich »Nützlichen« argumentieren. Für sie ist nur »vernünftig, was nützt«, und in diesem Sinne »machbar« ist. Von einer solchen theoretischen Basis aus können sie einerseits Tierrechte einfordern oder gegen die Massentierhaltung protestieren, andererseits aber auch Euthanasie und Kindstötung propagieren. Auch wenn einzuräumen ist, dass die Mitleidskategorie für eine philosophisch begründete Tierethik noch ergänzungsfähig ist und der Unterfütterung durch eine präzise Begrifflichkeit bedarf, denkt man mit Wehmut an die Tierschützer alter Schule zurück, denen keine der von unseren heutigen Tierschützern vorgebrachten Frivolitäten jemals in den Sinn gekommen wäre. Schopenhauers Ausspruch, die Welt sei »kein Machwerk und die Tiere ... kein Fabrikat zu unserem Gebrauch«, gilt immer noch.[27] Auch Moral ist kein menschliches Machwerk, sondern bedarf einer grundlegenden, über angeblich nützliche Vereinbarungen hinausweisenden Begründung. Wenn es denn schon keine religiöse Begründung sein darf, ist schlichtes menschliches Mitleid – so peinlich dieses Wörtchen einigen heutigen Tierschützern auch sein mag – sicher nicht der schlechteste Ersatz. In Wahrheit hat die Tierschutzbewegung immer von Menschen gelebt, die sich nicht für ihre Gefühle schämten. Und das war gut so.

# 3. MIT DEM ARSCH INS GESICHT – VERZICHT ALS HAPPENING – DIOGENES UND DIE KYNIKER

## Auf der Suche nach dem Menschen

Am Anfang steht ein schwerer Vorwurf: Falschmünzerei. Wir finden ihn bei einigen antiken Schriftstellern – so auch bei einem der ältesten Biografen, einem Namensvetter des Diogenes, dem Laertius. Diogenes von Sinope, des Wechslers Hikesias Sohn, um ca. 400 v. Chr. geboren, soll zusammen mit seinem Vater die Geldvorräte in der Wechselstube durch Ware aus eigener Münzfabrikation ergänzt und in Umlauf gebracht haben.[28] Die Sache flog auf. Nach heutiger Gesetzeslage wäre Diogenes mit Freiheitsstrafe nicht unter einem Jahr bestraft worden. Er hatte jedoch Glück, denn er lebte in der Antike. Er soll »nur« in die Verbannung geschickt worden, nach anderer Überlieferung freiwillig gegangen sein. In jedem Fall kam er irgendwann glücklich in Athen an, wo man mit dergleichen Bagatellen immer schon etwas verständnisvoller umging. Die barbarische Sitte, Falschmünzer in siedendes Öl zu werfen, stammt erst aus dem Mittelalter und erfreute sich, wie man sich denken kann, zumal in Deutschland großer Beliebtheit. Hier verstand man mit pekuniären Dingen von alters her wenig Spaß.
Über die Gründe, die Diogenes dazu bewogen haben könnten, sich mit hohem Risiko auf dem antiken Finanzmarkt zu engagieren, kann man nur spekulieren. Dass schnöde Geldgier oder Gewinnsucht im Spiel waren, lässt sich natürlich nicht ausschließen, mag aber angesichts dessen, dass der Leitstern der späteren Jahre Bedürfnislosigkeit war, eher als unwahrscheinlich gelten. Oder sollte die Prägung eigener Münzen bereits mit dem Selbstversorgungsgedanken zu tun gehabt haben und ein Versuch gewesen sein, ihn auf den Zahlungsverkehr zu übertragen?

Versuche, den Philosophen von dem Vorwurf krimineller Falschmünzerei zu entlasten und daraus ein Missverständnis zu machen, gab es schon früh. Wenn wir dennoch weiterhin darauf beharren, dass wir es bei dem jungen Diogenes in der Tat mit einem wirklichen Geldfälscher zu tun haben, so vor allem deswegen, weil uns die Motive für seine Ehrenrettung offensichtlich erscheinen. Es ist nur allzu gut verständlich, dass man in späteren Zeiten, als man Diogenes auf den hohen Sockel des großen athenischen Philosophen gehievt hatte, nichts mehr von seiner dunklen Vergangenheit wissen wollte und alles daran setzte, entsprechende Verdächtigungen und Vorwürfe als Missverständnis abzutun.

Im Übrigen wäre es schade, wenn wir die Sache mit den falschen Drachmen aus der Vita des Diogenes streichen müssten. Sie macht die Angelegenheit nicht nur viel spannender, sondern könnte auch noch zu allgemeinen Überlegungen verhelfen, die wir uns versagen müssten, wenn wir darin nur ein Missverständnis sähen. Wäre nämlich der Vorwurf der Falschmünzerei richtig, wie wir glauben, müsste das Scheitern des Versuchs, es mit falschen Münzen in dieser Welt zu Ehre und Ansehen zu bringen, im Leben des Diogenes einen entscheidenden Einschnitt, vielleicht auch Bruch bedeutet haben. Denn fortan war er ein anderer. Er und wir können von Glück sagen: Wäre der Versuch gelungen, sich mit falschen Münzen zu bereichern, wäre es ihm ergangen, wie es vielen heutigen Finanzmogulen, Spekulanten und Steuerhinterziehern irgendwann auch einmal ergehen wird, wenn ihnen die Gnade strafrechtlicher Verfolgung versagt bleibt. Er wäre zwar ein wohlhabender oder sogar schwerreicher Mann geworden – aber kein Hahn würde noch nach ihm krähen. So aber dient er bis heute als Namengeber für Tavernen, Schachclubs und Verlage und für alles, was irgendwie mit unangepasstem Geist zu tun hat.

Als Schüler erlebten wir unsere Latein- und Griechischlehrer – allesamt Beamte auf Lebenszeit – immer in aufgeräumter Stimmung, wenn sie Geschichtchen aus dem wilden und freien Leben des antiken Spaßvogels zum Besten gaben. Vermutlich erinnerte er sie an sich selber und die eigene Jugend, an den Abenteurer, Sponti und Idealisten, der man selber gern gewesen wäre, aber am Ende doch nicht blieb, weil die Aussicht auf A 13 und eine satte Pension verlockender war. Aber recht hatten sie, die Antike war in der Tat keineswegs so langweilig, wie wir glaubten.

Für den Historiker ist die Situation im Falle des Diogenes schwierig. Es verhält sich damit nicht anders als bei Buddha, Jesus oder vielen anderen antiken Personen: Echtes und Untergeschobenes sind untrennbar ineinander verwoben. Es ist daher nahezu unmöglich, aus dem Legenden- und Anekdotenkranz, der den antiken Aktionskünstler umgibt, so etwas wie einen »historischen Diogenes« herauszuschälen. Daher wissen wir auch nicht ganz genau, wofür der historische Diogenes stand und was er eigentlich war: ein Spaßmacher, ein athenischer Till Eulenspiegel, ein Unangepasster, der einfach nur gegen den Strom schwamm, ein Misanthrop, ein Philanthrop, ein antiker Philosoph, ein Entsagungs- oder Aktionskünstler?

Vieles spricht dafür, dass er von jedem etwas war, dass er jedoch, wenn man ihn gefragt hätte, nur eines sein wollte, ein Mensch.

Da ist die Sache mit der Laterne. Bei der Erzählung dieser Anekdote begnügte sich sein antiker Biograf mit einem einzigen Satz: »Er zündete bei Tage ein Licht an und sagte: ›Ich suche einen Menschen.‹« Als Diogenes wieder einmal auf der Suche war, soll er auf dem Marktplatz gerufen haben: »Kommt herbei, Menschen!« Die Leute, die dann auf seinen Ausruf hin kamen, vertrieb er jedoch mit den Worten: »Menschen habe ich zu mir gerufen, nicht Abschaum!«

Die Sache mit dem Menschen ist uns heute sympathisch. Wir meinen, sie auch ohne Umweg über historische Kritik auf Anhieb zu verstehen. Wer würde nicht selbst gerne einmal die Laterne zur

Hand nehmen, um sich beispielsweise, vorbei an Bär und Bulle, Zugang zur Frankfurter Börse zu verschaffen, den Brokern und Tradern auf dem Parkett am helllichten Tage mit einer Laterne heimzuleuchten und unter ihnen nach »Menschen« zu suchen? Dies eine verlockende, aber vermutlich nicht besonders gute Idee, weil die Aktion auf dem ungeduldigen Börsenparkett wohl schneller abgebrochen als verstanden würde.

Dass Diogenes trotz aller Modernität einer Zeit und Kultur angehörte, die nicht mehr die unsere ist, lässt sich vor allem an seinen Urteilen über die Frauen erkennen, von denen er wie schon Buddha nur wenig Gutes zu sagen wusste. Auf die Frage, was schlimm im Leben sei, antwortete er: »Eine gut aussehende Frau!«[29] Eine Begründung dafür bleibt er uns schuldig. Sie ergibt sich aber offenbar aus der Tatsache, dass sich die »gut aussehende Frau« nur schlecht mit dem Autarkie-Gedanken des Kynikers vereinbaren lässt und ihn aus dem angestrebten seelischen Gleichgewicht bringt. Da ihr Bild reflexhaft Wünsche erweckt, die Mann selbst nicht befriedigen kann und um deren Erreichung willen es einer vorübergehenden Schwerpunktverlagerung des inneren Selbst bedürfte, verwandelt Mann das »Mysterium fascinosum« (»anziehendes Geheimnis«) einfach in ein »Mysterium tremendum« (»furchterregendes Geheimnis«) – und schon war Mann wieder bei sich. Für Diogenes und für seine Kyniker wurde die Frau zur erklärten Feindin, nicht weil sie, wie bei Buddha oder den christlichen Asketen, dem ewigen Seelenheil im Wege stand, sondern weil die Leidenschaft, die sie verursachte, um die irdische Behaglichkeit und Ruhe brachte. Daraus erklären sich die nervöse Gereiztheit und der unverhohlene Hass. Als Diogenes einst Frauen an einem Ölbaum erhängt sah, soll er gesagt haben: »Möchten doch alle Bäume solche Frucht tragen.« Die Begriffe Mensch und Menschlichkeit waren bei Diogenes wohl noch ein wenig anders konnotiert als bei uns.

Der negativen Einstellung der Frau auf der einen entspricht die zur Ehe auf der anderen Seite. Auch darüber wusste Diogenes wenig Freundliches zu sagen. Seine Antwort auf die Frage, wann man am besten heiraten solle, lautete: »Die Jünglinge noch nicht, die Alten nicht mehr.« Am liebsten hätte er die Ehe wohl ganz aufgelöst und durch die Weibergemeinschaft ersetzt. Dazu passt, dass Diogenes sexueller Selbstversorger gewesen sein soll und – vermutlich nicht nur öffentlich – gerne masturbierte.

Und doch, sieht man einmal von solchen kulturell bedingten Schranken ab, gibt es etwas, was uns an dem Begriff des Menschlichen bei Diogenes über die Jahrhunderte und Jahrtausende hinweg bis heute unmittelbar anspricht. Er wäre sonst nicht der, der er ist: Diogenes eben, der auch den Hochangesehenen, Großen und Mächtigen unerschrocken und respektlos entgegentrat; der dem großen Alexander auf die Frage, was er für ihn tun könne, die Antwort gab, er möge ihm aus der Sonne gehen, und der sich weder durch Macht noch durch Reichtum oder Schönheit noch durch irgendetwas anderes beeindrucken oder blenden ließ, weil er einen festen Maßstab besaß, anhand dessen er urteilte: das Menschliche – nicht im Sinne unseres Gutmenschentums, sondern ganz kreatürlich. So wie ein Hund beim anderen zuerst die Duftmarke erschnuppert und sich weder für das teure Halsband noch die warme Outdoor-Jacke interessiert, suchte Diogenes bei seinen Zeitgenossen zuerst den scharfen Geruch des Menschseins, so, wie er ihn verstand. Hatte er ihn wahrgenommen, war es gut. Falls nicht, so konnte er unangenehm werden.

## Von Mäusen und Menschen – und Hunden

Diogenes war Entsagungskünstler. Autarkie, Bedürfnislosigkeit und Menschsein gehörten für ihn zusammen. Seit wann das so war, wissen wir nicht. Nachdem der Versuch, mit falschen Drachmen die schnelle Mark zu machen, an den Gesetzen seiner Heimatstadt gescheitert war, scheint eine Phase der Besinnung gefolgt zu sein. Endgültig könnte ihm die Begegnung mit einer kleinen Maus die Augen geöffnet haben. So ist es jedenfalls überliefert. Diogenes Laertius berichtet, Diogenes habe als armer, aus der Heimatstadt vertriebener Flüchtling zu Anfang seiner Athener Zeit einmal eine hin- und herlaufende Maus beobachtet, die weder eine Ruhestätte suchte noch die Dunkelheit mied noch irgendein größeres Verlangen nach Leckerbissen zeigte. Dies hätte ihm einen Wink zur Abhilfe für seine dürftige Lage gegeben und brachte ihn auf den Gedanken, seinen Mantel durch Überschlagen gleichsam zu verdoppeln und auf diese Weise das Bett zu ersetzen. Als mobile Vorratskammer legte sich Diogenes außerdem einen Ranzen zu, der es ihm ermöglichte, überall und zu jeder Zeit sein Frühstück einzunehmen. Mantel und Ranzen wurden nebst Stab, auf den sich Diogenes nach einem Krankheitsanfall gestützt haben soll, fortan zur charakteristischen Grundausstattung des neuen Lebensstils.
Wir wollen der Überlieferung und Übersetzung vertrauen, auch wenn der Fall einer Maus, die sich weder für Ruhestätte noch Leckerbissen interessiert, ganz ungewöhnlich klingt. Es müsste sich um eine sehr instinktvergessene Maus gehandelt haben, die freiwillig auf Leckerbissen verzichtet haben sollte. Aber warum nicht, für den wachsamen Beobachter gibt es immer etwas aus der Natur zu lernen. Und manchmal können auch falsche Beobachtungen hilfreich sein, wenn man nur die richtigen Schlüsse daraus zieht. Diogenes hatte seine Lektion jedenfalls gelernt: Das kleine Mäuschen hatte ihn zum »Hund« gemacht. Aus Diogenes war ein Ky-

niker geworden, d. h. einer, der für sein Leben nur noch so viel beanspruchte wie ein »kynos«, ein Hund bzw. die besagte Maus, also außer den Grundbedürfnissen, essen, trinken, schlafen und ab und zu ein wenig unter dem Bauch reiben, nichts weiter.

Die Herkunft des Namens »Kyniker« ist allerdings nicht ganz unumstritten. Mitunter wird er mit dem Kynosargos, einem der drei Gymnasien im antiken Athen, in Verbindung gebracht und davon abgeleitet. Hier lehrte der griechische Philosoph Antisthenes (445 – 365 v. Chr.), der oft als Lehrer des Diogenes genannt wird. Der Bezug auf die hundeähnliche Lebensweise der als Kyniker bezeichneten Asketen hat allerdings die größte Wahrscheinlichkeit.

In unserem Kapitel über die indischen Asketen bemerkten wir schon, dass es unter ihnen – neben Kuhheiligen – auch Hundeheilige gab. Ob zwischen den indischen Hundeheiligen und den griechischen »Hunden« irgendein Zusammenhang besteht, ist bisher offenbar noch nicht untersucht worden. Ein wenig von diesem asiatischen Asketengeist schlummerte jedenfalls auch in Diogenes. Wie sonst soll die Nachricht zu erklären sein, er habe sich im Sommer auf glühendem Sande herumgewälzt, habe im Winter schneebedeckte Bildsäulen umarmt oder sei mit nackten Füßen durch den Schnee gegangen, um sich widerstandsfähig zu machen? Oswald Spengler glaubte, sich Diogenes am Ganges vorstellen zu können. »In einer der westeuropäischen Weltstädte«, so Spengler weiter, wäre er »ein bedeutungsloser Narr« gewesen.[30]

Das mag im Prinzip stimmen. Nur sollte man nicht vergessen, dass indische und buddhistische Weltentsagung einen viel grundsätzlicheren Charakter hatten als diejenige des Diogenes. Hier geht es wirklich um Askese, um eine Kampfansage an die Welt, während sich der Verzicht bei Diogenes nur auf einen Ausschnitt, die zivilisierte Welt, bezieht. Diogenes ist sich dessen bewusst. Auf die Frage, ob das Leben nach seiner Meinung ein Übel sei, soll er ge-

antwortet haben: »Nicht das Leben, sondern ein böses Leben.« Die Antwort Buddhas lautete, wie wir inzwischen wissen, anders.
Man muss diesen grundsätzlichen Unterschied immer im Auge behalten, um die Übereinstimmungen zwischen Buddha und Diogenes, zwischen den östlichen Entsagungsmeistern und den antiken Kynikern im rechten Licht zu sehen. Was die Kritik an Habsucht, Reichtum, Prasserei und Protzerei angeht, klingen die Worte des Diogenes oft nicht anders als die Buddhas. Habsucht ist für ihn die »Mutterstadt allen Übels«; den Menschen, so sagte er, sei das Leben von den Göttern an sich nicht schwer gemacht worden, aber über dem Suchen nach Leckerbissen, Wohlgerüchen und Ähnlichem, sei das in Vergessenheit geraten. Jede Heuchelei war ihm in diesem Zusammenhang zuwider. Scheinheiliges Gehabe der Reichen, die gerne so tun, als ob ihnen ihr Geld gleichgültig oder gar verächtlich sei, konnte er partout nicht leiden.
Überhaupt hielt er die Zivilisation in all ihren Spielarten für die eigentliche Ursache des menschlichen Elends. Eigentlich sollte sie dazu dienen, den Menschen von den Zwängen der Natur zu befreien und ihm ein angenehmeres und bequemeres Leben zu ermöglichen. Doch anstatt dem Menschen zu dienen, hatte sie ihn irgendwann selbst in ihren Dienst gestellt und zu ihrem Sklaven und dem seiner immer anspruchsvoller werdenden Bedürfnisse gemacht. Diogenes sah sehr klar, dass das Leben der Menschen durch die Jagd nach Vergnügungen um jeden Preis immer freudloser und mühsamer geworden war. Warum aber sollte der Mensch sein Leben damit verbringen, ständig hinter etwas herzulaufen, was er im nächsten Moment haben kann, wenn er nur seine Ansprüche zügelt?
In seiner »Anekdote zur Senkung der Arbeitsmoral« hat Heinrich Böll die Absurdität dieses Treibens ganz im Geiste des Diogenes unübertrefflich auf den Punkt gebracht. Der in deutschen Wirtschaftswunderzeiten, im Jahre 1963 veröffentlichte Text schildert die Begegnung eines Touristen mit einem Fischer im Hafen. Zwei

Welten stoßen aufeinander: auf der einen Seite ein übereifriger Tourist, erfüllt von nervöser Unrast, den Finger ständig auf dem Auslöser seines Fotoapparates, auf der anderen Seite ein ärmlich gekleideter, in der Sonne dösender Fischer, der als Motiv für ein idyllisches Urlaubsfoto herhalten muss. Bei einer Zigarette kommen die beiden miteinander in ein Gespräch, das über weite Strecken nur ein Selbstgespräch des Touristen ist. Dieser will wissen, ob der Fischer heute noch einmal zum Fang ausfahren wird. Als der Fischer verneint, fragt der Tourist nach dem Grund, da doch die Bedingungen für eine Ausfahrt an diesem Tage ganz hervorragend seien. Der Tourist vermutet, der Fischer könne sich unwohl fühlen. Aber der Fischer dementiert erneut, er habe an diesem Tag bereits einen guten Fang gemacht. Nun ist der Tourist erst recht verwundert. Bei einer weiteren Zigarette rechnet er dem Fischer vor, was geschehen würde, wenn er statt einmal am Tage drei-, vier-, fünfmal zum Makrelenfang ausfahren würde.

»›Sie würden sich spätestens in einem Jahr einen Motor kaufen können, in zwei Jahren ein zweites Boot, in drei oder vier Jahren vielleicht einen kleinen Kutter haben, mit zwei Booten und dem Kutter würden Sie natürlich viel mehr fangen – eines Tages würden Sie zwei Kutter haben, Sie würden …‹, die Begeisterung verschlägt ihm für ein paar Augenblicke die Stimme, ›Sie würden ein kleines Kühlhaus bauen, vielleicht eine Räucherei, später eine Marinadenfabrik, mit einem eigenen Hubschrauber rundfliegen, die Fischschwärme ausmachen und Ihren Kuttern per Funk Anweisungen geben. Sie könnten die Lachsrechte erwerben, ein Fischrestaurant eröffnen, den Hummer ohne Zwischenhändler direkt nach Paris exportieren – und dann …‹, wieder verschlägt die Begeisterung dem Fremden die Sprache.
Der Fischer klopft ihm auf den Rücken, wie einem Kind, das sich verschluckt hat.

›Was dann?‹ fragt er leise.
›Dann‹, sagt der Fremde mit stiller Begeisterung, ›dann könnten Sie beruhigt hier im Hafen sitzen, in der Sonne dösen – und auf das herrliche Meer blicken.‹
›Aber das tu' ich ja schon jetzt‹, sagt der Fischer, ›ich sitze beruhigt am Hafen und döse, nur Ihr Klicken hat mich dabei gestört.‹«

Wir alle kennen die ein wenig trivial klingende Quintessenz dieses Textes, dessen schlichte Wahrheit uns aber angesichts der Diskussion über Rente ab 67 und der Forderung nach einem sozialen Pflichtjahr für Rentner immer noch lebhaft anspricht: Wir leben nicht, um zu arbeiten, sondern wir arbeiten, um zu leben. Auch dieser Spruch findet sich übrigens, in leicht abgewandelter Form (statt »arbeiten« »essen«), in der arabischen Überlieferung der Diogenes-Worte.[31]
Die Begegnung mit der Maus hatte Diogenes die Augen geöffnet und ihn zum Kyniker erweckt. Als Weg zu Freiheit und Glück hatte er, wie schon Sokrates vor ihm, die göttliche Genügsamkeit entdeckt. Er pflegte zu sagen, »es sei göttlich, nichts zu bedürfen, und gottähnlich, nur wenig nötig zu haben«.
Das Schöne ist, dass dieser gottähnliche Zustand nichts kostet und sich relativ leicht herbeiführen lässt. Wie Hans im Glück brauchen wir nur den ganzen Plunder, der uns bis dahin unverzichtbar erschien, aber doch nur Mühsal bereitete, einfach über Bord zu werfen. Fortan gehören wir zu den freiesten und glücklichsten Menschen der Welt. Wer nichts besitzt, hat nichts, wofür er Sorge tragen muss. Wer nichts begehrt, braucht sich erst gar keine Gedanken zu machen, wie er was bekommen oder bezahlen kann; er braucht keine tückischen Arbeits- oder Kreditverträge zu unterschreiben, braucht niemandem etwas zu neiden, kurz, er hat seine Wünsche und Bedürfnisse im Griff und kann sich ungestörten Seelenfriedens und gesunden Schlafes erfreuen.

Klar ist, dass ein solcher Lebensstil sich nicht für jedermann empfiehlt, so z. B. nicht für jemanden, der eine Familie oder Angehörige zu versorgen hat. Diogenes selbst war lebenslang Single, daher ist auch seine »l'art de vivre« in erster Linie etwas für Singles, die sich die Tagedieberei leisten können. Dennoch wäre es verkehrt zu glauben, sein Lebensmodell hätte Familienvätern oder auch alleinerziehenden Müttern nichts zu sagen. Auch wenn ich die diogenische Bedürfnislosigkeit niemandem, für den ich verantwortlich bin, aufnötigen kann, kann ich sie zumindest für mich selbst praktizieren – und bin damit zumeist schon die Hauptlast der Probleme los, diejenige nämlich, die ich mir selbst durch mein Anspruchsdenken aufgehalst habe.

Wenn sich der überlastete und überhitzte Rechner aufgehängt hat und nichts mehr geht, ist es an der Zeit, nach der Reset-Taste zu suchen und alles auf Anfang zu stellen. Mitunter tut es gut, wenn wir unsere Wünsche herunterschrauben, kürzer treten und unseren falschen Ehrgeiz abstellen, auch wenn wir erst noch lernen müssen, selbstbewusst mit unserem grinsenden Nachbarn umzugehen.

Das Hohelied der neuen Lebensführung bleibt nicht aus. Der gottgleiche Genügsame wird bei Diogenes zum »Freund der Götter«. Weil aber den Göttern alles gehört und unter Freunden alles gemeinsam ist, gehört den Weisen die Welt.[32] Man übersehe bei diesem Satz nicht die Paradoxie, denn dem weisen Diogenes gehörte, zumindest in der unbefangenen Sicht dessen, der noch nicht in seine Philosophie eingeweiht war, gar nichts, außer vielleicht der Tonne, die ihm irgendwann von den Athenern geschenkt worden war.

Die diogenische Genügsamkeit ist göttlich, weil sie natürlich ist. Wo die Zivilisation nicht als Fortschritt, sondern als schlimmes Übel erkannt ist, das die Menschheit über kurz oder lang in den Abgrund reißt, erfolgt die Rückbesinnung auf Allmutter Natur, die es ihren Kindern an nichts fehlen lässt. In dieser Hinsicht erscheint uns Diogenes wie ein vorweggenommener Rousseau. Nachdem ihm sein Mäuslein die Augen für die wahre Bestimmung des Menschen geöffnet hatte, erwies sich, dass die Welt der Pflanzen und Tiere noch weiteres Anschauungsmaterial für diejenigen parat hielt, die willig waren, ihre Lektionen zu lernen und Augen hatten zu sehen. Um zu zeigen, wie verweichlicht die Menschheit bereits sei, verweist Diogenes beispielsweise auf den Frosch, vermutlich ein Teichfrosch (»Pelophylax esculentus«), der kein wärmendes Federkleid besitzt und sich dennoch, wie es den Anschein hat, in seinem eiskalten Tümpel froschwohl fühlt.

In unseren Evangelien, deren Verfassern, wie wir noch sehen werden, solche Gedanken nicht ganz unbekannt waren, werden daraus im Munde des christlichen Heilands die Lilien auf dem Feld, die wohl wachsen, aber weder arbeiten noch spinnen und gleichwohl herrlicher gekleidet sind als Salomo in seiner ganzen Pracht. Der Unterschied ist hier nur der, dass an die Stelle der Allmutter Natur der göttliche Vater im Himmel getreten ist.

Bevor wir aber allzu sehr ins Idyllische abgleiten und uns nur noch mit Mäusen, Fröschen oder den Lilien auf dem Felde beschäftigen, sollten wir kritisch bemerken, dass es bei Diogenes hier und da auch zu Übertreibungen gekommen ist, die es schwer machen, ihn vorbehaltlos als Vorbild für heutige Öko-Freaks zu empfehlen. Das fängt schon damit an, dass Diogenes die Anfänge der zivilisatorischen Aufweichung bereits im Feuer erblickt haben soll, das Prometheus den Menschen nach mythischer Überlieferung einst vom Himmel brachte. Dieses hätte dem Menschen so wenig genutzt wie andere angebliche kulturelle Errungenschaften, wie z. B. Häuser oder medizinischer Fortschritt. Die Qualen, die der an einen Felsen im Kaukasus gekettete Prometheus dafür erlitt, betrachtete Diogenes als gerechte Strafe für den der Menschheit zugefügten Schaden.

Bei allem Verständnis für Kultur- und Zivilisationskritik – über Feuer und Wärme wird man, zumal in nordischen Breitengraden, anders denken. Und auch die Kritik am medizinischen Fortschritt relativiert sich schnell, wenn man wohl Zahnschmerzen hat, aber keinen Zahnarzt mit einer Betäubungsspritze. Vielleicht hat auch Diogenes im Alter etwas weniger radikal über das Feuer gedacht, denn anfängliche Versuche, rohes Fleisch, darunter auch einen Polypen, zu essen, sollen später von ihm wieder eingestellt worden sein. Erst kurz vor seinem Lebensende scheint Diogenes sie noch einmal wieder aufgenommen zu haben, freilich um sogleich daran zu sterben. Ein roher Ochsenknochen war dem 90-jährigen Greis nicht bekommen. Er soll an Cholera erkrankt sein. Wäre dies richtig, so handelte es sich nach Buddha nun schon um den zweiten Fall eines Entsagungskünstlers, der infolge des Essens gestorben wäre, was eine eigenartige Ironie offenbart.

## Der Entsagungskünstler als Aktionskünstler

Wer von Diogenes spricht, wird dies nicht tun können, ohne seiner verschiedenen Happenings zu gedenken, die ihm den Ruf des wohl bekanntesten Aktionskünstlers der Antike eingebracht haben. Von seinem spektakulärsten Projekt war schon die Rede: Es war die Suche nach dem Menschen, mal mit Laterne und mal mit Stockhieben für das unberufene Gesocks, das sich für Menschen ausgab. Neben der ca. 300 Jahre später stattfindenden Vertreibung der Händler und Wechsler aus dem Tempel von Jerusalem handelt es sich dabei um das wohl bekannteste Fluxus-Projekt der Weltgeschichte. Die Aktion hat sich in das Gedächtnis der Menschheit eingebrannt und wurde oft kopiert, ohne dass ihre schlagende Wirkung je wieder erreicht worden wäre. Nietzsches »toller Mensch«, der am helllichten Tage mit der Laterne Gott sucht, ist nur ein müder Abglanz.

Weniger bekannt ist eine andere Aktion, die vermutlich aus demselben Zyklus »Mensch« stammt. Sie zeigt den Aktionskünstler in der Auseinandersetzung mit dem athenischen Star-Philosophen Platon, mit dem ihn ein inniges Verhältnis gegenseitigen Un- und Missverständnisses verband. Als Platon die Definition aufstellte, der Mensch sei ein federloses zweifüßiges Tier, soll Diogenes einem Hahn die Federn ausgerupft und ihn der versammelten Schola vor die Füße geworfen haben mit den Worten: »Das ist Platons Mensch.« Wir glauben, das milde Lächeln des Meisters vor uns zu sehen und das verlegene Räuspern des ehrwürdigen Auditoriums zu hören. Vermutlich hatte Diogenes Platon wieder einmal nicht richtig verstanden. Der Vorgang zeigt klassisch, dass die Philosophie- und Kunstgeschichte in erster Linie aus Missverständnissen besteht und zumal Künstler, denen zumeist der Sinn für Philosophie – idealistische gar – fehlt, immer am kreativsten sind, wenn sie sich von ihren Fehlinterpretationen inspirieren lassen.

Außer dem Zyklus »Mensch« gibt es eine Reihe anderer Projekte, die Diogenes auf der Höhe seiner Schaffenskraft zeigen. Ähnlich wie der spätere Aktionskünstler Joseph Beuys besaß er eine Vorliebe für unkonventionelle Materialien. Während Beuys Filz und Fett favorisierte, arbeitete Diogenes bevorzugt mit Urin, Spucke und Sperma. Die Aktion »Spuckspecht« soll im Prunkbau eines reichen Atheners stattgefunden haben, der Diogenes eingeladen hatte. Als der sich die Spuckerei in seiner edlen Wohnstatt verbat, spie ihm Diogenes seinen gesammelten Rotz mitten ins Gesicht, wobei er noch bemerkte, er habe vergeblich nach einem schlechteren Platz gesucht.
Inwieweit auch der sporadische Verkehr des Diogenes mit den stadtbekannten Huren Laïs und Phryne im Dienst seiner Aktionskunst stand, weiß man nicht genau. Als sexueller Selbstversorger hätte Diogenes im Sinn seines Autarkie-Projekts darauf verzichten können. Dass er es nicht tat, hinterlässt Fragen, vielleicht solche, die Diogenes selbst nicht beantworten konnte. Doch auch das zeichnet große Kunst bekanntlich aus: Fragen zu stellen, anstatt sie zu beantworten.
Und doch konnte auch Diogenes in vielen Fällen nicht auf das »Fabula docet« verzichten. Als er einst auf dem Markt in einer öffentlichen Solo-Vorstellung wieder einmal den Beweis für seine noch nicht versiegte Manneskraft abgegeben hatte, knüpfte er daran sogleich einige grundsätzliche Überlegungen zur Lösung der Welt-Hungerfrage an: »Könnte man sich doch so durch Reiben des Bauches auch den Hunger vertreiben«, soll er gesagt haben. Obwohl die Peinlichkeit der spektakulären Aktion auf diese Weise wohl noch einigermaßen aufgefangen und das Ganze als provokativer Anstoß zum Nachdenken über eine ernste Menschheitsfrage verstanden werden konnte, wären heutige Gesetzeshüter sicher augenblicklich eingeschritten, um den Erreger öffentlichen Ärgernisses in polizeilichen Gewahrsam zu nehmen.

Das bringt uns zu der Frage nach dem Sinn solcher Aktionen, damals wie heute. Anders als in unserem letzten, alles in allem doch recht beschaulichen Abschnitt, in dem viel vom Glück der Entsagung und einem Leben im Einklang mit der Natur die Rede war, könnte es bei der Behandlung dieses Problems etwas kontroverser zugehen. Dabei ergibt sich aus der Natur der Sache, dass wir uns einer klaren, zielgerichteten Sprache bedienen müssen.

### »Why don't we do it in the road?«

Die Geschichte der Entstehung des Beatle-Songs ist oft kolportiert worden. Paul McCartney soll während eines Indienaufenthalts im Jahre 1968, wo er den Maharishi Mahesh Yogi besuchte, bei einer Autofahrt durch Rishikesh zwei auf öffentlicher Straße kopulierende Affen beobachtet haben. Seine diesbezüglichen Eindrücke und Einsichten hat er später in dem Buch seines Biografen Barry Miles folgendermaßen zusammengefasst: »Ein männlicher Affe bestieg gerade seinen weiblichen Gegenpart und ›besorgte es ihm‹, wie man so sagt. Nach zwei oder drei Sekunden stieg er wieder herunter und guckte sich um, als wollte er sagen: ›Is' was?‹ und sie guckte sich um, als hätte es nur eine harmlose Irritation gegeben ... Ich dachte ... wie simpel Fortpflanzung doch ist ... Wir haben Riesenprobleme damit, aber die Tiere nicht.«[33]

Unter dem Eindruck des Erlebten entstand dann ein kleiner anspruchsloser Zwei- oder Dreizeiler im Blues-Stil mit dem ebenso einprägsamen wie schlichten Text:

*»Why don't we do it in the road.*
*No one will be watching us.*
*Why don't we do it in the road.«*

Warum tun wir »es« nicht auf der Straße? Ja, warum eigentlich nicht?

Das könnte ein Widerhall der Diogenesfrage sein. Der kynische Wahlspruch lautete: »Naturalia non sunt turpia.« Natürliche Dinge – also auch der Koitus – sind nicht schändlich, brauchen darum nicht versteckt zu werden und können durchaus vor jedermanns Augen stattfinden. Zwar ist nirgendwo ausdrücklich überliefert, dass Diogenes sich öffentlich mit seiner Laïs oder Phryne im Stadtpark oder auf dem Markt von Athen vergnügt hätte, andererseits mag das, was über ihn überliefert ist, genügen, um zu zeigen: Er wäre dazu fähig gewesen. Diogenes Laertius sagt: »Er«, also Diogenes, »pflegte alles in voller Öffentlichkeit zu tun, sowohl was die Demeter betrifft, wie auch die Aphrodite«. In Sloterdijks »starckdeutscher« Übersetzung: »scheißen, pissen, onanieren« und, wegen der eben besprochenen Unsicherheit, in Klammern: »möglicherweise auch beischlafen«.

Wie für die meisten Autoren ist für Peter Sloterdijk die Frage, ob Diogenes hat oder nicht hat, auch ohne umständliche Diskussion, gleich zu Beginn entschieden. Diogenes hat – und das war gut so. Sloterdijk nennt den öffentlich masturbierenden und kackenden athenischen Bürgerschreck liebevoll das »schamlose politische Tier«; er »liebt das Leben, und er fordert für das Animalische einen natürlichen Platz. Wo das Animalische weder unterdrückt noch überhöht wird, gibt es keine Möglichkeit für ein ›Unbehagen in der Kultur‹.« »Die Lebensenergie«, so Sloterdijk, »muß von unten aufsteigen und ungestört fließen, auch beim Weisen.«[34]

Dass die temporäre oder partielle Unterdrückung des Animalischen ein Grund für das Unbehagen in und an der Kultur sein kann, ist ohne Weiteres zuzugeben. Gleichwohl wäre es ein Irrtum zu glauben, das prekäre Kultur-Natur-Verhältnis ließe sich durch einfaches Öffnen sämtlicher Schleusen und schlichtes »Sauherauslassen« lösen. Versuche in dieser Richtung, die mit dem Traum einer besseren Welt ohne Triebverzicht und Neurosen verbunden waren, hat es immer wieder gegeben. Man denke an die 68-Bewegung, die eine Reihe von »Bürgerschrecken« hervorbrachte. All diese Bewegungen sind wie die meisten »Jugendbewegungen« hauptsächlich daran gescheitert, dass ihre Teilnehmer irgendwann älter wurden und am Ende wohl zu alt waren. Öffentliche Darmentleerung nebst Urinieren, Koitieren und Onanieren geht an, solange man jung ist und es selber macht. Wenn man es bei anderen sieht, empfindet man es schnell als abstoßend, und zwar umso ab-

stoßender, je älter man wird. Die Wahrheit ist, dass es keineswegs nur ein Unbehagen an der Kultur, sondern auch am Animalischen gibt. Ein Unbehagen, das in umgekehrt proportionalem Verhältnis zur Abwesenheit von Kultur steht. Die Abneigung gegen den Furz des anderen, um nur dieses Beispiel zu erwähnen, ist auch ein menschlicher Instinkt, der ernst genommen werden sollte. Wer genötigt würde, diese Abneigung durch Anpassung an eine auf das »natürliche Leben« mit all den ungezwungenen Äußerungen des »Natürlichen« eingeschworene Gruppe, Wohngemeinschaft, Kommune etc. fortwährend zu unterdrücken, müsste vermutlich ähnliche psychische Spätschäden davontragen wie derjenige, dessen Hände in der Pubertät von den Eltern ans Bett gefesselt wurden.
Man sieht, es ist der Konflikt unterschiedlicher Instinkte, der die ganze Angelegenheit so kompliziert macht und einfache, populäre Lösungen verhindert. Ganz ohne Unbehagen wird es hier wie da nicht abgehen. Nimmt man die Natur weg, so stellt sich ein Unbehagen an der Kultur ein. Nimmt man hingegen die Kultur fort, folgt alsbald ein Unbehagen an der Natur, deren ach so unschuldige Regungen nicht unschuldig genug sind, uns den Appetit zu verderben.
Wie auch immer, wir stehen am Ende vor der Wahl: Entweder das Unbehagen am Animalischen mit dem Unbehagen an der Kultur oder aber das Unbehagen an der Kultur mit dem Unbehagen am Animalischen zu vertauschen. Hier sind Augenmaß, Verhältnismäßigkeit und guter Geschmack gefragt. Dies geht nicht so sehr gegen Sloterdijk, sondern vor allem gegen Diogenes selbst, der mit der öffentlichen Präsentation von Handlungen, die er besser in seiner Tonne verrichtet hätte, maßgeblich dazu beigetragen hat, die Diskussion in eine falsche Richtung zu lenken. Der »heitere Masturbant«, der alle »Innenlenkungen« und »Schamdressuren« über den Haufen wirft, muss kein Beispiel für »sexuelle Unabhän-

gigkeit« sein. Es wäre ebenso möglich, dass er einfach nur ein unsensibler Autist ist, der die Fähigkeit verloren hat, sich selbst aus der Außenperspektive zu betrachten und dabei anderen zumutet, was er sich selbst ungern zumuten möchte.

Das kynische Motto: »Natürliche Dinge sind nicht schändlich« hat zumal den Deutschen viel zu schnell eingeleuchtet und dort eine unselige Tradition begründet. Wir reden hier nicht von dem in den Gerichtssaal kackenden Fritz Teufel. Als Zeichenhandlung hatte das einen politischen Aspekt und gehört darum in eine andere Kategorie. Gemeint sind die Nacktkulturler und Freikörperfanatiker in den öffentlichen Parks und städtischen Anlagen oder die vor aller Augen koitierenden Raver-Pärchen, die mit ihrem nervigen: »Ist doch alles ganz natürlich« ihre Umwelt terrorisieren. Im Hintergrund steht dabei zumeist die narzisstische und selten infrage gestellte Überzeugung von der natürlichen Anmut des eigenen unbekleideten Körpers. Viele müssen sich erst von außen darauf aufmerksam machen lassen, dass auch andere Wahrnehmungen möglich sind, solche, wie sie z. B. der russische Schriftsteller Nabokov in den Jahren seines Berliner Exils bei seinen Ausflügen an das Ufer des Berliner Grunewaldsee haarklein notierte:

»Graue Beine alter Männer, mit Wucherungen und geschwollenen Venen bedeckt; Plattfüße; braungelbe Hornhaut von Hühneraugen; rosige Schweinsbäuche; nasse, zitternde, bleiche Halbwüchsige mit rauhen Stimmen; die Kugeln der Brüste; dicke Hintern; schlaffe Oberschenkel; bläuliche Krampfadern; Gänsehaut; die pickligen Schulterblätter krummbeiniger Mädchen; die fetten Nacken und Gesäße muskulöser Rowdys; die hoffnungslose, gottlose Leere zufriedener Gesichter; Balgereien, Gelächter, Geplansche – all das fügte sich zusammen zu einer Apotheose jener berühmten deutschen Gutmütigkeit ...«[35]

Die Situation hat sich seitdem nur unwesentlich verändert. Wer heute im Grunewaldsee ein Bad nehmen möchte, muss vorher immer noch über eine Ansammlung schwitzender Leiber hinwegklettern, bei denen so mancher Anblick dazu geeignet ist, selbst dem Wohlwollendsten den Spaß an der Natur zu verderben. Nein, schändlich sind diese Dinge nicht, aber sehr oft widerstreben sie unserem Schönheitssinn. Auch dies, das Bedürfnis nach Schönheit, ist ein zutiefst menschliches.

Aber können wir Diogenes und seinen Anhang wirklich für die geschmacklichen Entgleisungen späterer Zeiten verantwortlich machen? Dürfen wir ihn und die barbusige Raverin auf dem Lovetruck in einem Atemzuge nennen? Müssen wir Diogenes nicht vielmehr mildernde Umstände einräumen, da seine Aktionen insofern zu einer ganz anderen Kategorie gehören, als sie nicht aus der Gesellschaft heraus, sondern gegen sie entstanden sind und ein erhebliches Maß an Zivilcourage erforderten, die man nicht braucht, wenn man mit wippenden Brüsten auf dem Lovetruck steht?

Wir müssen es wohl.

Diogenes, der ewig gegen den Strom Schwimmende, lebte er heute, hätte unsere gesellschaftlichen Konventionen und Moden vermutlich ebenso satt wie die seiner damaligen Zeit. Statt als »heiterer Masturbator« erschiene er heute wohl als dunkler Gast an den Ufern des Grunewaldsees. Mitten im Hochsommer würde er, in seinen langen schäbigen Mantel gehüllt, mit der alten Laterne über die am Strand des Grunewaldsees liegenden tätowierten, gepiercten und intimgeschmückten Leiber hinwegsteigen. Und nachdem er sie gründlich ausgeleuchtet hätte, würde er in sich hineinmurmeln: »Ich suche Menschen, keine Körper, Menschen.«

## Diogenes und die Folgen

Neben und nach Diogenes gab es eine Reihe weiterer Männer, die fanden, dass es die Anstrengung wert sei, den Geist der östlichen Entsagung in abgemilderter Form auch in den Ländern des Mittelmeers zu etablieren. Ein unmittelbarer Nachfolger des Diogenes war Monimos aus Syrakus. Auf seine Geschichte sei kurz eingegangen, da sie dem einen oder anderen unter Burn-out-Symptomen leidenden Leser in festem Angestelltenverhältnis möglicherweise einen hilfreichen Fingerzeig liefern könnte.
Monimos soll in den Diensten eines Wechslers aus Korinth gestanden haben, der seinerseits mit einem Hörer des Diogenes befreundet war. Als dieser ihn mit Leben und Lehre des Diogenes bekannt machte, wusste der kleine Wechselstubenangestellte endlich, was seinem Leben bisher gefehlt hatte. Um dem Dienst seines Herrn zu entkommen, ersann er einen besonderen Trick. Er simulierte einen Anfall akuter Paranoia und warf – vermutlich unter irrem Gelächter – das Kleingeld und sämtliches Silbergeld auf dem Wechslertisch bunt durcheinander. Da er für den verantwortungsvollen Dienst im Finanzdienstleistungssektor fortan untragbar geworden war, gab ihn sein Herr frei; Monimos wanderte von nun an als Mann »von ernster Würde« mit Mantel, Knüttel und Schnappsack durch die Lande – für seinen früheren Dienstherrn der offensichtliche Beweis dafür, dass sein ehemaliger Angestellter vollends durchgeknallt war.

Nicht weniger reizvoll liest sich die Geschichte des Krates, eines anderen Schülers des Diogenes. Krates gehörte mit seinen 200 Talenten, die er zusammengebracht haben soll – für damalige Verhältnisse ein Vermögen (für ein Talent bekam man ein ganzes Segelschiff) –, zu der Klasse der Reichbegüterten. Doch auch ihn hatte das kynische Evangelium vom einfachen, glückseligen Leben das Herz geöffnet, und so verschenkte er den Reichtum an seine gewiss hocherfreuten Mitbürger. Andere Quellen berichten davon, er habe, wie Demokrit und Anaxagoras, sein Landgut zur Schafweide gemacht und sein Geld ins Meer geworfen. Wie auch immer, Reichtum galt Krates nur als »Dunst«. Er kann daher sagen: »Das, was ich weiß und erdacht und mit Hilfe der Musen ergründet, ist mein Besitz. Bloßer Dunst dagegen der übrige Reichtum« – ein Ausspruch, der in ähnlicher Weise auch bei Monimos begegnet (»Was immer ist, ist Dunst und Wahngebilde nur«).

Berühmt-berüchtigt wurde Krates durch seine Beziehung zur Hipparchia. Die ebenfalls aus begüterter Familie stammende selbstbewusste Frau von hoher Geburt und großer Schönheit soll der Armutspredigt des Krates und ihm selbst so »hündisch« ergeben gewesen sein, dass sie den Freiern, die ihre Eltern für sie vorgesehen hatten, die kalte Schulter wies und sogar mit Suizid drohte, falls sie ihren Krates nicht bekäme. Als Krates daraufhin von den Eltern aufgefordert wurde, das Mädchen von seinem Vorhaben abzubringen, soll er sich alle erdenkliche Mühe gegeben haben, indem er ihr alles, was er bei sich trug – also so gut wie nichts – zu Füßen legte und das Mädchen bat, seine Entscheidung, ihn zu ehelichen, noch einmal zu überdenken. Da Krates seiner äußeren Erscheinung nach wohl eher der Gestalt des Quasimodo aus Victor Hugos bekanntem Roman glich und wie dieser einen Buckel hatte, wäre vielen anderen Frauen die Entscheidung nicht schwer gefallen. Aber Hipparchia wollte keinen anderen. Es war wohl einfach nur Liebe. Jedenfalls ruhte sie nicht eher, bis der bucklige Philosoph sich der Schönen erbarmt hatte und gemeinsam mit ihr im abgewetzten Philosophenmantel durch die Lande zog.

Ein spezielles Highlight der merkwürdigen Liebesbeziehung soll die sogenannte »Hundehochzeit« gewesen sein, die das Pärchen »im Freien«, d. h. vor aller Augen (vermutlich stilgerecht im »doggy style«), zelebrierte, nach dem schon bekannten Motto, dass nichts Natürliches schänden kann. Das Urteil der Nachwelt fiel verständlicherweise sehr ungünstig aus. Hegel spricht in seinen Vorlesungen zur Geschichte der Philosophie von »schweinischen unverschämten Bettlern, die ... in der Philosophie keiner weiteren Beachtung würdig« seien und »den Namen Hunde verdienten, der dieser philosophischen Schule beizeiten gegeben wurde, in vollem Sinne«.[36]

Wie schon erwähnt, wurden zahlreiche kynische Gedanken später von den stoischen Philosophen übernommen. Damit ging freilich auch eine Abschwächung und Abstumpfung der gegen das antike Establishment gerichteten Spitze einher. Andererseits erschlossen sich dadurch neue Rezipientengruppen. Weil es nicht mehr um die äußere, sondern vor allem um die innere Distanz zur Welt ging, konnten nicht nur Bettler, Asketen oder Tagediebe wie Diogenes die innere Freiheit und Glückseligkeit eines Lebens nach der Natur genießen, sondern auch Familienväter, hohe Staatsbeamte und selbst Könige und Kaiser. Dafür mussten die Begriffe allerdings erst noch ein wenig zurechtgemacht werden. »Leben nach der Natur« bedeutet jetzt nicht mehr Verzicht auf die Annehmlichkeiten menschlicher Zivilisation, sondern ein Leben nach dem »Logos«, der nach stoischer Anschauung als Schöpfungsmittler galt und die ganze Natur durchwaltete. Es gilt das Ideal des Weisen, der nach den Gesetzen des Logos lebt und dadurch seine unerschütterliche Mitte, unabhängig vom äußeren Weltverlauf, in sich selbst gefunden hat, sodass ihm niemand seine Glückseligkeit rauben kann. Dazu ist wie schon bei den östlichen Meistern auch die Überwindung der in ihm wohnenden Leidenschaft notwendig. Als Resultat stellt sich die »Meeresstille der Seele« ein, die wir ebenfalls schon bei den Buddhisten kennengelernt haben.

Zu den wichtigsten Vertretern der jüngeren Stoa gehört der aus Hierapolis in Phrygien stammende Philosoph Epiktet (ca. 50 – 138 n. Chr.). Epiktet war als Sklave nach Rom gekommen. Dort war er später von seinem Herrn freigelassen worden und hatte zu philosophieren begonnen. Nachdem er und weitere Philosophen aus Rom verbannt worden waren, wirkte er bis zu seinem Ende in Nikopolis bei Actium.

Anders als bei Diogenes ist der Kynismus bei Epiktet mehr als nur Philosophie, er ist religiöse Erlösungslehre. Der Verkünder der Lehre wird durch sie nicht nur zu seinem eigenen König und Herrscher, sondern zum Sendboten Gottes und zum Botschafter eines Evangeliums, ganz so wie die christlichen Apostel, die nach den kynischen Wanderpredigern als Sendboten der frohen Botschaft durch die Lande zogen. Durch die dürftige äußere Hülle der kynischen Wanderprediger bricht gleichsam göttliches Licht hervor. An ihrem Leben und Lebensstil kann sich der Rest der weltverhafteten Menschheit von der Existenz einer höheren Wahrheit, die nicht von dieser Welt ist, überzeugen.

Aber natürlich ist das Evangelium der kynischen Wanderprediger nicht nur für den engeren Kreis derer bestimmt, die ihnen nachfolgen und ihren Lebensstil nachahmen wollen, sondern für die ganze Menschheit. Auch bei den Kynikern gibt es ein Kleines und ein Großes Fahrzeug. Wer nicht in der Lage ist, sein Leben außerhalb der bürgerlichen Normen zu führen und nicht auf Besitzlosigkeit, Ehe, Kinder etc. verzichten kann und will, um seinen Lebensunterhalt vom Bettel zu fristen, soll doch wenigstens »haben, als hätte er nicht« (»habere ut non«).

# 4. DER VERZICHT WIRD GETAUFT

## Jesus, der Hund

Für den aufgeklärten protestantischen Gemeindepastor und seine weibliche Kollegin sind Sinnlichkeit und Kirche schon lange keine Gegensätze mehr. Dabei geht es nicht nur um die sinnliche Erfahrbarkeit des Glaubens, die für den an üppige Messgewänder, Weihrauch und barockes Brimborium gewöhnten Katholiken seit jeher selbstverständlich war. Es geht um sinnliche Erfahrung schlechthin, die in christlichen Haus- und Bibelkreisen, bei Gemeindefeiern und -ausflügen ganz neu durchbuchstabiert wird und vielfach sogar als eine Art modernes Evangelium zu gelten scheint. Mit dem Veranstaltungskalender so mancher heutigen Kirchengemeinde ließen sich selbst die gehobenen Ansprüche verwöhnter Weltkinder erfüllen. Wem Tanz- und Kochkurse, Fußball oder Faschingsfeiern nicht genug sind, kann es sich im Kerzenschein beim Schokoladenessen und -trinken in der Kirche wohl sein lassen, »zum Hören, Schmecken, Riechen und unendlichen Genießen«. Dazu gibt's »Marzipan, Nougat, verschiedenste Schokoladensorten, einen Gugelhupf und heiße Schokolade. Zu allem verbreitet eine schmucke Sängerin mit ihrer super Stimme Gänsehaut pur«.[37] Wem dies immer noch nicht reicht, kann sich zum »erotischen Gottesdienst« »für alle Sinne, vor allem für die prickelnden«, einladen lassen; da geht es ums »Riechen, Fühlen, Tasten«. Die revolutionäre Botschaft lautet, dass »die Kirche ... nicht sexualfeindlich, nicht leibfeindlich ... und dass unsere menschliche Sexualität gottgegeben ist und dass wir sie ausleben sollen«.[38]

Nur dass der Ton, auf den die alten Lieder des Kirchengesangbuchs gestimmt sind, noch so ganz anders klang und bisweilen, wenn die Lieder denn noch gesungen werden, was freilich immer seltener geschieht, daran erinnert, dass die Zeitläufte sich wohl sehr geändert haben müssen. Da gab es Zeiten, in denen die Christenheit sang: »Ich bin ein Gast auf Erden« und »Die Herberg ist trübe, der Trübsal ist viel« (EKG 529). Damals lautete das Motto der frommen Pilgersmänner und -frauen: »Geht's der Natur entgegen, so geht es gerad und fein, dic Fleisch und Sinne pflegen noch schlechte Pilger sein« (EKG 393). War doch der Blick des irdischen Wallers so ganz der Welt ab- und dem himmlischen Jerusalem zugewandt, der »Heimat droben«, wie es bei Paul Gerhard heißt, »da aller Engel Schar den großen Herrscher loben« – ganz ohne Schokolade, Marzipan, Nougat und Gugelhupf.

Es könnte der Eindruck entstehen, als gebe es zwei Christentümer. Ein altes – und ein neues. Eines für die Pilger des Jenseits – und eines für die Kinder der Welt. Eines, in dem Sinnlichkeit als Sünde – und eines, in dem Sinnlichkeit als legitime Möglichkeit zur freien christlichen Selbstentfaltung gilt. Dieser Eindruck ist vermutlich sogar richtig. Ohne uns auf die ebenso naheliegende wie verfängliche Frage einzulassen, welches von den beiden Christentümern denn nun das »wahre« sei, gibt es doch keinen Zweifel daran, welches von beiden in historischem Sinn das ursprünglichere ist. Es ist ohne Zweifel eben jenes Christentum, dessen weltabgewandter, jenseitssüchtiger Geist sich in den älteren Liedern unseres Gesangbuchs niedergeschlagen hat und das, bei allem Unterschied der Zeiten, im Großen und Ganzen noch die gleichen Züge trägt wie das Christentum der ersten Apostel und Gemeinden. Denn auch das Urchristentum bzw. die Urchristentümer standen, manchen modernistischen Deutungen zum Trotz, allesamt mit der Welt und ihren verlockenden Möglichkeiten auf Kriegsfuß. Dass Sinnlichkeit überhaupt einen anderen religiösen Sinn haben könnte als den fleischlicher Versuchung und Sünde, wäre keinem der frühen Christen jemals in den Sinn gekommen, gleichviel ob es sich dabei um »Rechtgläubige« oder »Häretiker« handelte. Christen, die sich vor dem Altar des Herrn mit Schokolade, Marzipan und Nougat gütlich tun, wären wohl weder von den einen wie den anderen überhaupt als ihresgleichen wahrgenommen worden.

Doch wie gesagt, handelt es sich dabei um eine historische und nicht um eine dogmatische Aussage. Im Hause des Vaters gibt es viele Wohnungen mit verschiedenen Zu- und Eingängen. Welche davon »richtig« oder »falsch« sind, welche dem Herrn und Heiland mehr gefallen mögen und welche weniger, mag jeder selbst für sich entscheiden. Fest steht nur, dass das, was einst als Haupteingang galt, heute ein fast vergessener Nebeneingang geworden ist und dass das schöne alte Kirchengebäude stattdessen eine imposante, freilich ein wenig mondän anmutende Eingangshalle bekommen hat, die den christlichen Generationen vor uns noch ganz unbekannt war.

Um den ursprünglichen Eingang zu entdecken, tun wir gut daran, uns dem Christentum von östlicher Himmelsrichtung zu nähern, wo wir unter dem Moos und Efeu der Jahrhunderte noch die alten verwitterten Ruinen des einstmals so mächtigen Portals entdecken können. Es trifft sich gut, dass wir ohnehin gerade aus dem Osten kommen und einen Weg vom fernen Indien Buddhas in das Griechenland der Orphiker, Pythagoreer und Kyniker hinter uns haben. So haben wir die besten Voraussetzungen, das alte Portal auf Anhieb zu finden. Unserem an östliche Kunst der Weltentsagung, orphischen Erlösungsglauben und kynisches Armuts- und Enthaltungsideal gewöhnten Blick können die vielen Ähnlichkeiten kaum entgehen. Wie bekannt und vertraut erscheint ihm doch vieles, was hier unter christlichem Namen begegnet, und wie sinnvoll integrieren sich die verschiedenen Elemente in das Gesamtgebäude Christentum. Gewiss wäre es möglich und wohl auch sehr verlockend, die jüdische Pforte zu wählen und das Gebäude von hier aus zu betreten. Allein bei näherer Betrachtung würde doch schnell klar, dass viele jüdische Elemente nur äußerlich anhaften und dekorativen Zwecken dienen. Jüdisch ist in den Evangelien zweifellos die Szenerie, das Kolorit, jüdisch sind die Protagonisten. Aber oft handelt es sich dabei nur um Worte und Namen, die ja bekanntlich Schall und Rauch sind. Das, was jüdisch erscheinen mag, ist im Allgemeinen kein originäres, sondern nur ein abgeleitetes, hellenisiertes Judentum, so wie bei den Essenern und Therapeuten oder bei Philo von Alexandrien. Geist und Stil des Gebäudes werden davon letztlich nicht berührt.

Wir wollen die Probe aufs Exempel machen und zuerst unsere These, dass frühchristliche Gemeinden als Ableger des Kynismus an dessen Anschauungen partizipierten, anhand einzelner Beispiele verifizieren. Vor allem im Jesusbild der Evangelien finden wir zahlreiche Parallelen.

Die Erkenntnis ist zugegebenermaßen nicht neu und wird bereits seit Jahrzehnten von führenden amerikanischen Wissenschaftlern vertreten. Sie konnte sich allerdings trotz der Fülle überzeugenden Materials bei den europäischen Theologen (noch) nicht durchsetzen. Ganz unabhängig vom gegenwärtigen Trend hat Bernhard Lang in seiner Studie »Jesus der Hund« eine Vielzahl von Stellen zusammengestellt, die belegen können, wie sehr kynische Anschauungen das urchristliche Jesusbild prägten.[39] Wie die antiken Kyniker verzichtet auch der Jesus der Evangelien auf Frau, Familie und Besitz. Der sogenannte Eunuchenspruch (Mt 19,12) spitzt das rigoros zu: »Denn es gibt Entmannte welche von Mutterleib an so sind, und es gibt Entmannte, welche von den Menschen entmannt wurden, und es gibt Entmannte, welche sich selbst entmannt haben wegen des Königtums der Himmel. Wer es fassen kann, der fasse es!« Mit diesem in der Überlieferung der sogenannten Logienquelle (Q) enthaltenen Ausspruch stellt sich Jesus einerseits in den Gegensatz zur jüdischen Tradition, die allen Männern die Pflicht zur Ehe und Nachkommenschaft auferlegte. Andererseits rückt er eng in die Nähe von Kynikern wie Epiktet, die den Verzicht auf Ehe und Familie, mitunter auch Sexualität, ebenfalls um des höheren Ziels des »Königreichs der Kyniker« willen propagierten. Auch in anderen Aussprüchen erweist sich der christliche Heiland als rechter Familienmuffel. Zur Relativierung und Aufweichung verwandtschaftlicher Bindungen passt das Jesuswort, das bei Markus (3,32-35) überliefert ist. Als Mutter und Brüder ihn sprechen wollen, fragt der im Kreise seiner Gemeinde sitzende Herr: »Wer ist meine Mutter und meine Brüder?« Die Antwort gibt er sich, mit Blick auf die um ihn herumsitzenden AnhängerInnen, sogleich selbst: »Siehe, das ist meine Mutter und das sind meine Brüder! Denn wer Gottes Willen tut, der ist mein Bruder und meine Schwester und meine Mutter.« Dass geistige Bande über Familienbande gehen, ist ein kynischer Gedanke.

Kynisch, in den Augen mancher Jesuskritiker sogar zynisch, ist auch der Verzicht Jesu darauf, einer geregelten Arbeit nachzugehen. Wie die vielen anderen durch die Länder des Mittelmeeres schwärmenden orphischen und kynischen Wanderprediger sieht er seinen Beruf in der Verkündigung des Evangeliums. Wie Diogenes einst durch die Beobachtung einer Maus so lernt Jesus durch einen Blick auf die Lilien des Feldes. An ihnen sollen seine Nachfolger erkennen, dass der erbarmungsvolle Vater im Himmel an alles gedacht hat und sich seine Kinder in Ruhe ihrer einzigen Sorge, der um das Reich Gottes, überlassen können (Mt 6,28).

Es versteht sich von selbst, dass auch die Einstellung zum materiellen Besitz vor diesem Hintergrund nur eine negative sein kann. Reichtum gilt als Hindernis für den Eintritt in das Reich Gottes. Der Mensch muss sich entscheiden: »Ihr könnt nicht Gott dienen und dem Mammon« (Lk 16,13). Dem reichen Jüngling rät Jesus, sein Hab und Gut den Armen zu überlassen, erst dann werde er ihm nachfolgen können. Sei es doch leichter, dass ein Kamel durch ein Nadelöhr gehe, als dass ein Reicher ins Reich Gottes komme. (Mk 10,21ff.). Unwillkürlich drängt sich dabei das Beispiel des

Kynikers Krates auf, der seinen ererbten Reichtum ebenfalls verschenkte, um fortan ein kynisches Wanderleben führen zu können. Und auch das Beispiel des großen Entsagungsmeisters Buddha, der seinen ererbten Reichtum aufgab, um sein Heil in der Hauslosigkeit zu suchen, ist bei aller räumlichen und zeitlichen Ferne ganz nahe.

Natürlich gehört auch die Seligpreisung der Armen in der Bergpredigt dazu (Mt 5,3/Lk 6,24). Wir nehmen an, dass die hier gemeinte Armut eine durch Güterverzicht zustande gekommene freiwillige ist, wie dies Mt 19,21 und anderen Stellen entspricht. Man darf auch nicht vergessen, dass die Wandercharismatiker, die diese Worte überlieferten, vermutlich als Ebioniten, also als »Arme«, bezeichnet wurden. Dass die Armen bereits in den Psalmen oder den Propheten eine positive Wertung erfahren, ist wohl richtig. Das kynische Armutsevangelium konnte daran problemlos anknüpfen.

In der vom Verfasser der Apostelgeschichte idealisierten Darstellung der Zustände der frühen Christengemeinde heißt es, niemand habe von »seinen« Gütern gesprochen, stattdessen sei »ihnen alles gemeinsam« gewesen (Apg 4,32). Das liest sich wie die Verwirklichung der alten kynischen Forderung nach Abschaffung des Privatbesitzes.

Wie der in die Hauslosigkeit ziehende buddhistische oder durch die Lande schweifende kynische Wanderprediger hat auch Jesus »nichts, wo er sein Haupt hinlege« (Lk 9,58). Allerdings hat er, wie sie, seine Sympathisanten, die ihn bei der Erfüllung seines Verkündigungsauftrags mit dem Nötigsten versorgen, darunter offenbar viele Frauen. Er nimmt Einladungen zum Mahl bei Freunden an und lässt es sich dort schmecken. Jedenfalls ließe sich der Vorwurf, er sei ein »Fresser und Säufer«, damit in Zusammenhang bringen. Fraglich ist allerdings, ob sich diese Äußerung überhaupt auf Jesus als historische Person bezieht. Möglich wäre auch, dass er sich einfach nur gegen eine bestimmte Jesusüberlieferung richtet, so wie sich ja auch der Vorwurf, sein Leichnam sei nach seinem Tode von den Jüngern geraubt worden, um eine Auferstehung vorzutäuschen, schwerlich auf eine historische Tatsache, d. h. die leibliche Auferstehung, beziehen kann, sondern nur auf die Behauptung einer Tatsache.

Überhaupt ist hier eine Klarstellung angebracht, die längst überfällig erscheint. Wenn es bisher hieß, der »Jesus der Evangelien« habe dies oder jenes gesagt, so bedeutet dies nicht, dass der »historische Jesus« Urheber dieser Aussprüche war, sondern nur, dass ihm diese Worte von den Evangelisten oder ihren Quellen in den Mund gelegt wurden. Ob wir mit ihnen tatsächlich den O-Ton des palästinensischen Wanderpredigers vernehmen, lässt sich historisch nicht mehr feststellen. Wir wissen nicht, wie viele Logien, die Jesus zugeschrieben wurden, tatsächlich auf ihn zurückgehen. Wissenschaftler, die glaubten, mit präzisen Prozentzahlen punkten zu können, sahen sich bald in der misslichen Lage, sie nach unten korrigieren zu müssen. So der Neutestamentler Gerd Lüdemann, der nach anfänglichen 15 % inzwischen bei 5 % echten Jesusworten angelangt ist – wobei die Möglichkeit, dass ihm bei weiterer Beschäftigung mit der Sache noch weitere Jesusworte »unter den Händen zerrinnen«, nicht ausgeschlossen werden kann.[40] Ehrlicherweise sollte man zugeben, dass wir über die Person des palästinensischen Wanderpredigers kaum mehr wissen als das bloße »Dass seines Gekommenseins« – und selbst daran sollten in historischer Hinsicht Zweifel erlaubt sein.

Doch ist das ein Problem, das in unserem Zusammenhang nicht weiter vertieft zu werden braucht. Hier ging es nur darum zu zeigen, dass die Entstehung des Jesusbildes von den jeweiligen Interessen seiner Überlieferungsgruppen abhängig war. Eines der wichtigsten Jesusbilder mit der durchschlagendsten Wirkung war eben das des kynischen Jesus, dem wir in der von Lukas und Matthäus benutzten Spruchquelle begegnen.

Seitdem der Neutestamentler Gerd Theissen das frühe Christentum soziologisch untersuchte, spricht man, wenn man die Trägergruppe der frühen neutestamentlichen Überlieferung meint, gerne von »Wandercharismatikern« oder »Wanderradikalen«. Theissen bemerkt zu Recht, dass die rigiden jesuanischen Forderungen nicht für jedermann bestimmt waren, sondern sich ursprünglich an einen kleinen exklusiven Kreis von Gleichgesinnten richteten, da sie nur im Rahmen dieses sozialgeschichtlichen Kontextes sinnvoll erscheinen. Als Kennzeichen dieser in Palästina ansässigen Gruppen nennt Theissen Mobilität, Heimatlosigkeit, Familienlosigkeit und Armut, kurzum, all das, was wir schon bei den orphischen und kynischen Wanderpredigern und den indischen Wanderasketen kennenlernten. Im Unterschied zu den sesshaften Gemeinden, deren Mitgliedern eine direkte Umsetzung der jesuanischen Anweisungen aus praktischen Gründen nicht möglich war und in denen sich nach und nach ein symbolisches Verständnis der Jesusworte herausbildete, sollen Jesusworte von den Wanderradikalen wortwörtlich verstanden und umgesetzt worden sein.

Die Unterscheidung zwischen ortsgebundenen Gemeinden und Wanderradikalen erinnert an das Große und Kleine Fahrzeug der Buddhisten. Derartige Anpassungen und Konzessionen an die jeweiligen sozialen Bedingungen der Nachfolger sind offenbar das unvermeidliche Schicksal der meisten religiösen Bewegungen. Offenbar wurden nach und nach Modifizierungen nötig, um auch jenen Zugang zum Heil zu ermöglichen, die sonst ausgeschlossen wären.

Schade nur, dass die Auskünfte über den geschichtlichen Ursprung der palästinensischen »Wanderradikalen« bei Theissen sehr unbefriedigend ausfallen. Theissen versucht sie ganz und gar ins Judentum zu integrieren, wofür er vor allem die apokalyptische Ausrichtung einiger Jesuslogien anführen kann. Sofern überhaupt eine Beziehung zum Kynismus vorläge, so Theißen, sei dies eher eine des Kontrastes: Jesus »und seine Jünger demonstrieren nicht Autarkie, sondern die Nähe der Gottesherrschaft und ihr Vertrauen auf die Fürsorge Gottes«.[41] Doch ist es angesichts des großen Einflusses, den orphische und kynische Wanderprediger in der hellenistischen Zeit in den Ländern rund um das Mittelmeer ausübten, völlig unwahrscheinlich, dass der Kynismus nicht auch in Palästina Ableger getrieben haben soll – gewiss mit speziellem jüdischen Charakter, aber eben Ableger. Möglich, dass später der apokalyptische Horizont der Gottesreicherwartung dazukam und das »Königreich der Kyniker« ersetzte. Möglich auch, dass der Autarkiegedanke, der schon bei den griechischen Kynikern in unterschiedlicher Ausprägung vertreten wurde, allmählich zugunsten des apokalyptischen Gedankens verblasste.

## »Selig sind die Enthaltsamen«

Von der Seligpreisung der Armen und Besitzlosen zur Seligpreisung der sexuell »Enthaltsamen« ist es für den Kyniker nur ein kleiner Schritt. Auch für den Jesus der Evangelien gehört, wie wir am sogenannten »Eunuchenspruch« gesehen haben, offenbar beides zusammen. Und doch finden sich in den Evangelien, abgesehen von dieser knappen Andeutung und der Tatsache, dass Jesus selbst ehelos war, nur wenig Hinweise darauf, dass Jesus etwa ein Lehrer der sexuellen Enthaltsamkeit oder gar Ehelosigkeit gewesen sein könnte. Seine Worte zum Thema Ehescheidung scheinen vielmehr zu bestätigen, dass er die Ehe als Institution anerkannte und durch die Verschärfung des Scheidungsverbots sogar noch stärkte.

Allerdings wäre es verhängnisvoll, daraus auf die tatsächliche Meinung eines historischen Jesus, wer immer dies gewesen sein mag, zu schließen. Aus historischer Sicht lässt sich nur feststellen, dass ein bestimmter Strang der frühchristlichen literarischen Überlieferung, eben jener der später als »kanonisch« den Weg in das Neue Testament fand, von ehekritischen Tendenzen weitgehend frei ist – oder anders gesagt: dass der Eindruck, Jesus sei ein Befürworter der Ehe gewesen, von denen, die später die neutestamentlichen Schriften sammelten und zur Grundlage ihrer allgemeinen katholischen Kirche machten, so gewollt war.

Sobald wir über den Tellerrand des neutestamentlichen Kanons hinausschauen und einen Blick auf die übrige frühchristliche Literatur werfen, jene also, die den Weg in den Kanon nicht schaffte, sieht die Sache schon etwas anders aus. So zitiert der Kirchenvater Clemens von Alexandrien aus einem ihm vorliegenden »Evangelium der Ägypter« das folgende Herrenwort: »Ich bin gekommen, den Werken des Weibes ein Ende zu machen.« Bemerkenswert ist, dass Clemens die Authentizität des Jesuswortes nicht bestreitet, wohl aber die Auslegung derer, die glaubten, darin ein Argument für ihre Ablehnung von Sexualität und Ehe sehen zu können. Für Clemens ist »das Weibliche« nur symbolisch als Metapher für die »Begierde« zu verstehen. »Der Herr«, so fährt Clemens weiter fort, »hat zwar in der Tat den Werken der Begierde ein Ende gemacht, der Habgier, der Streitsucht, der Ehrsucht, der rasenden Weiberliebe, der Knabenliebe, der Fresserei, der Liederlichkeit und ähnlichen Lastern ... dies war die als Weib bezeichnete Unenthaltsamkeit«, aber »Werden und Vergehen«, d. h. die Weltordnung, bleibe gleichwohl bestehen.[42]

Ungeachtet der Frage, ob Clemens mit seiner sinnbildlichen Auslegung recht hat oder aber, was wahrscheinlicher ist, diejenigen, die das Jesuswort wörtlich auffassten, offenbart sich in seiner Deutung der Frau als Symbol der »Unenthaltsamkeit« eine interessante Assoziationskette, die zu näherer Betrachtung einlädt. Die Selbstverständlichkeit, mit der Clemens den Komplex »verlockende Begierde« unter dem Bild des Weibes subsumiert, die hohe Akzeptanz, auf die er damit vermutlich vor allem bei den meisten männlichen Lesern rechnen durfte, ist bemerkenswert.

Tatsächlich haben wir schon in den vorangegangenen Kapiteln festgestellt, dass die meisten Entsagungskünstler, bei denen es sich ja durch die Bank um Männer handelte, zum weiblichen Geschlecht, gelinde gesagt, ein recht prekäres Verhältnis hatten. Und zwar im Allgemeinen nicht etwa deswegen, weil sie persönlich etwas gegen Frauen gehabt hätten, noch nicht einmal deswegen, weil sie einen folgenlosen One-Night-Stand verschmäht hätten, wie das Beispiel des Diogenes lehrt, sondern aus derselben grundsätzlichen Erwägung heraus, die wir bei Clemens kennenlernen. Weil die Frau für sie mehr war als nur Frau. Vielmehr stand sie für all das, wogegen sich der männliche Entsagungskünstler in seiner innersten Existenz auflehnte: für die Weltbegierde in ihren vielfältigen Variationen, ja für die Welt an sich. Und weil dies so war,

d. h. weil die Frau als Inbegriff und Repräsentantin der verhassten Welt galt, konnte er die Welt nicht ablehnen, ohne dabei die Frau zu meinen.

Jede Bejahung der Frau hätte für ihn Bejahung der Welt bedeutet, und das wiederum hieß: Verlust der Selbstbestimmung oder gar Verlust des ewigen Heils. Mit der Freiheit war es in jedem Fall vorbei. Schon die ersten unwillkürlichen Reflexe, denen Männer beim Anblick eines lockenden Weibsbildes gewöhnlich ausgesetzt sind, können von empfindlicheren männlichen Sensoren als schmerzhafte Einbuße eigener Souveränität erlebt werden. Dazu kommen die komplizierten Spielregeln des Balzrituals, die eingehalten werden wollen und die den Mann entweder zum albernen Gecken oder zum brutalen Terminator machen, der jeden über den Weg laufenden unliebsamen Konkurrenten wegbeißt oder über den Haufen knallt. In jedem Fall ist es da, wo er sich einmal auf die Spielregeln des Weibes eingelassen hat, um ihn und seine Ruhe geschehen. Herausgeschleudert aus der eigenen Mitte, ist er zum Spielball von Frauenmacht und -willkür geworden – für jeden echten Mann, der sich auch nur einen Rest von Würde bewahrt hat, ein erbärmlicher Gedanke. Ganz zu schweigen von dem, was folgt, wenn er »erfolgreich« war und die Wahl der »Auserwählten«, die als wählerische Geliebte in Wahrheit die Auswählende war, auf ihn gefallen ist. Von nun an wird die »Sorge um seine Lieben« ihn endgültig an die Welt binden. Sie wird ihn nicht mehr loslassen, Tag und Nacht umtreiben, zu Tätigkeiten zwingen, die er nie und nimmer gewollt hat, und bis zu seinem gnadenvollen Tod auf dem Sterbebett wie ein dunkler Schatten begleiten.

Alles in allem, jede isolierte Betrachtung der Frau, die davon absah, musste sich in den Augen des Entsagungskünstlers als unvollständig erweisen, als ein Stück Lügenpropaganda, mit der die Welt auf Dummenfang ging. Die Frau darf nicht als einzelne

Person, sondern nur mythisch wahrgenommen werden, d. h. als verhängnisvolle Macht, als ebenso verführerische wie verderbliche Handlangerin der Welt, als verlockender Köder an der Schnur eines Anglers, der es nicht gut mit uns meint. Je nachdem, wie die Stärke jener Macht erfahren wurde, konnte die tief empfundene Gewissheit einer Weib-Welt-Identität zur fixen Idee, zum Wahn und manchmal sogar zum Wahnsinn werden.

Zugegeben, diese Gleichsetzung von Weib und Welt hat etwas Archaisches. Man darf aber nicht vergessen: Es ist die gleiche Archetypentastatur, auf der die Werbefachleute auch heute noch virtuos herumklimpern. Wenn der Entsagungskünstler in jeder Frau die Welt erblickt – und fürchtet –, so sieht der durch den Supermarkt schlendernde männliche Kunde oder der vor dem Werbeprogramm seines Fernsehers sitzende Zuschauer dank der ausgefeilten Manipulationstechnik der modernen Werbeindustrie in den meisten Konsumartikeln eine Frau. Weil der Anblick blank geputzter, blitzender Blech- und Chromteile für sich gesehen immer noch nicht genügt, um den entscheidenden Kaufimpuls auszulösen, bedarf es zur Stimulation noch des auf der Kühlerhaube posierenden weiblichen Models. So bestätigt also nicht zuletzt die moderne Werbepsychologie die Richtigkeit der Gleichung, die der alexandrinische Clemens mit dem Blick des erfahrenen Seelenkenners und Kirchenmannes einst aufstellte. Weib ist Begierde, Begierde ist Welt, also ist Welt Weib. Weibbindung ist Weltbindung. Weltbindung ist Weibbindung. Nur dass das, wovor die Kirchenväter einst als Gefahr eindringlich warnten, von heutigen Werbeleuten als profitable Chance ergriffen wird.

Indessen wird man zugunsten des alexandrinischen Kirchenvaters sagen müssen, dass seine Weib-Welt-Gleichung mehr im Sinne eines Gleichnisses als einer Gleichsetzung gemeint war und sich so ihren lockeren aphoristischen Charakter bewahrt hat. Das ist bei den meisten Entsagungskünstlern häufig nicht mehr der Fall. Für sie fallen Bild und Bedeutung tatsächlich in eins. Das ist dann der gefährliche Punkt, an dem bei vielen die Weltfeindschaft in eine oftmals recht penetrante Weiberfeindschaft umschlägt. Buddha war nicht frei davon, ebenso wenig Diogenes. Von diesen zieht sich über christliche und islamische Kirchenlehrer und Asketen eine direkte Linie hin zu Frauenverächtern wie Schopenhauer oder Tolstoj, um nur sie zu nennen. Auch wenn man davon absieht, dass viele der überlieferten Sprüche mit ihrem überzogenen wegwerfenden Urteilen über Frauen nicht wortwörtlich zu nehmen sind, sondern wohl nur einen archaischen männlichen Humor bedienen wollen, bleibt für den aufgeklärten Zeitgenossen doch ein übler Nachgeschmack.

Im Übrigen haben wir es bei dem ganzen Problem mit einem durchsichtigen männlichen Abwehrmechanismus, psychologisch gesprochen mit einer »Aufspaltung«, zu tun, bei der die eigenen, als gefährlich erkannten Teile des Selbst als oppositionelle Anteile nach außen projiziert werden.

Selbst die raffiniertesten Verführungskünste aufgebrezelter weiblicher Lustobjekte müssten wirkungslos verpuffen, wenn nicht auf der männlichen Subjektseite ein Empfänger vorhanden wäre, der auf die ausgestrahlten Reize reflexhaft reagierte. Es ist schlicht gesagt die eigene Sexualität, die den Herren Asketen Probleme bereitet und sie nicht sein lässt, was sie sich in ihren Träumen als Ideal zu sein wünschen: freie, unabhängige Subjekte.

Ein interessantes Pendant zur jesuanischen Bergpredigt stellt der folgende Text dar. Der Unterschied ist allerdings der, dass diese Seligpreisungen nicht im Namen Jesu, sondern des Paulus überliefert wurden:

*»Selig sind, die ihr Fleisch rein bewahrt haben, denn sie werden ein Tempel Gottes werden.*
*Selig sind die Enthaltsamen, denn Gott wird zu ihnen reden. Selig sind, die dieser Welt entsagt haben, denn sie werden Gott wohlgefallen.*
*Selig sind, die Frauen haben als hätten sie nicht, denn sie werden Gott beerben ...*
*Selig sind die Leiber der Jungfrauen, denn sie werden Gott wohlgefallen, und sie werden den Lohn ihrer Keuschheit nicht verlieren.«*[43]

Dieses Hohelied der Jungfräulichkeit aus dem 2. nachchristlichen Jahrhundert entstammt nicht den kanonischen Schriften, sondern den apokryphen Akten des Paulus und der Thekla. Damit hat es eine besondere Bewandtnis. Der Kirchenvater Tertullian erzählt uns, dass die Schrift den Namen des Apostels »fälschlich« trage und in Wahrheit aus der Feder eines kleinasiatischen Presbyters stamme, der sie einst »aus Liebe« zum Apostel Paulus verfasst habe, um dessen Ansehen zu vermehren. Nachdem er die Fälschung gestanden habe, sei er aus seinem Amt entfernt worden.[44]
Das klingt ominös. Der Sinn des von Tertullian gestreuten Gerüchts ist wohl der, die Zuverlässigkeit und Autorität der weit verbreiteten und äußerst populären Schrift in Zweifel zu ziehen, ohne sie als gänzlich häretisch zu brandmarken. In der Tat handelte es sich bei den Erzählungen keineswegs nur um harmlose religiöse Erbauungsliteratur. Sie enthalten eine Reihe theologischer Eigenheiten, die sich mit der kirchlichen Überlieferung nur schwer in Einklang bringen lassen.
Anders als in den Briefen oder in der Apostelgeschichte liegt der Akzent der Verkündigung des Apostels einseitig auf seiner Enthaltsamkeitspredigt. Zusammengefasst lautet die Botschaft: »Auf andere Weise gibt es für euch keine Auferstehung, es sei denn, dass

ihr rein bleibt und das Fleisch nicht befleckt, sondern es keusch bewahrt.«[45] »Auferstehung« wird nicht im Sinne des kirchlichen Bekenntnisses als Erweckung vom zukünftigen Tode, sondern wie bei den Gnostikern als ein durch das Hören der Verkündigung gegenwärtiges Geschehen aufgefasst. Die Welt gilt als Ort der »Vergänglichkeit und der Unreinigkeit«. Die der Lust und Sinnlichkeit verfallene Menschheit lebt im »Dunkel des Todes«. Und doch gibt es für sie ein wahres Leben in diesem falschen: dort nämlich, wo der Sinnlichkeit der entschiedene Kampf angesagt und sexuelle Enthaltsamkeit geübt wird.

Enthaltsamkeitsgeschichten kommen auch sonst in der apokryphen Acta-Literatur vor. In den sogenannten Petrusakten ist es Petrus, der die »Predigt von der Keuschheit« in Rom verkündet und sich dadurch in erhebliche Schwierigkeiten bringt. Auch hier ist die Sexualaskese konsequentes Resultat der Evangeliumspredigt. Weil viele seiner Zuhörerinnen aufgrund der Petruspredigt in den Sex-Streik treten und einige sich sogar von ihren Männern trennen, »weil sie rein und unberührt Gott dienen wollen«, kommt es zu einem »gewaltigen Aufruhr« der frustrierten Ehemänner. Diese sind wild entschlossen, dem Spuk ein Ende zu bereiten und dem Keuschheitsprediger das Handwerk zu legen. Petrus kann fliehen, kommt dann aber nach der Begegnung mit dem auferstandenen Herrn (»Quo vadis?«) wieder nach Rom zurück und stirbt dort den Märtyrertod.

Wer das Christentum nur aus offiziellen päpstlichen Verlautbarungen kennt, muss sich über die frühchristlichen Enthaltungsgeschichten sehr wundern. Die Botschaft all dieser Geschichten, die häufig etwas verharmlosend der »volkstümlichen« christlichen »Erbauungsliteratur« zugerechnet werden, ist alles andere als erbaulich. Sie ist geradezu subversiv, denn im Kern wird darin der Bestand von Ehe und Familie infrage gestellt. Was die Sache besonders heikel macht, ist nicht nur die Tatsache, dass das Ge-

genmodell eines sexuell abstinenten Lebens anhand des Beispiels von Frauen dargestellt wird, die ihr Ehegelöbnis gebrochen haben, sondern dass die Veranlassung dazu auf die Evangeliumsverkündigung ehrwürdiger Apostel zurückgeht.

Um die Schwierigkeit zu beseitigen, wird von Theologen gerne behauptet, dass die nichtkanonische Acta-Literatur frühchristlichen Seitenströmungen entstamme und im weitesten Sinne der Häresie zugerechnet werden müsse. Wir kennen das schon von Tertullian. Gegen diese Erklärung spricht jedoch schon das Wort »volkstümlich«. Denn was volkstümlich ist, muss wohl irgendwann allgemein verbreitet gewesen sein. Sollte diese Form des Christentums in Wahrheit gar nicht häretisch, sondern nur eine Vorform jenes Glaubens gewesen sein, der nach einer späterhin erfolgenden Metamorphose katholisch genannt wurde? Wir werden in späteren Abschnitten sehen, dass alles dafür spricht und dass das Christentum offenbar in der Tat zuerst als radikal weltflüchtige und sexualfeindliche Bewegung ans Licht der Geschichte getreten ist.

Jedenfalls zeigen uns die Enthaltsamkeitsgeschichten der frühchristlichen Acta-Literatur ein ganz anderes Bild des frühen Christentums als das, was wir aus dem Religionsunterricht oder dem »Wort zum Sonntag« kennen: weltfeindlich, sinnenfeindlich und jenseitssüchtig obendrein. Apostel, die die heilige christliche Ehe mitsamt den Ehemännern dämonisieren und ein Evangelium lehren, das weltflüchtiger nicht sein kann, Ehefrauen, die sich um der Christusnachfolge willen von ihren Männern trennen und lieber sterben, als mit ihrem Angetrauten das Bett der Schande zu teilen. Dass mit einem Glauben, der weltliche Einrichtungen wie Ehe und Familie grundsätzlich infrage stellte, auf Dauer keine »Welt-Kirche« zu machen war, sollte einleuchten – wenn auch nicht zu bestreiten ist, dass er zeitweise, in bestimmten, der Welt und ihrer Lockungen müde gewordenen Epochen, über eine große Anhängerschar verfügte.

## Lob der Jungfräulichkeit – unzeitgemäßer Versuch, sich für ein altes Ideal zu erwärmen

Direkt gefragt: Was eigentlich brachte vor uns Generationen von Männern ins Schwärmen, sobald ihnen das Wort »Jungfrau« über die Lippen kam? Was macht die asexuelle Aura der Jungfrau so attraktiv?

Vermutlich unser Leiden an der Sexualität. Denn im Ernst: Ist sie nicht – all unseren reflexhaften Reaktionen, temporären Genüssen und modernen Aufklärersentimentalitäten zum Trotz – mitunter ein Fluch, das schleichende Gift der meisten menschlichen Beziehungen, eines der Hauptübel und -ursachen für menschliches Leid, für Geschlechterstreit, Ausbeutung, Unterdrückung, Eifersucht und Eifersuchtsdramen, Untreue und menschliche Enttäuschungen, Schuld und Sühne, Genuss und Reue, Öde und Ekel, Intrigen, Ränke, Messerstechereien, Mord, für alles, was nach unten zieht, belastet, beschwert, bedrängt und bedrückt? Und träumen nicht auch wir bisweilen einen ganz anderen Traum, den des schwerelosen Kinderfriedens, wo wir wie Engel leben, die »im Maien, wenn die schönen Röselein blühen, miteinander in die schönen Blümlein gehen und pflücken derselben ab, und machen feine Kränzlein daraus ... Da ist nichts denn ein herzlich Lieben, eine sanfte Liebe, ein freundlich Gespräch, ein holdselig Beiwohnen, da einer immer seine Lust an dem andern siehet und den andern ehret ...« (der schlesische Mystiker Jacob Böhme).[46]

Gewiss ein naiver, ein lächerlicher Traum. Aber vielleicht liegt ja gerade in seiner ungeschützten Unschuld die Wahrheit, die uns befreit lachen lässt. Könnte nicht so oder ähnlich auch der Traum all derer ausgesehen haben, die sich einst in das Ideal der Jungfräulichkeit vernarrt hatten, seien es nun Kirchenväter oder Künstler, die sich ihren Keuschheitstraum, der sie bisweilen zwischen ihren sinnlichen Leinwandorgien überkam, nicht nehmen ließen. Die Darstellung des Asexuellen hat zweifellos ihren eigenen Reiz, an den weder kraftvoll athletische Männerkörper noch üppige Frauenleiber im Entferntesten heranreichen. Man sehe sich nur all die Madonnenbildnisse an, an denen sich die Fantasie der Künstler über Jahrhunderte und Jahrtausende abgearbeitet hat: Gemeint sind nicht die Bilder, die die heilige Gottesmutter mit schräg geneigtem Kopf und schielendem Dolorosa-Blick, sondern jene, die sie mit strahlenden Augen oder gesenkten Lidern darstellen, mit der weißen Lilie, dem Symbol der jungfräulichen Reinheit und Vollkommenheit in den feingliedrigen Händen, die schönen Züge ihres Antlitzes von hellem überirdischem Licht umflossen, in selbstvergessener Sorglosigkeit, »voller Freud' ohne Zeit«, wo alles vollkommenes Glück, unendliche Seligkeit atmet. Gemeint sind die schönen Altäre der Gottesmutter, vor denen sich selbst bei Protestanten die Wandlung zum Katholiken mit allen Symptomen der Kataplexie, Knieschwäche – eine weit verbreitete katholische Volkskrankheit –, vollzieht. Gemeint sind die Madonnen eines Raffael oder Botticelli in ihrer entrückten Melancholie oder auch die asexuellen ätherischen Wesen, die die Leinwände eines Chagall oder des oft gründlich missverstandenen Balthus bevölkern (dessen Wesen nur der verdorbene Blick des Betrachters die Unschuld raubt – ohne ihn sind sie Engel). Auf diesen Bildnissen scheint die weibliche Spezies des Menschen gleichsam in den Götterhimmel entrückt. Wäre das so, wenn es sich nicht um Jungfrauen oder »Jungfraumütter« handelte? Oder ist nicht vielleicht der gelungenste und überzeugendste Versuch, sich Gott als Menschen zu denken, immer noch der, sich ihn als – Jungfrau vorzustellen?

Schweren Herzens und keuschen Angedenkens verlassen wir den nach Rosen, Lilien und Violen duftenden paradiesischen Garten der Jungfräulichkeit, um uns endlich jenem Mann zuzuwenden, der sich bereits durch einige helle Fanfarenstöße ankündigte und den wir für den wichtigsten Regisseur und »Strippenzieher« hinter den Kulissen und farbenfrohen Figuren des frühchristlichen Papiertheaters halten: dem Erzhäretiker Marcion.

## Der Entsagungskünstler als Sexualneurotiker? Marcion aus Sinope

Noch ehe die Idee einer allgemeinen katholischen Kirche die römischen Kirchenmänner zum Träumen brachte, hatte sich diese auf wunderbare und doch ganz andere Weise, als sie es sich vorstellten, erfüllt. Noch ehe sie sich an das Werk einer weltumspannenden Universalkirche machen konnten, gab es bereits ein Gebilde, das diesen Namen ohne Einschränkung verdiente und es mit ihrer Kirche in jeder Beziehung aufnehmen konnte. Eine Kirche, die von Kleinasien über Griechenland, Ägypten, Karthago und Rom bis hin nach Lyon reichte. Eine Kirche mit Bischöfen und bischöflicher Sukzession, mit Diakonen, Presbytern, Theologen und verschiedenen theologischen Schulen, mit Sakramenten, heiligen Schriften, Liedern und Gebeten. Die Mitglieder dieser Kirche, die in Städten und Dörfern lebten, mitunter sogar in geschlossenen Ansiedlungen, waren auch in späterer Zeit noch so zahlreich, dass sie leicht für die Christenheit schlechthin gehalten wurden. Selbst die älteste erhaltene Kircheninschrift haben wir ihnen zu verdanken.

Und doch, wie anders war alles! Es gab dort nicht nur Bischöfe, sondern auch Bischöfinnen. Die Eucharistie wurde in Gestalt von Brot und Wasser (statt Wein) gefeiert. Die alttestamentlichen Schriften waren aus den Gottesdiensten verbannt. Den Namen des Gottes Israels sprach man wie den eines Feindes. Statt vier Evangelien gab es eines, statt 13 Paulusbriefen zählte man 10. Der Schwerpunkt aber lag auf der Askese. Die Fastenzeiten wurden strenger beachtet als in anderen christlichen Gemeinden. Und auch darüber hinaus war eine weitgehende Enthaltung von Essen und Trinken gefordert, ja, jede Berührung mit dem Geschaffenen sollte, sofern möglich, vermieden werden. »Entweltlichung und Entkörperung des Lebens bis zum Äußersten.«[47]

Harte Anforderungen wurden aber auch an die Bereitschaft und Fähigkeit der Katechumenen und Gemeindeglieder zur sexuellen Abstinenz gestellt, denn in dieser Kirche waren den Gläubigen die Ehe und jeglicher Geschlechtsverkehr verboten. In dem Fall, wo die Partner vor der Taufe bereits miteinander verheiratet waren, mussten sie sich durch ein feierliches Gelübde zur vollständigen sexuellen Enthaltsamkeit verpflichten. Der Gott, der in dieser Kirche verehrt wurde, so der Kirchenvater Tertullian, ließ »keinen Leib taufen, es sei denn den einer Jungfrau, Witwe, Ehelosen oder einer, die sich durch Trennung der Ehe das Anrecht auf die Taufe erworben hat«.[48]

Kurzum, in diesen Gemeinden, in denen die strengsten asketischen Bestimmungen galten, hatten sich asiatischer und kynischer Entsagungsgeist zusammengefunden und sich zu einer universalen christlichen Kirche vereinigt, der ältesten, die wir kennen. Die erste Weltkirche auf abendländischem Boden war eine Kirche der Entsagung.

Spätere christliche Generationen wollten das aus verschiedenen Gründen nicht mehr wahrhaben und haben die Quellen so lange überarbeitet, bis ein ganz anderes, neues Bild entstand. Nun sollte diese Kirche nur eine »Gegenkirche« gewesen sein. Die Bezeichnung würde zutreffen, wenn nachgewiesen werden könnte, dass vor dieser Kirche eine andere Kirche existierte, gegen die sich die Vertreter der Entsagungskirche hätten wenden können, d. h. dass es vor dieser »Häresie« eine »Orthodoxie« gab, die älter und ursprünglicher war. Das ist aber nicht der Fall. Die angebliche »Orthodoxie«, d. h. die größere Authentizität der Lehre der römisch-katholischen Kirche, beruhte auf einer bloßen Behauptung, die durch geschickte Manipulation der Quellen zur vermeintlichen historischen Tatsache wurde. Der Sinn dieser Geschichtsklitterung, mit deren Hilfe die historischen Tatsachen auf den Kopf gestellt wurden, bestand natürlich darin, sich mit der Aura des

Ursprünglichen, Echten, Wahren zu versehen. Historisch bleibt es also dabei: Die früheste christliche Universalkirche war eine Kirche der Entsagung. Und diese war die Kirche Marcions.[49]

Den Ort Sinope, in dem Marcion in der zweiten Hälfte des ersten Jahrhunderts geboren worden sein soll, kennen wir bereits als Geburtsort des Diogenes. Dass Marcion und Diogenes aus derselben Stadt am Schwarzen Meer stammten, mag Zufall gewesen sein. Angesichts der in der frühen Christenheit vorherrschenden laxen Einstellung zu geschichtlichen Tatsachen und der naiven Freude am Allegorisieren läge allerdings auch ein anderer Gedanke nahe. Da auch Marcion, wie wir noch sehen werden, im Rufe stand, Kyniker zu sein, ist es sehr wohl möglich, dass man die Verbindung mit Diogenes später dadurch zum Ausdruck brachte, dass man ihn ebenfalls in der Stadt Sinope geboren sein ließ.

Historisch könnte sein, dass Marcion ein begüterter Schiffsherr war und auf dem Wege über Kleinasien, wo er offenbar bereits Gemeinden gegründet hatte, nach Rom kam, um der dortigen Gemeinde einen Antrittsbesuch abzustatten. Der Überlieferung zufolge soll er ihr die Summe von 200.000 Sesterzen vermacht haben. Die Freude über die großzügige Spende, bei der es sich nach heutiger Währung um eine Millionensumme handeln würde, war, wie wir vermuten dürfen, bei den christlichen Brüdern und Schwestern in Rom anfangs noch groß und dürfte so manche Kritik an dem dunklen Gast aus Kleinasien schnell wieder zum Verstummen gebracht haben. Allein nachdem man sich etwas näher kennengelernt hatte, erwies es sich, dass zwischen den beiden Christentümern, dem von Marcion aus Pontus mitgebrachten, und dem der römischen Kirche, unüberbrückbare Lehrunterschiede bestanden. Den römischen Presbytern schienen die Differenzen nicht anders lösbar als dadurch, dass sie Marcion nach gründlichem Examen aus der Kirche ausschlossen. Als Datum dafür wird zumeist das Jahr 144 n. Chr. genannt. Auch seine Geldsumme bekam der Ketzer wieder zurück – ein für römische Verhältnisse sicherlich ungewöhnlicher Vorgang. In späteren Zeiten hätte das Geld vermutlich sogar vom Beelzebub persönlich überreicht werden können, ohne dass der römische Klerus darin irgendetwas Anstößiges gesehen, geschweige denn die Summe rücküberwiesen hätte.

Nach der Exkommunikation soll Marcion daran gegangen sein, seine Lehre über die ganze damalige Ökumene zu verbreiten. Schon bald darauf ist in der Schrift eines Zeitgenossen davon die Rede, seine Lehre erstrecke sich »über das ganze Menschengeschlecht«.[50] Dann wurde es still um ihn, und seine Spuren verlieren sich im Dunkel.

Worin besteht nun der Ausgangspunkt der Lehre Marcions, was ist die Basis seines Christentums?

Der Kirchenvater Tertullian hat sie, mit dem ihm eigenen Blick für das Wesentliche, in der Theodizeeproblematik erkannt, d. h. in der Frage: »unde malum?« – »Woher (stammt) das Böse?« Marcion sei von dem Problem förmlich »gefoltert« worden und sei über den Versuch, sie zu beantworten, vom rechten Wege abgewichen. Betäubt durch die Gewalt des Grübelgeistes seien er und viele andere mit ihm zu Häretikern geworden.[51]

Wo der Kirchenvater recht hat, was selten genug vorkommt, hat er recht. Tatsächlich bieten Marcion und das marcionitische Christentum eine ebenso schlichte wie einleuchtende Antwort auf die alte Menschheitsfrage nach der Herkunft menschlichen Leidens. Auch Marcions Blick ist, darin dem Buddhas und anderer Entsagungskünstler gleich, fast monomanisch auf die Widerwärtigkeiten der Welt fixiert. Deren Schönheiten und Freuden werden entweder ganz ausgeblendet oder aber durch den Hinweis auf ihre kurze zeitliche Geltung relativiert.

Marcions Lehrsystem erhält dadurch eine dunkle pessimistische Grundierung. Das menschliche Leben wird zu einer Abfolge beständiger Leiden und Verfolgungen, die Welt als Ganzes zum Jammertal.

Indessen bietet dieser negative Blick auf die Welt noch nicht viel Neues. Originell wird Marcion erst, wo er die Theodizeefrage beantwortet. Während der moderne Mensch darauf gewöhnlich mit einer Distanzierung vom Glauben reagiert und beispielsweise anführt, er habe inzwischen in dieser Welt schon zu viel Schlimmes gesehen oder erlebt, um noch glauben zu können, dachte Marcion sich die Sache etwas anders. Wenn diese Welt, wofür nach Marcions Meinung sehr viel sprach, dem Schöpfergott misslungen war, ja mehr noch, eine vollkommene »Missgeburt« darstellte, wenn es also keinen guten Schöpfergott gab, dann hatte sich damit nicht etwa der Glaube als solcher erledigt, sondern nur der Glaube an denjenigen, der dieses Debakel erschaffen und verursacht hatte. Wer aber sagte denn, dass es nur diesen einen Gott gab? Marcion und seine Anhänger hatten noch einen anderen, zweiten Gott in petto.

Das war die Lösung! Ein Gott, der nichts mit dieser Welt zu tun hatte und infolgedessen auch nicht für das Elend, das sich dort Tag für Tag abspielte, verantwortlich gemacht werden konnte. Die Fremdheit bot die Voraussetzung für das Gutsein. Ohne seine Weltfremdheit hätte der gute Gott nicht gut sein können. Nur weil er, wie die Götter Epikurs, die Welt Welt sein ließ, konnte er gut sein. Mochte sich doch der Weltschöpfer das Seufzen und Stöhnen seiner leidenden Kreaturen anhören, der Gute, der Fremde durfte seine Hände in Unschuld waschen. Am simpelsten wäre es wohl gewesen, wenn Marcion die beiden Gottheiten wie Gut und Böse, Gott und Luzifer einander gegenübergestellt hätte. Doch solche einfachen Lösungen waren Marcions Sache nicht.

Die Angelegenheit war für ihn wesentlich komplexer. Das hing damit zusammen, dass er sich keine geringere Aufgabe gestellt hatte, als zusätzlich zur Lösung der Theodizeefrage auch noch ein anderes Problem, das Verhältnis zu den Schriften des Alten Testaments und zum Gott Israels zu klären. Da Gott darin als Schöpfer der

Welt von sich selbst bekannte: »Ich bin es, der die Übel schafft« (Jes 45, 7), war die Sache klar. Die jüdische Bibel war die Urkunde des Schöpfergottes, die alttestamentlichen Schriften handelten von ihm, die Propheten waren sein Sprachrohr und auch das Gesetz war durch Mose von ihm erlassen worden. Insofern wäre es für Marcion falsch gewesen, den jüdischen Gott einfach nur mit dem bösen Prinzip zu identifizieren. Dieser Gott war keineswegs böse, sondern er war gerecht. Das war zweifellos besser als böse, aber immer noch unendlich viel schlechter als gut. Das Adjektiv »gut« kam nur dem anderen Gott, dem Fremden zu. Nur von diesem galt, dass Gott gut sei.

So standen sich bei Marcion diese beiden Gottheiten gegenüber: auf der einen Seite der Gerechte, der Gott des Alten Testaments, der Gott der Schöpfung (»Demiurg«) und des Gesetzes – auf der anderen Seite der Gute bzw. der Fremde, der sich im Neuen Testament in Jesus Christus offenbart hatte und die Menschheit vom Elend der Schöpfung und der Knute des Gesetzes erlöst hatte.

Der Plot war gut eingefädelt. Die Erlösung sollte heimlich und unter Ausschluss der Öffentlichkeit geschehen. Unerkannt und ohne dass der Demiurg und dessen Engel (»Äonen«) ihn bemerkten, sollte der Sohn des Guten in die materielle Welt herniedersteigen und dort die Gestalt eines Menschen annehmen, freilich ohne es in Wahrheit zu sein, denn als Sohn des Fremden war auch er für die materielle Welt ein Fremder und durfte sich nicht mit der Materie besudeln. Sein Menschsein konnte daher nur ein scheinbares sein. Auf der Erde angekommen, sollte er sich unschuldig zum Tode am Kreuz verurteilen lassen und zwar wiederum so, dass der Demiurg davon keinen Wind bekam. Das unschuldig vergossene Blut und die Auferstehung waren dann der Sieg! Damit hatte der Gerechte seine Gerechtigkeit Lügen gestraft. Er selbst hatte sich schuldig gemacht und war nun in der Pflicht, für seine Übertretung Entgelt zu leisten. Das von dem Fremden und seinem Sohn geforderte Entgelt aber war: die Menschheit, der von nun an durch den Glauben an das von Christus unschuldig vergossene Blut das Reich des Vaters aufgeschlossen war.

Vergleichen wir Marcions Lehre mit derjenigen Buddhas, so erkennen wir eine Reihe von Parallelen und Überschneidungen. Dem Buddha gleicht Marcion, wie wir schon erwähnten, in der Beurteilung der Welt, die rein negativ, als Jammertal und Stätte beständigen Leidens betrachtet wird. Doch anders als Buddha, dessen Welt kein verursachendes Prinzip kennt, weiß Marcion von einem Schöpfergott, den er sich als Person vorstellt, so persönlich, dass er ihm die Schöpfung sogar persönlich übel nimmt. Dadurch erhält Marcions Lehre ihren leidenschaftlichen, polemischen Charakter und ihre mythologische Überkleidung. Ihre plastische Anschaulichkeit gab ihr einen populären Anstrich und erschloss ihr eine breite Basis von Anhängern. Dagegen sind Buddhas Lehrvorträge abstrakter und nur für eine kleine Elite bestimmt.

Die »Gott-losigkeit« der buddhistischen Lehre bringt es mit sich, dass sich der Mensch beim Erlösungsprozess auf sich selbst gestellt sieht. Erlösung ist Selbsterlösung. Bei Marcion steht dem Menschen als göttlicher Helfer der Sohn des Fremden gegenüber, der während seines scheinbaren irdischen Lebens sein scheinbares Blut für ihn vergoss, um ihn aus den Fängen des Demiurgen loszukaufen. Erlösung geschieht als Erlösung durch den Glauben an einen göttlichen Gnadenakt.

Trotz dieser und einiger anderer geringfügigerer Unterschiede bleibt der Eindruck, dass wir es bei Marcion und Buddha mit Geistesverwandten zu tun haben, die innerhalb des Rahmens ihrer jeweiligen Kultur und Religion das gleiche Welt- und Existenzgefühl zum Ausdruck bringen wollten. Man könnte bei Marcion geradezu von einer Transposition nichttheistischer, buddhistischer Gedanken in ein theistisches System sprechen. Hier wie da die tiefe Sehnsucht nach Erlösung, hier wie da die gleiche abgrundtiefe Weltverachtung, die zumal bei Marcion immer wieder in einen grandiosen Weltekel umschlägt. Die Kläglichkeit und Armseligkeit der Schöpfung ist für Marcion ständiges Thema. Sobald die Rede darauf kommt, laufen er und seine Gesinnungsgenossen zu Hochform auf und ziehen alle Register der Häme und bitterbösen Ironie: »Freilich, spotten sie, ist die Welt ein großartiges und Gottes würdiges Werk!«[52]

Mitunter verhält sich Marcion wie jemand, der es dem Schöpfergott persönlich verübelt, ihn beim Schöpfungsakt nicht zurate gezogen zu haben. Da ihm zumal Ungeziefer und Krabbelgetier große Kopfschmerzen bereiten, entlädt sich sein Unmut besonders an ihnen. Mücken und Schnaken mit ihrem Gesumme und Gesteche, Eidechsen, Skorpione und Spinnen konnten nach Meinung des Ketzers, der, wie der Historiker Harnack richtig bemerkte, »in bezug auf die Widerwärtigkeiten und Kleinlichkeiten der Welt und des Lebens« »außerordentlich nervös« reagierte, nicht das Werk eines Gottes sein, der diese Bezeichnung verdiente.[53]

Was für Buddha der Bodhi-Baum, für Diogenes die Maus und für Jesus die Lilien, waren für Marcion die Krabbeltiere. Sie schenkten ihm Erleuchtung. Gott, wäre er wirklich Gott, könnte so etwas niemals geschaffen haben! Der Gott Marcions kannte keine Skorpione – und eklig schlüpfrige Eidechsen, Ratten, Spinnen, Zecken usw. natürlich auch nicht.[54]

In einer der vielen gegen Marcion gerichteten Passagen seines Werkes gibt uns Tertullian einen lebendigen Eindruck von der Art und Weise, wie der Häretiker gegen den Schöpfergott und seine Einrichtungen polemisierte. Zumal bei dem Thema Zeugung und Geburt gerät der Häretiker ordentlich in Fahrt. Jede Form des sexuellen Verkehrs außerhalb und innerhalb der Ehe wird als schmutzige Schändlichkeit verworfen. Marcion, so der Kirchenvater Hippolyt, erklärte die Ehe für Unzucht und hielt auch seine Schüler zu einem Leben, »genau wie das der Kyniker« an. Aber selbst die Geburt sowie die Umstände der Geburt erregten Marcions Widerwillen. Der Häretiker kann sich nicht genug auslassen »über die Unsauberkeit der Zeugungsstoffe im Mutterleibe« sowie »über das abscheuliche Zusammenlaufen der Feuchtigkeit und des Blutes zum Zwecke, das Fleisch mit demselben Unflat neun Monate hindurch zu nähren«. Das allmähliche Anschwellen des Mutterleibes, den er als »Kloake« bezeichnet, erregt seinen Widerwillen ebenso wie der bloße Anblick seines unruhigen Hin- und Herschwankens.

Überhaupt ist der ganze, schmutzige, qualvolle und absurde Verlauf des Kindbetts ein einziges Armutszeugnis für den, der diese unwürdige Veranstaltung in Szene gesetzt hatte. Aber nicht nur das gebärende Weib, auch der bei seinem Austritt aus dem Muttermund mit dem qualligen Schleim der Nachgeburt besudelte Säugling ist ihm ein verabscheuungswürdiger Gräuel und bleibt es selbst dann noch, wenn er nach der Geburt gewaschen und frisch in Windeln gewickelt wurde.[55]

Da nach Siegmund Freud in seiner Studie über das »Unbehagen in der Kultur« alle Neurotiker an der Tatsache des »Inter urinas et faecas nascimur« (»Zwischen Urin und Kot werden wir geboren«) den größten Anstoß nehmen, erhebt sich natürlich die Frage, ob die Zeugnisse, die wir soeben mit Betroffenheit zur Kenntnis nehmen mussten, nicht allesamt auf eine klassische »Sexualneurose« im Sinne Freuds hinweisen.[56] Es scheint, als kämen wir nicht umhin, bei dem frühchristlichen Häretiker eine sexuelle Dysfunktion zu diagnostizieren. Tatsächlich ist das versucht worden. Der Gnosisforscher Gilles Quispel hat sich in seinem Buch »Gnosis als Weltreligion« auf das für einen Historiker etwas artfremde Terrain der Psychoanalyse begeben und bei Marcion, den er als »krankhaftes Genie« bezeichnet, das Vorhandensein einer Sexualneurose nachzuweisen versucht. Allerdings geht Quispel noch einen Schritt weiter und will Marcions sexuelle Aversion außerdem noch mit seinem Antijuidaismus in Verbindung bringen, denn, so Quispel, der Hass auf Sexualität »sei die tiefste und raffinierteste Form des Antisemitismus, die sich auch in Deutschland mit einer Sexualneurose zu verbinden pflegte«. Quispels exzentrische Behauptung ließ sich schwer nachweisen und ist denn auch nirgendwo ernsthaft rezipiert worden.[57]

Aber auch der Versuch, Marcion zum Sexualneurotiker zu stempeln, ist nicht unproblematisch. Zum einen deswegen, weil kein gewissenhafter Arzt einem Patienten nach 2000 Jahren eine Diagnose ausstellen würde. Zum anderen, weil eine ebensolche Diagnose nicht nur für Marcion und seine Anhänger, sondern für einen Großteil der übrigen in spätantiker Zeit lebenden Menschheit ausgestellt werden müsste. Obwohl Marcion sicherlich einen extremen Standpunkt vertrat, stand er mit seiner rigiden Ablehnung der Sexualität in seiner Epoche keineswegs allein da. Er teilte seine »Sexualneurose« mit vielen religiösen und philosophischen Gruppierungen und Gemeinschaften. Es gab ein riesiges Ideenreservoir, aus dem er seine Anregungen schöpfen konnte, und das hieß Gnosis.

## Gnostische und christliche Weltentsagung

Ohne auf die Einzelheiten allzu genau einzugehen, sei nur so viel gesagt: Bei der Gnosis handelt es sich um eine religiöse Bewegung der Spätantike, in welcher der Erkenntnis (= »gnōsis«) eine entscheidende erlösende Funktion zugesprochen wurde. Erkenntnis meint kein rein intellektuelles Geschehen, sondern das Innewerden eines göttlichen Kerns bzw. Seelenfunkens im Menschen. Das ist ein ganz ähnlicher Vorgang, wie wir ihn schon bei der indischen Identitätslehre der Upanishaden kennengelernt haben. Auch dort ging es darum, dass sich die Einzelseele in der Weltseele, das Atman im Brahman, selbst erkannte, was als »erlösende Erkenntnis«, »Pratibuddha«, bezeichnet wird, was auch als »Erwachen« übersetzt werden kann. Solches Erkennen oder Erwachen wird in herausgehobenen ekstatischen Momenten erfahren und kann durch besondere religiöse Praktiken, wozu auch die Askese gehört, vorbereitet werden.

Seinen typischen Ausdruck findet das gnostische Existenzverständnis in diversen mythologischen Erzählungen, die bei den verschiedenen gnostischen Schulen und Systemen oft erheblich voneinander abweichen. Ihnen allen ist jedoch eine starke dualistische Tönung gemeinsam, wie wir sie im Extrem bereits bei Marcion kennengelernt haben. Wie bei ihm so werden auch von den Gnostikern eine leiblich-materielle und eine geistig-immaterielle Sphäre voneinander geschieden. Gewöhnlich wird angenommen, dass sich die materielle Welt als »Welt der Finsternis« aufgrund eines uranfänglichen kosmischen Super-GAUs in verschiedenen Abstufungen von der geistigen Lichtwelt abgesondert bzw. aus ihr entwickelt hat. Auch das Motiv eines vorzeitlichen kosmischen Kampfes zwischen Licht und Finsternis ist verbreitet. Während die Welt der Finsternis als Herrschaftsbereich des Demiurgen gilt, untersteht die Lichtwelt der Herrschaft des höchsten Gottes, der unterschiedliche Namen trägt. Bezeichnungen wie »Vorvater« oder »Urgrund« lassen den universalen Anspruch des gnostischen Mythos erkennen und zeigen seine Nähe zur antiken Philosophie, Theosophie und Mystik.

Zentrales Thema des gnostischen Mythos ist die Erlösung der Lichtseelen aus der Welt der Finsternis, in der sie vom Demiurgen gefangen gehalten werden. Es handelt sich dabei um eine Art »Heimholungsaktion«. Sie wird durch einen »Himmelsbrief«, einen göttlichen Ruf oder durch einen Botschafter der Lichtwelt initiiert, der häufig mit Christus identifiziert wird. An deren Ende steht die Rückführung der Erlösten in ihre himmlische Heimat. Jedoch sind von der Erlösung nur die geistigen Anteile im Menschen betroffen; die materiellen müssen irgendwann zusammen mit dem Reich des Demiurgen untergehen. Wer über keinerlei geistige Anteile (»pneuma«) verfügte, wie die sogenannten »Hyliker« (von »hyle« – Materie), galt als dem Tod verfallen.

Die vielumstrittene Frage nach den Quellen, aus denen sich gnostische Vorstellungen und gnostische Mythen speisen, wurde im Laufe der Zeit sehr unterschiedlich beantwortet und braucht uns hier nicht weiter zu beschäftigen. Auch nach den neuesten Erkenntnissen besteht kein Anlass, den Anteil orphisch-pythagoreischer oder auch platonischer Vorstellungen zu leugnen. Selbst buddhistische Einflüsse lassen sich, z. B. bei dem Gnostiker Basilides, nicht ausschließen.

Anders als noch vor ein paar Jahrzehnten vertreten die meisten Gnosisforscher heute die Meinung, dass eine gnostische Bewegung erst seit dem 2. nachchristlichen Jahrhundert existierte. Versuche, eine Gnosis bereits im 1. Jahrhundert nachzuweisen, gelten inzwischen als widerlegt.

Der Materie-Geist-Dualismus macht die Gnosis zu einer »Religion der Entsagung«. Der eigentliche Feind des Gnostikers ist die Begierde, die ihn an das Reich des Demiurgen bindet und dessen

Herrschaft unterwerfen will. Sie lässt ihn über seine Identität als Gnostiker im Unklaren und verdeckt den wahren Ursprung seines Pneuma aus dem Lichtreich des Vaters.

Von archetypischer Bedeutung ist in diesem Zusammenhang der Fall der Sophia, die im gnostischen Mythos die Weltseele verkörpert. Er wird in vielen verschiedenen Variationen erzählt. Das Unheil nimmt seinen Lauf, als sich Sophia von der Begierde bzw. Leidenschaft erfassen lässt. Die bis dahin in unbewegter »stiller, seliger Klarheit« ruhende Äonenwelt gerät durch das Begehren der Sophia in Aufwallung, freilich mit einem unguten Ergebnis: Die abstoßende Frucht ihres Fehltritts ist eine »ausgeschäumte«, ungestalte Fehl- bzw. Missgeburt: die Welt. Fast wäre die Sophia durch ihre ungebremste Leidenschaft zugrunde gegangen, wenn nicht der »Horos«, der Grenzpfahl, in Gestalt eines Kreuzes, zwischen die obere und untere Welt getreten wäre und sie von ihrer Begierde befreit hätte.[58]

Wenn wir versuchen, das im Bild des Mythos Ausgedrückte als Projektion psychischer Erfahrungen zu begreifen, stoßen wir auf eine interessante Assoziations- und Gedankenkette, von denen einzelne Glieder bereits bekannt sind. Um mit dem Ende zu beginnen: Dass das »Resultat« der Begierde im Bild einer Fehlgeburt begegnet, die man sich wohl nach Art einer allseits zerfließenden Amöbe vorzustellen hat, zeugt gleichermaßen von psychologischem Tiefblick wie von poetischer Kraft. Der Begierde haftet, wie wir schon von Buddha wissen, etwas Unbegrenztes, Ozeanisches, Nie-zur-Ruhe-Kommendes an. Jeder Tropfen aus dem Ozean, mit dem wir unseren Durst zu löschen meinen, entfacht sie in Wahrheit wieder aufs Neue. Weil sie nie zum Stillstand kommt und jede vermeintliche Erfüllung der Begierde nur neues Begehren weckt, bleibt jeder Versuch, sie dauerhaft zu befriedigen, ein fruchtloses Unterfangen. Daher wohl das Bild der Fehlgeburt als Chiffre unfruchtbaren, vergeblichen Tuns.

Dass die Begierde sich in einer Frau verkörpert und durch einen männlichen Gegenpart zurückgedämmt werden muss, den Horos, der im Bilde eines Kreuzes erscheint, zeigt, dass der Mythos seinen »Sitz im Leben« offenbar in überwiegend männlichen Gemeinschaften hatte. Die Erfahrungen, die man hier mit der eigenen Sinnlichkeit machte, wurden wieder einmal auf die Frau übertragen. Sie wurde auf diese Weise zu einer von ihnen abgespaltenen Verkörperung von Welt und Weltlust. Die Projektion dieser Erfahrungen erhob schließlich das Ganze in den Rang eines kosmischen Welttheaters und gab ihm die gebührende, dem Mythos gemäße universale Bedeutung.

Die praktische Umsetzung des gnostischen Geist-Leib-Dualismus scheint in den meisten gnostischen Gemeinden nicht viel anders ausgesehen zu haben als bei den Marcioniten, von denen sie ein ungeschultes Auge sicherlich kaum hätte unterscheiden können. Auch für die Anhänger des gnostischen Lehrers Satornil war die Ehe ein Unheil. Heiraten und Zeugen seien vom Satan, hieß es. Und selbstverständlich galt auch die Frau als »Werk des Satans« – was freilich umso erstaunlicher war, als Frauen mancherorts sogar als Bischöfinnen amtierten.[59] Außerdem wurden Fleischspeisen im Allgemeinen gemieden, und auch der Genuss von Wein und alkoholischen Getränken war verpönt.

Neben der katholischen Gegenkirche entwickelte sich aus den gnostisch-marcionitischen Anfängen noch eine weitere konkurrierende Weltkirche: die Kirche der Manichäer. Kurt Rudolph glaubte, sie gleichberechtigt neben Buddhismus, Christentum und Islam stellen zu können.[60] Als »gnostische Weltreligion« setzte sie das dualistische Erbe der Marcioniten und frühen Gnostiker fort. Ihr Begründer war der im persischen Sassanidenreich lebende Mani (216 – 276 n. Chr.). Die erfolgreiche Missionstätigkeit Manis, der sich nicht nur als Paraklet (Joh 14,16ff.), sondern auch als wiedergekehrter Buddha betrachtete und auch so nennen ließ, trug dazu bei, dass sich manichäische Gemeinden von Spanien und Gallien über Rom, Griechenland, Nordafrika, Syrien und Kleinasien bis hin nach China ausbreiteten. Auch der in Karthago lebende Kirchenvater Augustin gehörte ihnen in seiner vorkatholischen Zeit an. Die schon von Marcioniten und frühen Gnostikern gelehrten dualistischen mythologischen Systeme wurden von den Manichäern an Komplexität, aber auch an Verworrenheit bei weitem übertroffen. Hinzu kam, dass die manichäische Religion viele volkstümliche religiöse Strömungen in sich aufsog, sodass ein buntes Religionsgemisch entstand. Die Kirche Manis lässt sich mit dem buddhistischen Diamantfahrzeug vergleichen, in dem der ursprüngliche Buddhismus ja ebenfalls mit Elementen der Volksreligion durchsetzt ist.

# 5. DER VERZICHT GEHT IN DIE WÜSTE

## Die Versuchungen des heiligen Antonius

Ganz recht, die meisten Bücher über den heiligen Antonius sind trockener als der heiße Wüstensand, auf dem er und seine Wüstenbrüder ihre Tage und Jahre zubrachten.[61] Das ist schade, denn es geht um große Themen, um die Lust der Welt und die Kunst der Entsagung, um die Macht der Verführung und die Kraft des Glaubens, um den Sog der Sünde und die Herrschaft des Willens, kurz um Tod und Teufel. Mit einer Gratiszugabe an schlüpfrigen Bildern, lasziven Fantasien und schmutzigen Gedanken. Ganz großes Kino also. Es irren all jene, die geglaubt hatten, in der Wüste könne nur die öde Langeweile geherrscht haben. Ebenso jene, die meinten, für den, der sich erst einmal auf den Weg zur inneren Einkehr gemacht habe, müsse es fortan mit Welt und Weiberkram endgültig vorbei sein. Die Überlieferung zeigt, dass das Gegenteil der Fall war. Jetzt ging es erst richtig los.

Aber wir wollen der Reihe nach vorgehen und uns bei der Vita des Antonius an die Chronologie halten.[62] Von Kirchenvater Athanasius, dem wir die Angaben über das Leben des Heiligen im Wesentlichen verdanken, ist bekannt, dass bei dem aus begüterter christlicher Familie stammenden Antonius, der um 250 in Koma in Mittelägypten (Fayum) geboren wurde, die Zeichen seiner späteren Berufung schon frühzeitig erkennbar gewesen sein sollen. Schon als Kind habe er vom Unterricht im Lesen und Schreiben nichts wissen wollen. Aber nicht etwa aus Faulheit, sondern weil sich der eigenbrötlerische Knabe vom Verkehr mit anderen fernzuhalten wünschte. Ihn als »Schulversager« zu tadeln (Karlheinz Deschner), trifft darum nicht den Kern und wirkt überdies ein wenig kleinlich, ist es doch nicht Aufgabe von Historikern, Kopfnoten zu geben.[63]

Nach dem Tod seiner Eltern hätte der reiche Erbe ein lustiges Leben in Saus und Braus führen können, allein, so will es die Legende, beim Hören jenes Wortes, das der Herr zum reichen Jüngling spricht, ging Antonius das Herz auf: »Willst du vollkommen sein, so geh hin, verkaufe, was du hast, und gib's den Armen, so wirst du einen Schatz im Himmel haben; und komm und folge mir nach!« (Mt 19, 21) Auch Antonius wollte vollkommen sein – und verkaufte seine Habe.
Erste asketische Erfahrungen sammelte er zunächst in der näheren Umgebung seines Heimatdorfes. Das nötige Know-how für Fastenübungen, Wachen, Schlafen auf bloßer Erde usw. holte er sich bei älteren Eremiten. Doch schon an seinem ersten Asketensitz kam es zur Fühlungnahme mit Satan und seinen dämonischen HelfershelferInnen, die von nun an zu seinen treuesten und verlässlichsten Bekannten zählen sollten. Seine beharrliche Weigerung, Satan die Ehre zu geben, führte schon bald dazu, dass der Ehrgeiz der satanischen Mächte erst recht angestachelt wurde und alle möglichen Versuche unternommen wurden, den wackeren Eremiten von seinem Weg abzubringen. Die Attacken wurden immer aufdringlicher, und am Ende schreckte man selbst vor groben Handgreiflichkeiten nicht mehr zurück.
Als erfahrener Seelen- und Menschenkenner vertraute Satan vor allem auf die Waffen »am Nabel des Bauches«, mit deren Hilfe er schon so manchen störrischen jungen Mann außer Gefecht gesetzt hatte. Mehrere Male machte er sich daher des Nachts in Frauengestalt an ihn heran. Obwohl der Teufel beim Nachspielen weiblicher Verführungskünste offenbar peinliche Sorgfalt auf größtmögliche Authentizität legte und dem Eremiten das Weib »in allen Stellungen« präsentierte, ließ sich nicht verhindern, dass der standhafte Klausner den Bluff durchschaute und die vor seinen Augen posierenden Weibsbilder energisch abwies.
Doch war das erst der Anfang. Je strenger die Lebensführung des

jungen Asketen, desto teuflischer die Attacken. Als Antonius einst sein Quartier in die geschlossenen Grabkammern am Rande der Wüste verlegte, schickte Satan eine ganze Heerschar von Dämonen in Gestalt von Löwen, Bären, Leoparden, Stieren usw., die ihn so heftig schlug, dass er »sprachlos vor Qualen« auf dem Boden gelegen haben soll. Angesichts der Charakterfestigkeit des jungen Asketen blieb dem satanischen Tross nichts anderes übrig, als sich vorerst jaulend und zähneknirschend davonzutrollen.
Im Laufe der Zeit hatte Antonius seine dämonischen Gegenspieler ganz gut kennengelernt, ihre List und ihre lauernden Bewegungen, ihre Art, Zweifel zu streuen und in Verzweiflung zu stürzen, vor allem ihre großen Verwandlungskünste, mit deren Hilfe sie sich mal in Weiber, mal in wilde Tiere und Schlangen, mal in riesenhafte Leiber und Scharen von Kriegern, mal in tierisch-menschliche Zwitterwesen verwandelten, um sich nach gelungener Täuschung unter meckerndem Gelächter in Rauch aufzulösen. Er kannte das Getöse, das sie hervorbrachten, ihr Pfeifen und Lachen, aber auch das Weinen und Jammern, wenn man sie ignorierte. Wie sich überhaupt der ganze Spuk am besten durch Nichtbeachtung, Disziplin, Gebet und ein paar Kniebeugen vertreiben ließ.
Doch Überraschungen gab es natürlich immer wieder. Als Antonius seinen Weg in die Wüste antrat, fand er diesen zuerst mit Silber und später mit Gold gepflastert. Überflüssig zu sagen, dass er die Finte des Teufels sogleich durchschaute und den dreisten Bestechungsversuch brüsk zurückwies.
Endstation des Lebensweges des heiligen Antonius war eine Einsiedelei in der Wüste am Berg Kolzim mit einer prachtvollen Aussicht auf den Golf von Suez – »man gönnt sich ja sonst nichts«. Hier starb er, nachdem er schon zu Lebzeiten zu einer vielbestaunten Legende geworden war und eine Reihe von Schülern um sich geschart hatte.

## Wüstenväter und Säulenheilige

Die Kunde von den Schicksalen des Antonius löste unter den christlichen Zeitgenossen einen regelrechten Wüsten-Hype aus. Wie vor einigen Jahrzehnten noch jeder im Trend lag, der nach Indien pilgerte, um sich dort in einem Ashram erleuchten oder bei Ravi Shankar im Sitarspiel unterrichten zu lassen, kam unter spätantiken Christen die Wüste in Mode. Was für die 68-Generation Indien war, war für sie der Berg Kolzim. Bekanntester Beleg für die Faszination, die von Antonius und seinen Nachfolgern zumal auf christliche Intellektuelle ausging, ist eine Textpassage aus den »Bekenntnissen« des Kirchenvaters Augustin. Der mit seinem Beruf unzufriedene und unter Burn-out-Symptomen leidende junge Rhetor am kaiserlichen Hof hört von dem Afrikaner Ponticianus erstmals etwas über den ihm bis dahin noch ganz unbekannten Antonius – und gerät ins Grübeln. Wozu dies alles? Was soll dieses Leben? Wozu die Jagd nach Geld, Karriere und Ruhm? Was gibt meinem Leben wirklich Sinn?

Das waren offenbar die Fragen, die sich Augustin und andere bei der Lektüre der »Vita Antonii« stellten. Das Buch gehört in die Reihe all jener Werke, die sich, oft trotz durchschnittlicher literarischer Qualität, zu den Kultbüchern jugendlicher Sinnsucher entwickelten. Darin vergleichbar dem »Steppenwolf« von Hermann Hesse, dem »Fänger im Roggen« von J.D. Salinger oder ähnlichen Büchern. Immerhin: Nur wenig später entschließt sich Augustinus dazu, seine Karriere zu beenden, den Job als kaiserlicher Rhetor an den Nagel zu hängen und der Welt den Rücken zu kehren.

Jedenfalls hatte Antonius den Stein ins Rollen gebracht. So wie er wollten jetzt viele sein. So sollen sich Hunderte und Tausende von Anhängern um seine Eremitage am Berg Kolzim eingefunden haben, um dort einen ähnlichen Lebensstil zu praktizieren und als sogenannte Anachoreten in losen Gemeinschaften, aber getrennt voneinander zu leben. Da diese Lebensweise allerdings äußerste Disziplin und Willensstärke verlangte und zumal junge, unerfahrene Eremiten häufig überforderte, bildete sich bald noch eine weitere asketische Lebensform heraus: das Koinobitentum, bei dem sich eine Anzahl Mönche unter dem schützenden Dach eines Klosters zu gemeinsamem Leben unter einheitlicher Leitung vereinigte.

Die erste Klostergründung im Jahre 325 geht auf den ägyptischen Mönch Pachomius zurück. Anders als Antonius hatte dieser ägyptische Heilige nicht nur Dämonen, sondern auch viele Engel in seinem Bekanntenkreis, mit denen er oft und gern Zwiesprache hielt. Die erste Klosterregel soll ihm persönlich von einem Engel auf einer Tafel überreicht worden sein. Entsprechend ist von der »Engelsregel« die Rede. Es muss wohl ein sehr strenger Engel gewesen sein, der Pachomius beriet, denn selbst Prügelstrafen waren in seinen Klöstern nicht unüblich.

Antonius und Pachomius waren die Initiatoren der mönchischen Bewegung, die von nun an die ganze Christenheit erfassen sollte. Die neutestamentlichen Schriften kennen zwar eine Reihe von Empfehlungen, die asketisch gedeutet werden können, eine Aufforderung zum mönchischen Leben lässt sich ihnen jedoch nicht entnehmen. Indessen hatten Gnosis, neuplatonische und pythagoreische Philosophie sowie orphische und kynische Wanderprediger den asketischen Geist längst von Osten nach Westen verpflanzt und in die Länder Europas und Afrikas exportiert. Hier hatte er sich rasch mit dem aufkommenden Christentum verbunden und bildete von nun an mit diesem eine untrennbare Einheit.

In der Literatur der Kategorie »Erbauung, Spiritualität, Besinnliches« häufen sich derzeit Bücher zu unserem Thema. Schon die ockerfarbenen Sanddünen auf dem Cover deuten an, dass sie »Weisung« aus der Wüste enthalten. Die Autoren haben ein »tiefes Anliegen«: Worte und Aussprüche der Wüstenväter sollen dem stressgeplagten Menschen der Gegenwart nahegebracht werden. Die Wüstenväter werden als Therapeuten und »Dialogpartner für Führungskräfte« vorgestellt.[64] Und doch erhalten wir in diesen Büchern oft ein sehr verklärtes und romantisiertes Bild vom Leben dieser Männer. Viel ist von der spirituellen Wucht der Wüste, von Kontemplation und innerer Wahrheit, von Stille und Achtsamkeit die Rede. Dabei drängt sich unwillkürlich das Bild eines modernen »Spiritual Retreat Centers« auf: Unter dem Hintern hat man eine Airex-Matte und das obligatorische Meditationskissen, in der Nase den Duft von Räucherstäbchen oder eines Deos, das sanft den Achselhöhlen des Nebenmannes bzw. der Nebenfrau entströmt. So clean wie heute ging es damals nicht zu. Es wurde schon erwähnt, dass sich die Askese des Antonius und einiger seiner Anhänger nicht nur auf Essen und Trinken, sondern auch auf das Wasser für die tägliche Reinigung bezog. Auf Antonius soll auch das Gebot zurückgehen, dass Mönche sich den Tieren gleich zu halten hätten. Tatsächlich kennt der Syrer Ephraem Eremiten, die wie die Hirsche mit den wilden Tieren weideten.[65]

Dem Religionsgeschichtler fallen an dieser Stelle die indischen »Nacktweisen«, Gymnosophisten, ein, auch die Erinnerung an die »Hundeheiligen« drängt sich unwillkürlich auf. Wie auch immer, ob ungewaschen oder nackend, ob Hirsch oder Hund, wir dürfen sicher sein: In der Gegenwart dieser weisen Männer und Frauen hat es nicht nur gerochen, sondern infernalisch gestunken. Säßen wir ihnen heute Aug' in Aug' gegenüber, hätten wir vermutlich große Mühe, uns auf ihre goldenen Worte zu konzentrieren. Gut, dass wir ihre weisen Aussprüche in schön gebundenen, nach frisch bedrucktem Papier duftenden Geschenkausgaben lesen können!

Eine sonderliche Form der frühchristlichen Entsagungskunst wurde von den sogenannten Styliten, den Säulenheiligen, entwickelt. Als weithin glänzendes Zwiegestirn erstrahlten seit dem 4./5. Jahrhundert die Namen der beiden Simeons am christlichen

Asketenhimmel: Simeon der Ältere und Simeon der Jüngere. Die Namensähnlichkeit der beiden Personen ist unbeabsichtigt und rein zufällig. Ein Verwandtschaftsverhältnis, an das man denken könnte (Simeon & Sohn), existiert also nicht. Auch wenn die beiden auf manchen Ikonen mitunter gleichzeitig dargestellt sind, bleibt festzuhalten: Simeon der Ältere lebte zwischen 389 – 459, Simeon der Jüngere dagegen 521 – 592 n. Chr. Was sie außer ihrem Namen miteinander verband, war die Leidenschaft für Säulen, die eigentlich eine Leidenschaft für Gott war, dem man mit ihrer Hilfe so nahe wie möglich kommen wollte. Zu diesem Zweck verbrachten sie Monate, Jahre, ja, das ganze Leben auf dem Kapitell ihrer Säulen, an deren Fuß sich bald eine ehrfürchtige Schar von Pilgern versammelte. Deren Zahl ging, wenn es hoch kam, in die Tausende. Die drei Meter hohe Säule Simeons des Älteren musste nach einiger Zeit mit Hilfe der kaiserlichen Bauleute auf 18 Meter erhöht werden, weil der Andrang der Pilger zu groß geworden war. Zu groß auch die Gefahr, dass der Heilige, weil Souvenirjäger und Reliquiensammler damit begonnen hatten, Stücke seines Fells abzuschneiden, irgendwann nackt dagestanden hätte.

Der Arbeitstag des Säulenheiligen bestand in erster Linie aus einem mit ausgestreckten Armen (Orantenhaltung) verrichteten Gebet und verlief, trotz einiger überlieferter Massenheilungswunder, recht unspektakulär. Obwohl ein Geländer vor der Gefahr des Absturzes schützen sollte, passierte es immer wieder, dass der eine oder andere Säulenheilige vom Sündenschlaf übermannt wurde und in die Tiefe stürzte.

Eine Art Mozart unter den Säulenstehern war der jüngere Simeon. Seine Steherqualitäten sollen sich schon im frühen Knabenalter gezeigt haben: Seine erste Säule hatte er mit sechs, nach anderer Überlieferung mit sieben, wie auch immer, sechs oder sieben, offenbar gerade noch so jung, dass er seine Milchzähne während des Stehens auf der Säule verlor.

Mit zunehmendem Alter wuchs auch der asketische Ehrgeiz und die Höhe der Säulen, die sich Simeon als luftigen Aufenthaltsort seines Gottesdienstes gewählt hatte. Wir denken unwillkürlich an einen Bergsteiger, der nach erfolgreicher Besteigung eines Siebentausenders schon mit einem Achttausender liebäugelt. »Er wünscht zum Himmel zu fliegen«, so sagte man schon vom ersten Simeon, »und sich vom irdischen Getriebe zu lösen.«[66] Auch der zweite Simeon stand in seinem Leben noch auf vielen weiteren Säulen, eine immer höher als die andere, bis er endlich keines irdischen Haltes mehr bedurfte, um ganz oben zu sein, dort, wo es ihn schon sein ganzes Leben unwiderstehlich hingezogen hatte.

Das von den Wüstenvätern hinterlassene geistliche Erbe besteht in einer eindrucksvollen Sammlung von Sentenzen und Aussprüchen, den sogenannten »Apophthegmata Patrum« (»Sprüche der Väter«). Angesichts der Fülle an überlieferten Logien fällt eine Auswahl aus der Sammlung der »Vätersprüche«, die das Charakteristische dieser Art von Spiritualität trifft, nicht ganz leicht. Vermutlich ist es aber vor allem ihre unkonventionelle, undogmatische Frische, die den Leser bis heute fasziniert: »Suche Gott, aber frage nicht, wo er wohnt«, heißt es in einem der überlieferten Sprüche. Ein paradoxer, an die Koans zenbuddhistischer Mönche erinnernder Humor offenbart sich in dem folgenden Spruch: »Ein Bruder mit Namen Serapion besaß nichts außer dem Evangelium. Aber auch das hatte er verkauft, um die Armen zu speisen. Seine Worte sind es wert, dass sie in Erinnerung bleiben: ›Ich habe sogar das Wort verkauft, welches mir gebot: Verkauft alles und gebt es den Armen‹.« Bei dem nächsten Ausspruch könnte der Autor bereits die leere Betriebsamkeit so mancher durch die Welt hetzenden und jettenden heutigen Geschäftsmänner und -frauen vor Augen gehabt haben: »Wie ein Baum, den man oft verpflanzt, keine Frucht bringt, so kann auch ein Mensch keine Frucht bringen, der bei seinem Tun andauernd hin und her läuft.« »Der Anfang des Heils«, so sagt ein anderes Logion, »besteht darin, dass du dir selbst entgegentrittst«. Vom Kampf gegen sich selber weiß auch der folgende Spruch: »Einmal versammelten sich Brüder bei einem Altvater, und als sie so saßen und Fragen stellten, da freute er sich, und in guter Stimmung sagte er zu ihnen: ›Heute bin ich König; denn ich habe die Herrschaft über die Leidenschaften bekommen.‹« Der Ausspruch schlägt einen Bogen zu den Kynikern und ihrem Ideal des »Königreichs der Kyniker«.[67] Auch das bestand bekanntlich darin, von Begierden frei zu sein.

In den Erzählungen über die Wüstenväter brauchen wir komische Wendungen nicht erst lange zu suchen. Das Komische und das Göttliche sind keine Gegensätze, wie sie selbst am besten wussten. Oft begegnen wir dem Göttlichen gerade dort, wo wir es am wenigsten vermuten. Ein Zen-Meister hätte dazu sicherlich eine Menge zu sagen, sofern er es denn überhaupt wollte – und es nicht vorzöge, uns stattdessen einen Schlag mit seinem Stock zu verpassen.[68]

## Antonius, Buñuel, Flaubert und die Macht der Imagination

Wenn die Geschichten, die uns über die Wüstenväter und -brüder berichtet werden, auch nur halbwegs stimmen – aber wer wollte angesichts so vieler ernster Gottesmänner, die sie uns bezeugen, daran zweifeln? –, ging es jedenfalls recht kurzweilig zu unter dem heißen Wüstenhimmel. An Abwechslung war wahrhaftig kein Mangel. Nachstellungen des Bösen, der Antonius und seine Wüstenbrüder mit immer neuen Einfällen zu überrumpeln versuchte, waren an der Tages- bzw. Nachtordnung. Fast scheint es, als ob Satan nichts mehr aus der Reserve zu locken vermöchte als der entschlossene Wille eines Erdbewohners, der Welt endgültig den Rücken zu kehren. Für den Asketen bedeutet dies, dass er sein ganzes Dasein fortan auf eine Art Kriegszustand, auf eine existenzielle Notstandssituation einzurichten hatte, in der er jederzeit gewärtig sein musste, in eine teuflische Falle zu tappen.

Menschen, die in Familie oder Beruf zu wenig Beachtung erfahren und auf deren Leben die Langeweile wie Mehltau liegt, werden ein solches Szenario, bei dem Himmel und Hölle um ihretwegen in Bewegung gesetzt werden, unter Umständen als durchaus anziehend empfinden. Gewiss, man hatte einen mächtigen Feind, Satan höchstpersönlich, der um seine fette Beute fürchten musste, um die er sich in den sündigen Städten keine Sorgen zu machen brauchte. Für den, der die Bedeutung seiner eigenen Person an der Gefährlichkeit seiner Feinde misst, kann aber gerade darin ein gewisser Reiz liegen. Ein paar Tage im konzentriert geführten Existenzkampf sind prickelnder als ganze Jahre und Jahrzehnte, in denen sich außer Essen, Trinken und dem täglichen Bürogang nichts weiter ereignet. So jedenfalls erzählten es uns die alten Veteranen. Und verstanden sich nicht auch unsere Asketen als eine Art Soldaten in einem Kampf, der nicht allein mit Fleisch und Blut, sondern mit den »Mächtigen und Gewaltigen, nämlich mit dem

Herren der Welt, die in dieser Finsternis herrschen, mit den bösen Geistern unter dem Himmel« geführt wurde? (Eph 6, 12)
Und, seien wir einmal ehrlich, würden nicht auch wir uns durch den enormen Aufwand, der hier betrieben wird, geschmeichelt fühlen? Ganze Heere von quäkenden, quiekenden, grunzenden Monstern, nie gesehenen Tier-Mensch-Zwitterwesen werden aufgefahren. Und das alles für uns! Immer geht es um Sein oder Nichtsein, Himmel oder Hölle, Leben und Tod. Paradoxerweise dürfen wir trotz des lärmenden Höllenspektakels ziemlich sicher sein, dass uns außer ein paar Blessuren nichts zustoßen wird. Vergessen wir »Dragon Knight Saga«, »Diablo« und andere Computerspiele! Sie sind reine Zeitverschwendung gegen diesen virtuellen Grusel.
Ganz im Ernst. Die völlige Konzentration auf sich und Gott, so wie sie in der Wüste möglich ist, tut dem Menschen gut. Sie schafft einen permanenten Entrückungszustand, den man sonst nur bei Liebespaaren, Menschen also, denen die Welt »abhandengekommen« ist, kennt und der bis zur völligen Preisgabe weltlicher Bindungen führen kann. Etwas von dieser Haltung spiegelt sich auch in dem folgenden Satz aus der Väter-Überlieferung wider: »Solange einer nicht in seinem Herzen spricht: Nur ich und Gott sind in dieser Welt, solange gewinnt er die Stille nicht.«
Das von den Wüstenvätern angestrebte gottmenschliche Idyll wird durch den Spuk der abgefallenen Geister nur scheinbar gestört. In Wahrheit zeigen die überlieferten Versuchungsgeschichten, dass der Einsiedler ein nicht nur von göttlichen, sondern auch von dämonischen Mächten Umworbener ist. Hohe Wertschätzung erfährt er also allemal. Wie banal, könnte man meinen, sind die Bestechungs- und Korruptionsskandälchen heutiger Politiker, Beamter oder Angestellter im öffentlichen Dienst, verglichen mit dem, was Antonius und seinen Wüstenbrüdern widerfuhr. Schon die derzeit gezahlten Bestechungssummen, die für gewöhnlich die Millionen nicht überschreiten, erscheinen lächerlich. In einem

erst kürzlich bekannten Fall vermuteter Vorteilsannahme ging es lediglich um ein paar Kurzurlaube. Man vergleiche das mit dem Aufwand, den der Teufel betrieb, um seine Heiligen vom Pfad der Tugend abzubringen. Man denke an Antonius, dem der Weg in die Wüste mit Gold und Silber zugepflastert wurde, nur um ihn zur Rückkehr zu bewegen. Solche Dimensionen der Korruption, solche Spendabilität sind selten geworden heutzutage!
Wer will, kann in dem ganzen Versuchungstheater natürlich auch ein interessantes Abenteuerspiel sehen, eine Art Tom & Jerry für spirituell und metaphysisch Begabte; solche, denen die Zeit für gewöhnliche säkulare Ablenkungen zu schade ist und die im Ringen um Heiligkeit das ihnen gemäße Tun entdeckt haben. Für den unwahrscheinlichen Fall, dass der Heilige seine Partie verloren hat, wird das Ende der Spielrunde im Allgemeinen durch jähes infernalisches Gelächter angezeigt; wütendes Geschrei, Weinen oder undeutliches Grummeln lassen erkennen, dass Satan und seine dämonischen Helfer diesmal den Kürzeren gezogen haben. Wer im Punkterückstand liegt, darf sicher davon ausgehen, dass gleich am nächsten Tag, wenn die Sonne am Wüstenhorizont aufgeht, oder besser noch, wenn sie wieder untergegangen ist, auf Revanche gespielt wird. Spiel- und Lebenszeit stehen ja schier unbegrenzt zur Verfügung. Nicht nur der Teufel hat, wie man weiß, viel Zeit, auch seine Gegenspieler, die Wüstenväter. Die wenigsten von ihnen starben vor Vollendung ihres 90. Lebensjahrs, 100 und selbst 105 Jahre, wie bei Antonius, waren keine Seltenheit, ja fast schon die Regel.
Zum Thema Erotik nur so viel: Das Angebot an üppigen Weibsbildern, das vom Teufel aufgefahren wurde, um die standhaften Wüstenmänner zu Fall zu bringen, war, wie wir aus den Quellen zuverlässig wissen, imponierend. Für jeden Geschmack und aus jeder Altersgruppe war etwas dabei. Wir kennen das schon aus der Versuchungsgeschichte Buddhas.

Angesichts der Dürftigkeit der antiken Quellen, die vieles nur verschämt andeuten, haben in der Folgezeit Künstler – allesamt natürlich männlich – versucht, ihrem Affen ein wenig Zucker zu geben und die als schmerzlich empfundene Anschauungslücke auszufüllen. Hieronymus Busch, Lucas Cranach, Pieter Breughel, Wilhelm Busch, Max Ernst, Pablo Picasso, Salvatore Dali, Lovis Corinth, Franz von Stuck, Luis Buñuel usw. haben sich viel einfallen lassen, um sich und uns auszumalen, was den heiligen Antonius und seine Brüder einst in Verwirrung gestürzt haben könnte. Brüste, wohlfeil präsentiert, wallende blonde Locken, pralle Hintern und einmal auch eine spitz gestreckte Zunge, die sanft den Bart des Asketen streichelt, sodass ihm Hören und Sehen vergeht. Gewiss, dies alles war, wenn es denn so oder anders stattfand, nicht real, sondern teuflisches Blend- und Gaukelwerk. Doch mit dem Begriff »Realität« haben wir im Zeitalter der virtuellen Revolution ohnehin gelernt, vorsichtig umzugehen. Was sind – um nur daran zu erinnern – die Erzeugnisse der Film- und Entertainsoftware-Industrie anderes als Illusionen, die für bare Münze genommen werden? Und was ist schließlich mit den aufgespritzten Lippen, den gelifteten Gesichtern, den Silikon-Brust-Implantaten, den Gesäß- und Hüftimplantaten usw.? Handelt es sich nicht auch dabei um Illusionen?

Überhaupt sollte die Macht der Imagination nicht geringgeschätzt werden. Wer jemals die faszinierende, ins Mark unserer unbewussten Existenz dringende Magie eines erotischen Traums an sich erfahren hat, wird sich nur ungern an die trübe Wirklichkeit erinnern, die ihn, sagen wir, bei seinem letzten Besuch im Swingerclub umgab, als ihm schon die Suche nach dem Kleingeld vor den Schließfächern des Umkleidebereichs die Stimmung so gründlich verdarb.

Die Versuchungsgeschichten der Wüstenväter sind doch auch und vor allem Abenteuer der Fantasie und einer sich zur Realität verdichtenden, von ihr nicht mehr zu unterscheidenden Imagination, die, wie es scheint, durch nichts stärker stimuliert wird, als durch Entbehrung und Mangel. Gut, am Ende kommt alles darauf an, stark zu sein und die gleißnerischen Bilder an sich abprallen zu lassen. Doch ganz ohne Lust wird es zumindest bei jenen, die schon dem bloßen Zuschauen etwas abgewinnen konnten, kaum zugegangen sein.

Zu den Malern, Regisseuren und Literaten, die sich der Wüstenväter und ihrer Versuchungen annahmen, gehörte auch Luis Buñuel, der von sich selbst sagte, er würde, wenn es möglich sei, »zwei Stunden am Tag dem aktiven Leben nachgehen und den Rest im Traum verbringen«.[69] In seinem Film »Simón del desierto« (»Simon in der Wüste«) aus dem Jahr 1965 hat sich Buñuel mit dieser Seelenverwandtschaft zwischen Künstler und Heiligem beschäftigt. Was dem Künstler und Regisseur der Traum, waren den Heiligen die Visionen, die Versuchungen, die Wachträume, die sie ganz real erlebten. Das geheime Band, das den Künstler mit den Heiligen verbindet, ist die Fähigkeit zum Imaginieren einer eigenen Welt, hinter der jene Welt, die vom Alltagsmenschen für die »eigentliche« gehalten wird, bedeutungslos wird.

Für den französischen Schriftsteller Gustave Flaubert hatte Antonius eine ähnlich existenzielle Bedeutung wie der Fauststoff für Goethe. Wie diesen begleitete auch Flaubert sein Thema das ganze Leben hindurch. Ein früh entstandener »Ur-Antonius« wurde über mehrere Jahrzehnte hinweg immer wieder überarbeitet. Zur Veröffentlichung seines Romans »La Tentation de Saint Antoine«, zu der ihm Freunde abgeraten hatten, entschloss sich Flaubert erst im Jahre 1874. Obwohl die Mehrzahl der Kritiker das Werk verriss, hielt Flaubert daran fest, mit seiner »Versuchung des Antonius«, so später der deutsche Titel, das wichtigste Werk seines Lebens geschrieben zu haben. Flaubert behauptete von sich: »Ich bin selbst im ›Heiligen Antonius‹ der Antonius gewesen.«[70] Hier haben wir das erstaunliche Phänomen eines säkularen Romanautors, der sich in seiner Arbeit als Schriftsteller mit einem Heiligen identifiziert. Aber die Schnittmenge zwischen Heiligem und Romancier ist natürlich nicht das Bemühen um Heiligung, das man bei Flaubert ganz ausschließen darf, sondern die Idee der Kreation von Möglichkeitsräumen mit Hilfe der Imagination.

Wir können uns einen ungefähren Eindruck vom Sitz im Leben dieser und anderer Äußerungen des Dichters machen, wenn wir es nicht als Indiskretion betrachten, einen kurzen Blick in seine private Korrespondenz zu werfen. Wir werden schnell fündig. In einem seiner Briefe beschreibt Flaubert seine Eindrücke bei einem Spaziergang im Prostituiertenviertel von Kench:

»Ich bin an diesem Ort hin und her spaziert, ihnen allen Geld gebend; ließ mich von ihnen rufen und ansprechen; sie fassten mich beim Arm und wollten mich in ihre Häuser ziehen ... Nun gut, ich habe widerstanden nur wegen des gefassten Entschlusses, um die Melancholie dieses Anblickes zu bewahren und zu bewirken, daß er tiefer in mir verbleibe. Es gibt nicht Schöneres, als diese Frauen, die dich rufen. Wenn ich nachgegeben hätte, wäre ein anderes Bild darüber gekommen und hätte den Glanz davon abgeschwächt.«[71]

Es ist ein ebenso frivoler wie keuscher Reiz, den Flaubert hier auszukosten scheint. Zu ihm gehört die fiebrige Erregung, die ihn bei Anblick und Berührung der sich prostituierenden Straßenweiber erfasst und ihn wollüstige Möglichkeiten imaginieren lassen. Aber auch der ganz bewusst ausgekostete Entschluss, ihnen zu entsagen und damit zugleich den vegetativ verströmenden Kräften im Inneren nicht nachzugeben. Eine Gratwanderung, bei der Flaubert und mit ihm sicherlich viele andere, bisweilen die Balance verloren.

Alle sich feilbietenden Möglichkeiten beim Schopfe zu packen, um sie bis zur Hefe auszukosten, wäre ordinär, bedeutete das Ende der Kreativität und führte letztlich zur Metastasierung des Personenkerns. Ihnen zu wiederstehen, keusches »Sichbewahren« ist nicht nur Berufung des Heiligen, sondern bisweilen auch des Künstlers, der sich seine Kreativität erhalten will. Wie es, nebenbei gesagt, das Geheimnis eines gelungenen Flirts ausmacht, ihn mit sanftem Nachdruck zur rechten Zeit zu beenden. Die Lust des Heiligen und Asketen, und mitunter auch des Künstlers, besteht darin, alle Möglichkeiten zu imaginieren – und ihnen zu widerstehen. Es ist an der Zeit, die goldenen Worte Emile Ciorans zu zitieren: »Widersetzen wir uns unseren Begierden: dann werden unsere Organe aufglühen, unsere Materie wird in Brand geraten. Jeder, der seinen Hunger stillt, ist geistig erledigt.«[72]

# 6. DIE LAST MIT DEM LUSTVERZICHT

## Intime Bekenntnisse eines Kirchenvaters – Augustin

Wahrscheinlich würde sich außer Theologen, Kirchenleuten und ein paar Altphilologen oder Historikern niemand für die Person hinter dem opulenten Schriftenkonvolut, der im Namen des Augustinus überliefert wurde, interessieren. Die trockene Luft theologischer Abstraktionen, dogmatischer Distinktionen und exegetischer Spitzfindigkeiten weht uns aus der literarischen Hinterlassenschaft des Mannes entgegen, der es zum einflussreichsten Kirchenlehrer des christlichen Abendlandes brachte. Kann man sich unter dem Autoren von Werken wie »De trinitate«, »De doctrina christiana« oder den antimanichäischen, antidonatistischen, antipelagianischen Schriften etwas anderes als einen blutlosen, schmalbrüstigen Kirchengelehrten vorstellen?

Nun ragt allerdings unter der imposanten Anzahl lateinischer Folianten, in denen wir persönliche Handschrift oder individuelles Profil vergebens suchen, ein Werk hervor, das so ganz anders ist, geschrieben nicht mit mönchischer Tinte, sondern mit menschlichem Herzblut, wie es scheint. In ihm begegnen wir einem außergewöhnlichen Autoren mit einer außergewöhnlichen Lebensgeschichte, die er weitläufig vor sich, dem Leser und vor Gott ausbreitet. Das eine, zumal für antike Verhältnisse, befremdlicher als das andere. Denn Schriftsteller, die sich ihre Lebensgeschichte selbst erzählten, hatte es bis dahin so nicht gegeben. Sowenig wie solche, die es vor einer breiten Öffentlichkeit taten, noch dazu im Zenit ihres Lebens, das ja auch nach der Veröffentlichung intimer Geständnisse noch irgendwie weitergehen musste.

Dank der geschickten Mischung aus Sinn und Sinnlichkeit sind die »Confessiones« schnell zum Renner geistlicher Erbauungsschriftstellerei geworden, und sie sind es auch heute noch. Leser übernehmen gerne die Rolle von Beichtvätern. Das Feld der Sünde ist weit, und man kann ein Leben lang dazulernen. Durch die dichten Satzkolonnen dringt die bebende Stimme des geständigen Sünders wie durch die Gitter eines Beichtstuhls. Und der Leser spitzt die Ohren.

Der Autor holt weit aus, denn der Brunnen der Vergangenheit ist tief. Bereits die frühe Kindheit ist nicht frei von Sünde, und eine Ammenmär ist die Rede von kindlicher Unschuld. Denn schon früh vergällt der neidische Blick des Milchbruders den unbeschwerten Genuss der Muttermilch. Von nun an setzt sie sich immer weiter fort und fort – die Sünde. Als Hang zum Spiel und als Leidenschaft für das Theater verleidet sie Schule und Studium, bis sie sich am Ende endlich der aufkeimenden Sexualität des Sechzehnjährigen bemächtigt. Die Erinnerung an die Erfahrung in einem öffentlichen Bad, das Augustin zusammen mit seinem Vater besucht, bleibt prägend und lebt traumatisch im Gedächtnis fort. Damals hatte der Vater an dem erigierten Glied seines Sohnes erstmals die »Zeichen der Mannbarkeit« erkannt. Beflügelt von der Hoffnung auf Nachkommenschaft geriet er darüber in einen Freudentaumel.

Für Augustinus stellt sich die Pubertät aus späterer Sicht nüchterner dar: als Anfang einer langen Leidensgeschichte mit schier endlosen Irrungen und Wirrungen, die ihn nicht nur von sich selbst, sondern auch von Gott entfremdeten. Denn nun gibt es kein Halten mehr. Die Begierde, sich an den »niedrigsten Genüssen« zu sättigen, lässt den jungen Mann so verwildern, dass er sich in der retrospektiven Betrachtung wie eine gottferne »Eiterbeule« in einer Waschküche der Lüste vorkommt. Spätestens ab dem dritten Buch der Confessionen ist klar, dass der Autor neben seinem geistigen Ringen um Erkenntnis, das ihn mit taumelnder Vernunft von einem zum andern Bildungserlebnis und schließlich in die

Arme der gnostischen Manichäer treibt, ein ernsthaftes Problem hat: eine stark ausgeprägte Sinnlichkeit, die bisweilen Formen sexueller Besessenheit mit Suchtcharakter annimmt und dazu angetan ist, seine Persönlichkeit in einem gefährlichen inneren Zwiespalt zu zerreißen. In diesem sich mehr und mehr zuspitzenden Konflikt zwischen willigem Geist und schwachem Fleisch kommt es schließlich, wie es in solchen Fällen kommen muss, zur Krankheit und Krise.

Auf dem Höhepunkt trifft ein biblischer Orakelspruch, der nach Art des sogenannten Bibelstechens (zufälliges »Aufschlagen«, »Däumeln«) ermittelt wird, ins Schwarze der maroden augustinischen Existenz: »Nicht in Fressen und Saufen«, so die lutherische Übersetzung, »nicht in Unzucht und Ausschweifung, nicht in Hader und Eifersucht; sondern zieht an den Herrn Jesus Christus und sorgt für den Leib nicht so, dass ihr den Begierden verfallt.«[73]

Die sogenannte Bekehrung des Augustinus erweist sich bei näherem Hinsehen als eine reine Willensentscheidung, die in gewisser Hinsicht an Erfahrungsberichte ehemaliger Alkoholiker erinnert. Wie der vor dem Abgrund seiner Existenz stehende und vor die Wahl von Sein oder Nichtsein gestellte Alkoholkranke sich irgendwann ernstlich dazu durchringt, fortan jeden Tropfen zu meiden, so der Kirchenvater im Hinblick auf den ihn bedrängenden Sexus. Schluss damit! Der grundsätzliche Verzicht auf jede Form von Sexualität, wie er in der zölibatären Existenz zu Tage tritt, soll alle Probleme lösen und den unerträglichen seelischen Zwiespalt, unter dem die Person zu zerreißen droht, endgültig beseitigen. Die mit dem zölibatären Entschluss einhergehende Bekehrung zum Christentum ist in Wahrheit eine radikale Absage an die als Erzübel erkannte Sexualität. Sie enthält zugleich das Eingeständnis, sein Leben künftig nicht mehr ohne das von der Kirche als Ersatz für den schmerzlichen Verzicht angebotenen Methadon, die geistlichen Substitute also, in den Griff zu bekommen. Parallelen zu den christlichen Blaukreuzlern und Wiedergeborenen, wo der Heilige Geist an die Stelle des Weingeistes tritt oder die verhängnisvolle Sucht durch das Anzetteln heiliger Kriege kompensiert wird, kommen in den Sinn. Jedenfalls bot das katholische Kirchenchristentum seiner Zeit dem sich und den Tücken seiner Triebseele ausgelieferten jungen Augustinus offenbar genau den Halt, den er benötigte, um nicht vollends im Sumpf seiner manischen Fixierung auf den Sexus zu versinken. Doch wie Alkoholiker, die ihrer Sucht erfolgreich entkamen, weiterhin, wenn auch auf ganz andere, d. h. negative Weise, lebenslang auf ihr Thema fixiert bleiben und sich oftmals zu fanatischen Prohibitionisten entwickeln, so konnte auch Augustin nur schwer von seiner Obsession lassen. Als Projektionsfläche für »Zwei-Minuten-Hass« holt sie der Kirchenvater immer wieder hervor. Da die eigenen deprimierenden Erfahrungen auf die Sexualität als solche übertragen werden, ergibt sich aus der verzerrten Perspektive ein heillos schiefes Bild, das nicht erst von modernen Kritikern der katholischen Sexualmoral, sondern schon von christlichen Zeitgenossen kritisiert wurde.

In seiner Schrift »Über die Ehe und die Begierde« verteidigt sich der Kirchenvater gegen Vorwürfe, die sein Gegner, der Bischof Julian von Aeclanum, gegen ihn erhoben hatte. Augustin, so dieser, halte – wie schon seine ehemaligen Freunde, die Manichäer – die menschliche Sexualität für ein Übel und die Ehe für eine Einrichtung des Satans. Dass in der Tat ein solcher Eindruck entstehen konnte, lässt sich nicht bestreiten. Auch der andere gegen Augustin erhobene Vorwurf, er würde in der sexuellen Begierde ausschließlich ein Übel sehen, ohne zu berücksichtigen, dass sie die von Gott selbst gestiftete schöpferische Antriebskraft für die notwendige Erzeugung der Nachkommenschaft sei, ist nicht von der Hand zu weisen. Insofern lag der Verdacht einer geistigen Verwandtschaft mit dem gnostischen Manichäismus durchaus nahe.

Während die Abwertung der Sexualität allerdings dort durch die Unterscheidung von Schöpfer- und Erlösergott, d. h. ohne Abwertung der göttlichen Majestät, vorgenommen werden konnte, musste sich Augustin den Vorwurf gefallen lassen, er verlästere den göttlichen Schöpfer.

Augustins Replik auf die von Julian vorgetragene Kritik besteht zunächst in einem grundsätzlichen Bekenntnis zur Ehe und Fortpflanzung – und damit in einer deutlichen Abgrenzung von den Gnostikern. Auch die ihm vorgeworfene Engführung der Begriffe »libido« und »concupiscentia« auf das sexuelle Begehren weist Augustinus von sich. Es gebe daneben auch noch eine Reihe anderer sinnlicher Genüsse wie z. B. Essen und Trinken.

Interessanterweise ist diese an sich sehr begrüßenswerte Öffnung des Begriffs schon ein paar Sätze weiter wieder vergessen, sodass der Kirchenvater, der sich in seiner Fixierung auf die Sexualität treu bleibt, wieder nur an das sexuelle Begehren denkt, wenn er von der »concupiscentia« spricht. Nun wird auch klar, worin für ihn der eigentliche Stein des Anstoßes liegt. Es ist die Tatsache, dass in den »Gliedern« – und Augustin denkt dabei im Wesentlichen nur an das eine – ein »anderes Gesetz« herrscht und dass sie, wie die unfreiwillige Erektion des Mannes zeigt, sich nicht der Kontrolle des Willens unterordnen. Für einen Willensmenschen wie Augustin musste darin die tiefste vorstellbare Demütigung liegen.

Wenn die Ur-Sünde darin liegt, dass die Glieder dem Menschen ihren Dienst versagen, ohne sich dem göttlichen Willen unterzuordnen, so kann der Idealzustand wohl nur darin bestehen, dass der Mensch über sie Verfügungsgewalt besitzt. Folgerichtig malt sich der Kirchenvater den Zustand im Paradies vor dem Sündenfall auch so aus, dass Adam über sein Sexualorgan die volle Kontrolle besaß und der Geschlechtsverkehr mit Eva gleichsam geräuschlos über die Bühne ging, ohne die unreine Glut ungeordneter Leidenschaft und allein zum Zweck der Erzeugung von

Nachkommen. Mit der gleichen »ruhigen Selbstverständlichkeit«, mit der der Bauer seinen Weizen in die Erde streut, soll auch Adam mit Eva Kinder gezeugt haben.

Das augustinische Ideal ging, wie man weiß, in die katholische Sexualmoral ein. Die Ausübung des Geschlechtsaktes in »ruhiger Selbstverständlichkeit«, wenn möglich unter der Bettdecke und einem goldgerahmten Farbdruck der segnenden Gottesmutter, war lange Zeit katholischer Standard. Die Gedanken der Beteiligten sollen sich dabei, so sagt man, ausschließlich auf die Erzeugung von Nachkommenschaft gerichtet haben. Jeder Anflug von Lustgefühl wurde für die nächste Beichte vorgemerkt.

Überflüssig zu erwähnen, dass an diesem Ideal etwas nicht stimmt. Für den sexuellen »Normalverbraucher« sind die theologischen Wahnbilder des Kirchenvaters ohne jede Relevanz. Ihre Bedeutung beschränkt sich im Wesentlichen auf einen engen Kreis von Sexualneurotikern. Dass dieser angesichts des fortschreitenden Zerfalls der Sexualmoral in den westlichen Ländern und einer akut um sich greifenden Pornografisierung von Tag zu Tag wächst, ist allerdings auch wahr. Aber das ist ein anderes Thema, auf das wir noch zurückkommen. Hier geht es nur darum festzustellen, welche wunderlichen theologischen Karikaturen entstehen können, wenn seelische Krankheit sich auf das Feld der Dogmatik verirrt.

Noch erstaunlicher ist allerdings, dass derart bedenkliche theologische und sexualmoralische Vorstellungen von der Nachwelt über Jahrhunderte in den Rang eines offiziellen Paradigmas erhoben werden konnten. In etwas abgeschwächt augustinischem Sinne sagt der Codex Iuris Canonici über die Ehe: »Der Hauptzweck ist das Erzeugen und die Erziehung von Nachkommenschaft. Nebenzweck ist die gegenseitige Hilfeleistung und Heilmittel des Geschlechtstriebes zu sein.«[74]

Doch zurück zu den »Bekenntnissen«.

Obwohl sich Augustinus nach langen Kämpfen inzwischen zu einem zölibatären Leben durchgerungen hat, ficht ihn die Fleischeslust immer wieder an. Vor allem in den unbewussten Momenten, wo er dem Schlaf und den Träumen hingegeben ist, erweckt doch der Schlaf all jene sinnlichen Bilder, die das Bewusstsein am Tage verdrängte. Nun klopfen sie nächtens an das Tor, um die träumerische Fantasie und mit ihr den Körper zu Dingen zu stimulieren, die bei wachem Bewusstsein nie und nimmer geschehen dürften. Da sich aber das Bewusstsein des aus seinem Schlaf erwachten Träumers, der die nächtlichen Vorkommnisse noch einmal bei vernünftiger Überlegung im Tageslicht betrachtet, letztlich doch irgendwie unschuldig weiß, findet es schnell wieder sein inneres Gleichgewicht zurück.

Nicht nur die nächtlichen Traumbilder, auch Hunger und Durst werden von Augustin zu den Fleischeslüsten gezählt. Durch Fasten führt er einen inneren Dschihad gegen seinen Körper (»bellum gero« = »ich führe Krieg«).[75] Da ein völliger Verzicht nicht möglich ist, sollten Speisen und Getränke wenigstens ohne Lustgefühl wie »Arzneien«, um der Gesundheit willen, zu sich genommen werden. In der Realität erweist sich das jedoch als unmöglich, weil sich bei der Befriedigung des Nahrungsbedürfnisses unwillkürlich ein Lustgefühl einstellt.

Nach der Beschäftigung mit den Versuchungen des Hungers und Durstes setzt Augustin seine Introspektion mit einer Betrachtung des Geruchssinns gewissenhaft fort. Von allen Versuchungen ist die der schönen Düfte für ihn am schwächsten (das betörende Odeur d'amour eines Moschus-Parfums war dem Kirchenvater wohl noch unbekannt). Anders dagegen verhält es sich mit der Ohrenlust, dem musikalischen Wohlklang, dem Augustin, zumal dort wo er in den Gottesdienst Eingang gefunden hat, wegen seiner erhebenden Wirkung nur schwer widerstehen kann. Die Frage, die ihn beschäftigt, lautet: Gilt das Wohlgefallen dem Inhalt,

d. h. dem Gesungenen – oder dem Gesang? Im ersten Fall wäre es wohl erlaubt, da es ja Gott selbst gilt. Im zweiten käme wieder einmal die sinnliche Lust ins Spiel, und die wäre natürlich zu verurteilen. Doch wer mag hier entscheiden?

Die beiden nächsten Abschnitte einer »Psychologie des Begehrens« sind dem Thema Augenlust und Neugier gewidmet. Auch für die Augen gilt der Grundsatz, dass die Seele sich nicht durch äußere Schönheit, sondern durch Gott, der alle schönen Dinge »sehr gut« geschaffen hat, fesseln lassen soll. Nicht das irdische Licht, das mit verlockender und gefährlicher Süßigkeit den blinden Liebhabern der Welt das Leben würzt, sondern das mit dem unsichtbaren Auge des Geistes wahrgenommene himmlische Licht soll uns leiten.

Wer mit der Überzeugung Augustins, dass es auf dem Gebiet der Lust nur ein Entweder-oder gibt und dass jede irdische Lust eine Ablenkung von der wahren, der himmlischen Lust sei, nichts anfangen kann, wird dessen Ausführungen allenfalls als aufschlussreiches Material zur Bestimmung eines schweren pathologischen Befundes gelten lassen wollen. Den rigorosen lust- und sexualfeindlichen Auslassungen des Kirchenmannes ist es zu verdanken, dass der Name Augustin in der Rangliste der unbeliebtesten Kirchenmänner seit Jahrzehnten konkurrenzlos den Spitzenplatz belegt. Der Chor der modernen Kritiker ist unüberschaubar groß. Als Folge der sogenannten »sexuellen Revolution« hat auf dem Gebiet der Sexualmoral in den westlichen Industrieländern ein Paradigmenwechsel stattgefunden, der kontrastreicher nicht sein könnte. Die Bejahung der sexuellen Lust in all ihren Facetten ist inzwischen weithin akzeptiert. Die traditionelle, vornehmlich auf Augustin basierende kirchliche Sexualmoral gilt bestenfalls als »verstaubt«, schlimmstenfalls als repressiv und inhuman. Als Vater aller Lustfeindlichkeit fällt das Image des Augustins dementsprechend schlecht aus.

Zu dessen Entlastung wird man allerdings nicht umhinkönnen, auf den Einfluss des spätantiken Zeitgeistes hinzuweisen. Klar ist, dass es das naiv als Antibild gegen die christliche Leibfeindlichkeit beschworene Ideal einer sinnenfrohen heidnischen Antike nie gegeben hat. Im Gegenteil wird man sagen müssen, dass die frühen Kirchenväter für ihre Sexualaskese nirgendwo bessere Lehrmeister fanden als unter gewissen »heidnischen« Philosophen. Wer die jahrhundertelange Tradition christlicher Leibfeindlichkeit kritisiert, sollte sich als »Humanist« dafür nicht auf eine Antike berufen, die das Christentum darin oftmals noch um ein Vielfaches übertraf. Aber warum überhaupt kritisieren? Haben wir das nicht lange genug getan? Wäre nicht angesichts unserer heutigen Situation, der zunehmenden Pornografisierung unserer Gesellschaft, die viele Menschen nicht befreiter, sondern nur abhängiger gemacht hat, eher Grund zur Nachdenklichkeit und selbstkritischen Überprüfung angezeigt? Das ist keine Verteidigung Augustins. Aber das hohe Lied der Emanzipation von religiösen Traditionen und deren angeblich völlig überholter Sexualmoral will uns heute einfach nicht mehr so recht über die Lippen gehen.

Wir verlassen den Kirchenvater mit gemischten Gefühlen und wenden uns aus gegebenem Anlass noch einmal jener Lust zu, die bei Augustin für unseren Geschmack noch ein wenig zu kurz kam und die wir inzwischen wieder aus den Augen verloren haben, der Augenlust.

## Ganz Auge – Gaffen – Augenlust

Sich mit ihr näher zu beschäftigen, scheint schon deswegen angeraten, weil sich die Situation in den letzten Jahren wesentlich verschärft hat. Wir sind heute von einer inflationären Bilderflut umgeben. Unsere Welt ist mit Bildern so vollgepflastert, dass unsere Augen nicht mehr zur Ruhe kommen. Manchem ist das des Guten zu viel. Zuviel der Augenlust, Schaulust, Augenwonne, Augenfreude, Augenschmaus, Augenweide ... Zumal sensible Voyeure, die sich früher noch mit einem oder zwei ausgewählten Bildchen pro Tag begnügt hatten, überkommt angesichts des Bilder-Tsunamis, der sich seit einiger Zeit aus den Medien auf die Netzhaut ergießt, nicht selten Panik. Viele werden in die seelische Krise und nicht wenige in die Hände von Seelenärzten getrieben. Sie trauen sich nicht wegzugucken, weil sie nicht wissen, wohin sie noch schauen sollen und ob die Stelle, wo sie hinschauen möchten, um ihren Augentrost und -frieden zu finden, nicht bereits von einem neuen Eyecatcher besetzt ist. Es beginnt die Einsicht zu dämmern, wozu Gott in seinem Kosmos Leerstellen, sprich »dunkle Löcher«, eingebaut haben könnte.

Und doch, wer genau hinsieht – wozu wir an dieser Stelle schon rein thematisch verpflichtet sind –, wird schnell erkennen, dass auch andere Epochen zur Pflege und üppigen Förderung der Augenlust ihr Bestes gegeben haben. Am Ende hat jede Generation wohl ihre je eigenen Versuchungen der Augenlust durchzustehen. Und selbst die religiöse Kunst, mit Ausnahme des bildfeindlichen Judentums und Islams, die sich in dieser Hin-Sicht nichts haben zuschulden kommen lassen, ist immer wieder zum beliebten Tummelfeld augenlustiger Voyeure geworden. Es ist nun einmal das Paradox, zu dem sie als ästhetische Veranstaltung verurteilt zu sein scheint, dass sie die sinnliche Lust der Fleisches- und Augensünde nicht darstellen kann, ohne zugleich dazu zu verleiten. Die Kunstgeschichte liefert Beispiele en masse. Im Neuen Testament faszinierte vor allem die Gestalt der Maria Magdalena, obwohl fast alles, was man später über sie als gefallene und büßende Sünderin zu erzählen wusste, auf legendarischen Zuwächsen beruht. Rubens hat uns an ihr goldenes Haar und ihre Brüste erinnert, die sie beim Niedersinken vor dem auferstandenen Herrn keusch, aber nicht so, dass uns deren üppiges Herabfallen verborgen bliebe, mit ihren Händen bedeckt.[76] Jules Joseph Lefebvre hatte an dem auf roter Haarpracht gebetteten nackten Leib der Büßerin seine Freude, vor einer Höhle, die jedem Auge zur Lusthöhle werden muss. Und die Madeleine des Franzosen Adolphe Lalyre ist genau das, was schon der Name vermuten ließ, ein wie illuminiert wirkender, aprikosenweicher Mädchenkörper, für das ein Modell Renoirs posiert haben könnte.

Doch vor allem das Alte Testament bot den Malern vielfältige Möglichkeiten, die ein wenig trockene religiöse Thematik mit süffiger Erotik zu würzen. Zumal bei der Darstellung von Adam und Eva gaben sich selbst aufgeklärte Künstler immer bibeltreu, fast fundamentalistisch, indem sie das erste Menschenpaar genau so schamlos nackt darstellten, wie der Text es fordert. Mit Lot und seinen Töchtern gelang es begabteren Künstlern, ihren Betrachtern selbst anrüchigen Inzest schmackhaft zu machen. Vor dem Bild der Batseba des niederländischen Malers Willem Drost werden sich auch die frömmsten Betrachter am wenigsten für den Inhalt des Briefchens in ihrer Hand interessieren, zumal dieser ganz verschattet ist, sondern lieber ein wenig den Gefühlen von König David nachsinnen, die dieser beim Anblick der aus dem Dunkel heraustretenden Schönen mit dem plastisch modellierten Oberkörper und den schweren, festen Brüsten empfunden haben mochte. Ebenso gibt die Batseba des Franzosen Gérôme, die ihren entblößten Leib in den abendlichen Himmel Jerusalems emporreckt, wenig Anlass, über etwas anderes als über ihre prächtige Rückenansicht zu meditieren. Eine schöne Zwillingsschwester der

Batseba war die Susanna im Bade, die, ungeachtet der Tatsache, dass ihre Geschichte gar nicht im Alten Testament, sondern nur in den sogenannten Apokryphen erzählt wurde, ein ebenso beliebtes Motiv religiöser Malerei darstellte und von Lotto über Rembrandt bis hin zu Corinth häufig auf Bildern gezeigt wurde. Nur Rembrandts Susanna, ein sich verängstigt wegduckendes, bauchiges junges Ding, bleibt recht unscheinbar. Dagegen hatte sein älterer Kollege, der Manierist Cornelis Cornelisz van Haarlem, nur wenig Scheu, den sich schlangengleich aus den Händen der Alten windenden nackten Frauenleib so darzustellen, dass die Motive der männlichen Usurpation dem Betrachter einigermaßen plausibel werden. Und was all die Susannas eines Rubens, von Stuck oder Corinth betrifft: Wer könnte sie betrachten, ohne dabei zugleich demselben Voyeurismus zu huldigen wie die beiden geilen Alten, deren kahler Schädel auf vielen Bildern über die Mauer oder durch den Vorhang lugt?
Paradoxien überall! Wer sich für eine musikalische Verurteilung der Augen- und Fleischeslust interessiert, sei auf eine Arie aus Bachs Kantate »Gott soll allein mein Herze haben«, BWV 169, verwiesen:

> *»Stirb in mir,*
> *Welt und alle deine Liebe,*
> *Dass die Brust*
> *Sich auf Erden für und für*
> *In der Liebe Gottes übe;*
> *Stirb in mir,*
> *Hoffart, Reichtum, Augenlust,*
> *Ihr verworfnen Fleischestriebe!«*

Der Hörer sei jedoch gewarnt. Die Arie, zumal in der Fassung mit Maureen Forrester, ist eine der ausschweifendsten Orgien der

Ohrenlust, die Bach je komponierte. Wer diese weich, dunkelhell und honigsüß vom zweigestrichenen E abwärts fließende und wieder in der Kehle versiegende Kantilene mit den »verworfnen Fleischestrieben« jemals gehört hat, ohne ebensolche zu empfinden, ist kein Mensch. Gut, der Musikwissenschaftler Alfred Dürr sprach von einem »Grabgesang für die Lust der Welt« und »von der schwärmerischen Versenkung in die Himmlische Liebe«.[77] Die punktierten drei Achtel sollen eine typische Engelsfigur darstellen. Mag sein. Aber sind nicht auch Engel Menschen – irgendwie? Wesen, die wir an uns drücken, lieben und küssen möchten? Und lehrt uns nicht zumal die betörende Wonne dieses wohllautenden weltlichen Absterbens, dass wir auch die himmlische Liebe nur sinnlich, in diesem Fall mit unseren Ohren, erfahren können – solange jedenfalls, wie wir noch Ohren haben?

»Wohin soll ich gehen vor deinem Geist, und wohin soll ich fliehen vor deinem Angesicht?« (Ps 139, 7) Die Bibel empfiehlt uns im Alten Testament, »den Herrn allezeit vor Augen« zu haben. Aber was soll uns das, wenn sich derselbe Herr gleichzeitig unsichtbar macht und uns bis zum Hals im Sumpf schöner Bilder versinken lässt? Und überhaupt hat die Bibel gut reden. Ist nicht Gott selbst bekennender Voyeur, »der alles sieht«, mit seinem von Strahlenkranz und Dreieck umschlossenen »Auge der Vorsehung«?

Man kann über Voyeure lachen. Aber wer spricht von ihren Leiden? »Als Voyeur bin ich ganz Auge« sagt irgendjemand, der es wissen muss. Der unter kühlen Linden spazierende, nach schönen Mädchen schielende Lessing fügt hinzu: Hier »möcht ich lauter Auge sein«.[78] Aber das ist leicht dahingesagt. Vermutlich nur deswegen, weil Lessing gar kein echter Voyeur war. Möchten wir das wirklich? Ganz Auge sein. Für den echten Voyeur gibt es gar keine Wahl, sondern nur die Qual, es sein zu müssen. Der letzte Wunsch, den er vor dem Einschlafen hat, ist der, seine Augenmuskeln möchten sich endlich wieder entspannen, endlich zur Ruhe kommen. Er bittet um bildlose Träume. Er hat genug von Dichtern wie Goethe und Keller, die nicht wussten, wovon sie sprachen mit ihrem: »Trinkt, o Augen, was die Wimper hält, von dem goldnen Überfluß der Welt!« Er hat genug von den Schmerzen, die das Auge schon bei der bloßen Ahnung von etwas, was sein könnte, wie Pfeile durchbohren, genug von der Angst, gleich möchten sie ihm aus dem Kopf fallen – und alle würden es sehen. Er hat sich ja nicht dafür entschieden, Voyeur zu sein. Warum ist er es überhaupt?

Sigmund Freud, für den alles irgendwie mit Sex zu tun haben musste, hat die Ursache, wie nicht anders zu erwarten, genau dort gesucht. In seiner Abhandlung über die sexuellen Abirrungen lässt er nur solche Formen des Voyeurismus als normal gelten, die sich des Schauens als reizsteigerndes Mittel bedienen. »Dem Vorfilm« habe, wie Ulrich Holbein richtig bemerkt, alsdann die Tat zu folgen, die Erreichung des »normalen Sexualziels«.[79]

Aber geht es den echten Voyeuren überhaupt um Sex? Oder geht es ihnen, jedenfalls den richtig Kranken unter ihnen, nicht vielmehr nur ums bloße Gucken? Gucken als Selbstzweck, weil das Angeguckte zum Götzen und das Gucken zum Götzendienst geworden sind? Und das wäre dann vielleicht auch der letzte und tiefste Grund für die religiös begründete, entschiedene Ablehnung, die unsere Augenlust zu allen Zeiten erfuhr: dieser Götzendienst, diese Idolatrie.

Judentum und Islam wussten und wissen ganz gut, warum sie sich religiöse Darstellungen jeder Art grundsätzlich verbitten. Nicht dass das Schauen an sich verwerflich wäre, aber es ist diese Gafferei, als wollten die Augen ihren Gegenstand verschlingen, wenn sie denn vor lauter Erstarrung überhaupt dazu kommen. Diese Art von Schauen ist einer anderen Seinssphäre vorbehalten, der »Visio beatifica« vielleicht, von der die Mystiker zu allen Zeiten wussten: »Ihr sollt euch gar vernichten in der Geschaffenheit, geht in das

Ungeschaffne, verliert euch selber gar; allda hat sich ein Gaffen all in das Wesen gar.«

Das Problem bleibt bestehen, vielleicht ist es sogar unlösbar. Kein Tag vergeht, an dem nicht eine kleine Beichte fällig wäre, weil der Blick zu sehr an dem Geschaffenen klebte und nicht so ins »Wesen« ging, es nicht so durchdrang, »überstieg«, wie es doch um Gottes willen sein müsste.

# 7. DIE LUST AM VERZICHT – KATHARER, SIMONE WEIL, FRANZISKUS

## Gnosisdämmerung – Aufstieg und Fall der Katharer

Wir verweilen noch ein wenig bei dem schönen Stichwort »Augenlust«. Von deren verhängnisvollen Konsequenzen weiß auch der folgende Mythos zu berichten, der, wie so viele seiner Art, mit Satan und seinem Neid auf das Lichtreich zu tun hat. Satan soll, so behauptet der Mythos, einst den himmlischen Heerscharen mit fantastischen Schilderungen der irdischen Schätze die Engelsmünder so wässrig gemacht haben, dass diese nicht widerstehen konnten und einen Blick auf ein von ihm in ihre himmlischen Sphären eingeschleustes Weib warfen. Es muss ein besonders schönes Exemplar der Gattung gewesen sein. Jedenfalls geschah es, dass selbst die Engel von zitternder Begierde erfasst wurden und, von irdischer Begehrlichkeit schwer geworden, durch den Himmel plumpsten, der sich damals wie eine gläserne Kuppel über der Erde wölbte. Neun Tage und neun Nächte purzelten die Himmlischen in dichten Schwärmen auf die Erde, bis der Gute Gott die Abtrünnigen durch Schließung des Mauerrisses an weiterer Republikflucht hinderte.

Satan seinerseits tat alles Mögliche, um seine Beute für sich zu behalten, indem er die herabgefallenen Seelen in menschliche Körper einschloss und ihnen auf diese Weise die Erinnerung an ihre frühere Heimat raubte.

Die in unterschiedlichen Variationen überlieferte Geschichte stammt aus dem Mythenschatz der mittelalterlichen Katharer.[80] Die gnostisch dualistische Tönung ist unschwer zu erkennen. Die Erzählung erinnert von Ferne an den Sophia-Mythos und variiert das bekannte Motiv vom Fall der durch eine urzeitliche Katastrophe in die Finsternis der Materie gesunkenen göttlichen Lichtfunken. Auf die Durchmischung von Licht und Finsternis, Geist bzw. Seele und Materie folgt auch bei den Katharern ein Entmischungsprozess, durch den die Seele schließlich aus ihrem leiblich materiellen Gefängnis befreit wird.

Das alles ist bekannt. Das Faszinierende am Phänomen Katharismus ist nicht die Lehre als solche, sondern die Tatsache, dass der gnostische Dualismus im Mittelalter mit ihm noch einmal sein Haupt erhebt und uns ein regelrechtes Déjà-vu-Erlebnis vermittelt. Fast alle Motive, denen wir in den antiken gnostischen Systemen begegneten, finden sich auch hier: die Unterscheidung zweier konkurrierender Gottheiten, der Gute Gott als Herr der unsichtbaren, der Gerechte, der hier zum Bösen oder Satan geworden ist, als Schöpfer der sichtbaren Schöpfung, die Überzeugung, dass der Leib der Kerker der Seele sei, die Erlösung als »Heimholungsprozess«, die Verwerfung des Alten Testaments, die Leugnung der Menschwerdung Christi, die Reinkarnationslehre und eine gestrenge Ethik, die fast ausschließlich auf dem »Prinzip der Weltenthaltung« fußt.

Wie konnte es zu der plötzlichen Ausbreitung der gnostisch-dualistischen Bewegung im Mittelalter kommen? Die Frage setzt voraus, dass die antike Gnosis irgendwann ihr Ende gefunden hätte. In Wahrheit war jedoch das gnostische Feuer nie ganz erloschen, sondern hatte als unter der Asche glimmende Glut immer weiterexistiert.

Das Selbstverständnis der Katharer wird durch den Namen, den sie sich selbst gaben, ausgedrückt: Denn als »pauperes Christi«, d. h. »Arme Christi«, wollten sie sich bewusst von dem Besitzstreben des korrupten katholischen Klerus abgrenzen. Die Bezeichnung »Katharer« scheint auf den Eindruck zurückzugehen, den die mittelalterlichen Dualisten als »Reine« (»katharoi«), aber auch als »wahre Christen«, »gute Menschen«, »Freunde Gottes« usw.

bei der damaligen Bevölkerung machten. Als »Ketzer« sind die »Katharer« in der deutschen Sprache schließlich zum Inbegriff für jegliche Form des Glaubensabfalls geworden.

Doch auch wenn die Vertreter dieser Bewegungen von Kirchenleuten und Theologen immer wieder als Abweichler von der reinen christlichen Ursprungslehre dargestellt wurden und werden, darf man nicht vergessen, dass diese nach eigenem Selbstverständnis von dem vollkommenen Gegenteil überzeugt waren. »Sie behaupten«, so ein mittelalterlicher Berichterstatter, »dass nur bei ihnen die Kirche sei, weil sie allein den Fußspuren Christi folgten und Nachfolger des wahren apostolischen Lebens geblieben seien«.[81] Wie wir inzwischen gesehen haben, bestand diese Überzeugung in historischer Hinsicht vollkommen zu Recht. Das Christentum der frühchristlichen Wanderradikalen und -charismatiker hatte in der Tat wenig mit der Macht- und Prachtentfaltung des mittelalterlichen Katholizismus zu tun und stand den »Häretikern« allein schon deswegen näher als die römische Papstkirche. Dass der Dualismus eine Abweichung von frühchristlichen Glaubensvorstellungen darstellte, wird zwar von den meisten Theologen bis heute behauptet, beruht aber auch nur auf einer Augentäuschung, da es dem römischen Katholizismus schon früh gelungen war, die kanonischen Quellen umzuschreiben und für sich zu vereinnahmen. Die wirklichen »Ketzer« waren und sind, was hier ganz wertneutral festgestellt werden soll, in Wahrheit die Katholiken.

In dogmatischer und ethischer Hinsicht übertrafen die Katharer an Radikalität alles, wozu gnostischer Dualismus sich bisher als fähig erwiesen hatte. Der Demiurg, der von den frühen Gnostikern immerhin noch als »Gerechter« tituliert wurde, ist bei ihnen vollends zum »Bösen« herabgesunken. Da die Materie grundschlecht ist, muss es auch ihr Schöpfer sein. Wie Marcion kennen auch die Katharer eine lange Liste von Antithesen, die den qualitativen Unterschied zwischen dem Guten und Bösen Gott zeigen sollen. Die

Schandtaten des Bösen sind in den Schriften des Alten Testaments mit ihren Gräuelgeschichten über den eifersüchtigen, neidischen, launischen, grausamen Gott Israels dokumentiert. Die Wohltaten des Guten entnehmen wir den Evangelien, vor allem aber den Paulusbriefen, die, wie der Apostel selbst, in hohen Ehren gehalten werden. Man schätzte den Apostel als irdische Wohnung des spirituellen Christus höher als den in Bethlehem geborenen und in Jerusalem gekreuzigten Christus der Evangelien, den man für einen »bösen Menschen« hielt.[82]

Weil der ethische Standard bei den mittelalterlichen Gnostikern ganz besonders hoch war und nur von wenigen eingehalten werden konnte, bildete sich auch hier das schon bekannte duale System zweier Menschenklassen. Auf der einen Seite gab es »Perfecti« (sie entsprechen etwa den gnostischen Pneumatikern), d. h. Vollkommene, auf der anderen »Credentes«, also (bloß) Gläubige (die gnostischen »Psychiker«). Zu den Pflichten der »Perfecti« zählte häufiges Fasten und die Befolgung strenger Speisevorschriften. Der Verzehr von Fleisch und anderen Produkten, die in irgendeinem Zusammenhang mit Zeugung und Fortpflanzung standen, wie z. B. Milch, Eier oder Käse, war nicht gestattet. Eine Ausnahme bildeten lediglich die Fische, die als »meerentsprungen« galten. Wie schon bei den Indern, Orphikern und Pythagoreern verstand sich dieses Verbot auch vor dem Hintergrund der Seelenwanderungslehre. Sexualität war im Allgemeinen nicht erlaubt, die Ehe galt als eine Einrichtung des Teufels, weil die Fortpflanzung und Zeugung von Kindern das ganze Elend der Schöpfung nur immer weiter prolongierte.

Die Aufnahme eines Novizen in den Stand der »Perfecti« wurde durch das »Consolamentum« besiegelt. Ein Exorzismus, das Auflegen des Johannesevangeliums auf den Kopf des Novizen sowie die Handauflegung anwesender »Perfecti« sollten die Wiedervereinigung der Seele mit dem himmlischen Geistleib bewirken, der einst beim Erdensturz in der himmlischen Sphäre zurückgelassen worden war. Fortan sollte der »Perfectus« nicht nur sündlos, sondern geradezu unfähig sein, je wieder zu sündigen.

So die Theorie. Da die meisten Anwärter in der Regel noch eine Reihe von Jahren vor sich hatten, wollte der Entschluss, das »Consolamentum« zu empfangen, wohlüberlegt sein. Tatsächlich gab es immer wieder Rückfälle, für die dann die Ursache bei den Spendern des Segens gesucht wurde, weil ein laxer Lebenswandel den Segen angeblich unbrauchbar gemacht habe. Um allen Schwierigkeiten von vornherein aus dem Wege zu gehen, empfahl es sich, das »Consolamentum« erst kurz vor dem Tode zu empfangen. Wenn sich das Sterben wider Erwarten verzögerte, wurde der Tod durch völligen Verzicht auf Nahrungsaufnahme herbeigeführt, was als »Endura« bezeichnet wurde. Die galt als verdienstvoll und sollte das jenseitige Heil sichern. Ursprünglich war damit allerdings nur die einjährige Fasten- und Probezeit vor dem Eintritt in den Stand der »Perfecti« gemeint. Der freiwillige Hungertod der Katharer erinnert an das »Sallekhana« der indischen Radikalasketen, der Jainas. Auch das »Sallekhana« ist ein Hungertod, der im Falle körperlicher Erschöpfung oder unheilbarer Krankheit empfohlen wird und als religiös geheiligt gilt.

Das titanische Aufbäumen des gnostischen Dualismus im Mittelalter war von Anfang an von Endzeitstimmung umweht. Fast unwirklich erscheinen die ersten großen Erfolge, gespenstisch die vorläufigen Triumphe, bis es schließlich so kam, wie es kommen musste. Die katholische Papstkirche hatte die beunruhigende Entwicklung in Südfrankeich wohl schon eine Weile misstrauisch beäugt. 1179 hatte Alexander III. die dualistischen Lehren der Katharer auf dem dritten Laterankonzil erstmals verurteilt. Vorerst bestand die Taktik noch darin, die Häresie mit geistlichen Waffen zu schlagen. Als sich die Häretiker verstockt zeigten und sich durch katholische Prediger, darunter auch der mittelalterliche Goldmund, Bernhard von Clairvaux, nicht eines Besseren belehren lassen wollten, schlug man einfach nur noch zu. Man benutzte die politischen Rivalitäten zwischen dem Norden und Süden Frankreichs und erstickte den häretischen Brand in einem Bad von Blut. Die historischen Einzelheiten der Albigenserkreuzzüge (1209 – 1229) brauchen hier nicht zu interessieren. Mit dem Fall der Festung Montségur (1244) war das Ende des Katharismus im Großen und Ganzen besiegelt. An den verstreuten Resten wurde das soeben von den Dominikanern entwickelte Inquisitionsverfahren in zahlreichen Feldversuchen erprobt und für gut befunden.

In dem apokalyptischen Ringen der beiden unterschiedlichen religiösen und weltanschaulichen Positionen unterlag die Gnosis, und zwar endgültig. Auf den unzähligen Scheiterhaufen, die ihren Geistlichen, Gläubigen und Sympathisanten samt deren Büchern und Schriften bereitet wurden, verbrannte eine ganze Welt. Vorbei war es nun mit der großen Bewegung der Jenseitsreisenden und Weltflüchtigen, die einst von Asien nach Europa übergriff und sich von der Antike bis ins Mittelalter spannte. Vorbei mit dem enthusiastischen Selbstgefühl derer, die eine andere und bessere Welt zu kennen glaubten als jene, die sie das »Paradies der Dummen« nannten.[83] Vorbei mit der Diffamierung von Ehe und Sexualität, vorbei mit den Schmähungen des Schöpfers, dem man noch auf dem Scheiterhaufen einen letzten blasphemischen Fluch entgegenspie. Vorerst vorbei aber auch mit dem Protest gegen eine Kirche, die im Sumpf von Korruption, Luxus und Reichtum versank, die es mit den Mächtigen der Welt hielt und trieb. Vorbei auch mit der glühenden Sehnsucht und der inbrünstigen Verehrung eines Gottes, von dem man nur wusste, dass er rein, heilig und unbefleckt, ausschließlich gut, ausschließlich Liebe und also ganz anders war als all das, was man von dieser Welt kannte. Das Ende der Katharer war auch ein endgültiger Abgesang auf das Konzept weltlicher Totalentsagung und Radikalverweigerung, das nun schon seit Jahrhunderten von vielen Menschen als autoritative religiöse Wahrheit anerkannt, öffentlich und im Geheimen gelehrt und praktiziert worden war und sich angeschickt hatte, Europa in immer neuen Anläufen zu erobern.

Fortan war Europa zumindest in einer Hinsicht katholisch und ist es – selbst bei den Protestanten – bis heute wohl auch geblieben. Der erste Glaubensartikel, dass nur *ein* Gott und dass dieser *eine* Gott Schöpfer des Himmels und der Erden sei, war gelernt, besser eingebrannt worden und wurde kaum noch infrage gestellt. Den Gedanken an eine minderwertige Schöpfung hat man sich seither verboten, ebenso wie den an einen Schöpfer, der sich seine Schöpfung mal eben so zusammengewurschtelt haben könnte. Mit dem Dualismus starb auch der grundsätzliche Pessimismus, der wie eine dunkel schimmernde Lasur den Hintergrund der meisten dualistischen Systeme bildet. Erst neuerdings ist in die Lücke, die die Kirche durch systematische Ausrottung ihrer gnostischen Gegner hinterließ, der Buddhismus gestoßen – ohne sie wirklich auszufüllen, denn der Buddhismus ist wohl pessimistisch, aber nicht dualistisch.

Heute gilt als oberster Grundsatz, dass die materielle Welt im Prinzip gut und Genuss der Güter höchstes sei. Das ist uns im wahrsten Sinne des Wortes in Fleisch und Blut übergegangen. Wer nicht mitmacht, ist von gestern. Er steht abseitig in einer Gesellschaft, die es vorzieht, lieber himmelhoch jauchzend oder zu Tode betrübt von einem Extrem in das andere zu fallen, die es verlernt hat, den bunten Bildern der »Welt« zu misstrauen, ihren Sirenengesängen kein Gehör zu schenken, hinter der Vernunft den Wahnsinn, hinter glatter Haut die verwelkte und im jugendlich aufblühenden Fleisch schon den Wurm schwarzer Verwesung zu sehen – mit anderen Worten: von Grund auf und prinzipiell pessimistisch zu sein. Dass es immer wieder Einzelne gab, die solche allgemeinen Sätze Lügen strafen, steht auf einem anderen Blatt.

## Simone Weil – von der Decréation zum Suizid

Im Endstadium einer Anorexia nervosa sind Blutdruck, Herzfrequenz und Körpertemperatur bedrohlich herabgesunken. Der Patient ist müde und antriebslos. Die Wangen sind eingefallen, sein Gesicht ist von greisenhaftem Ausdruck. Auf der Haut zeigen sich Pigmentflecke. Die Augen sind schwarz umrändert und liegen matt in ihren Höhlen. Die Haare sind stumpf und struppig. Haar- und Zahnausfall sind nicht selten. Eine fahle, bleifarbene Haut überspannt die spitz hervortretenden Knochen und Rippen des ausgemergelten Körpers wie trockenes Pergament. Die Gesäßhaut ist abgeblättert. Bei weiblichen Patienten fällt die Regelblutung aus. Die Brüste haben sich zu runzeligen Hauttaschen zurückgebildet und hängen schlaff herab. Die Schleimhäute sind entzündet. Es kommt zu Verstopfung, Übelkeit, Magenkrämpfen und Nierenversagen. Sehr oft wird der Patient durch einen plötzlichen Herztod von seinem Leiden erlöst.

Auf dem Totenschein der am 24. August 1943 verstorbenen Simone Weil lesen wir: »Versagen des Herzens ... infolge Unterernährung und Lungentuberkulose. Die Verstorbene tötete und ermordete sich selbst durch ihre Weigerung zu essen, während ihr seelisches Gleichgewicht gestört war.«[84] Obwohl vieles dafür spricht, dass die französische Schriftstellerin 34-jährig an den Folgen einer Anorexie verstarb, bleibt dies, wie die meisten medizinischen Ferndiagnosen, letztlich auch nur eine Vermutung. Dass sie ihren Hungertod »frei« wählte, was immer das heißen mag, lässt sich ebenso wenig ausschließen wie die Annahme, dass dieser die logische Konsequenz einer langdauernden »Krankheit zum Tode« war. In jedem Fall gilt, dass die abstoßenden Details der allmählichen Auszehrung für die Verstorbene selbst ganz in den Hintergrund traten. In ihrer Binnenwahrnehmung kommt das körperliche Leiden gar nicht vor. Für die Autorin stellt sich das Hungern

ausschließlich als geistiger Akt dar. Viel ist von »Wahrheit« die Rede und einer »anderen Wirklichkeit«, die durch die »wesentliche Nicht-Sättigung berührt« wird. »Das wesentliche Nichtgesättigtsein ist eine Verbindung zu einer anderen Wirklichkeit, ein Besitz von anderer Art.«[85]
Noch deutlicher wird Simone Weil in einer Notiz vom Oktober 1942. »Der ewige Teil der Seele«, so heißt es hier, »ernährt sich von Hunger. Wenn man nicht isst, verdaut der Organismus sein eigenes Fleisch und wandelt es in Energie um. Genauso die Seele. Die Seele, die nicht isst, verdaut sich selbst. Der ewige Teil verdaut den sterblichen Teil der Seele und wandelt ihn um ... Den vergänglichen Teil der Seele verhungern lassen, während der Körper noch lebendig ist. Auf diese Weise geht ein Körper aus Fleisch direkt in den Dienst Gottes über.«[86]
Solche Denkfiguren fügen sich konsequent in einen geistigen Kosmos, in dem das Dasein vornehmlich in einer Dualität begriffen wird: »Zwei Kräfte herrschen über das Weltall: Licht und Schwere. Ganz allgemein wird das, was wir von den andern erwarten, durch die Wirkungen der Schwerkraft in uns bestimmt; was wir von ihnen empfangen, wird bestimmt durch die Wirkungen der Schwerkraft in ihnen.«[87] Ein Heilmittel, um die als verhängnisvoll empfundene Dualität zu überwinden, bestünde darin, allein vom Licht zu leben. Nur dass der Mensch zum Leidwesen Simone Weils nicht fähig ist, sich vom Licht zu nähren, weil er nicht über das entsprechende »Chlorophyll« verfügt. Doch kann er, um die Schwere zu überwinden, Ballast abwerfen. In dem Buch »Schwerkraft und Gnade« übernimmt die Gnade die Funktion des Fesselballons und wird zu dem von der Schwere des Daseins erlösenden Antrieb. Solcher Aufstieg war für die Autorin nicht nur ein geistiger und psychischer, sondern untrennbar damit verbunden, auch ein physischer Prozess. Der Hungertod will als letzte konsequente Umsetzung der Idee der Decréation erscheinen – Überwindung

der Schwerkraft durch eine als Nahrungsverweigerung begriffene Entwerdung. Engel essen nicht.

Ist das nun Philosophie oder spiritueller Überbau einer Krankheit? Die Frage wird sich wohl nicht klären lassen. Fest steht nur, dass die Krankheit der Philosophin, wenn es denn überhaupt eine war, nicht von der gleichen Art gewesen sein kann wie die der heutigen Magersüchtigen. Hier ging es nicht um körperliche Ideal- oder Gardemaße und auch nicht um Mode und Models. Simone Weil war keine Isabelle Caro und war nicht an der Erfüllung eines modischen Schönheitsideals interessiert. Sie war keine Schönheit und wollte es auch gar nicht sein. Kleidung, Mode gar, interessierten sie nicht. Sie war gewöhnlich schwarz gekleidet, so wie die Existenzialisten nach ihr oder die Katharer vor ihr. Beim Anblick ihres Haares sah sich ein Zeitgenosse zu dem Vergleich mit schwarzen Krähenflügeln veranlasst. Ihre linkischen Bewegungen, ihr »natürlicher Mangel an Eleganz«, ihre »Nachlässigkeit in Sachen Kleidung« gaben ihren Schülerinnen eine Steilvorlage für spitze Bemerkungen. Der Hut, den die Lehrerin am ersten Unterrichtstag trug, war Gegenstand allgemeinen Gespötts und musste zur Wiederherstellung der Unterrichtsdisziplin am folgenden Tag durch eine Baskenmütze ersetzt werden.[88]

Das Ideal, das Simone Weil anstrebte, war anderer Art als das heutiger Hungermodels. Hier ging es nicht um Mode, sondern um Metaphysik und um eine besondere Form, sich zum Leben zu verhalten. Oder eben um Krankheit.

Essensabneigung und Nahrungsverweigerung lassen sich weit zurückverfolgen, so weit, dass eine genetische Disposition nicht ausgeschlossen werden kann. Da ihre Tochter sich weigerte, feste Nahrung zu sich zu nehmen, habe ihre Mutter, wie es heißt, sie bis in die Mitte der Kindheit mit der Flasche ernährt. Später ist im Zusammenhang mit dem Thema Essen bei Simone Weil viel von »Ekel« die Rede. Aber auch als die Tochter bereits erwachsen geworden war, sorgte die Mutter sich um sie. Da Simone alles verabscheute, was ihr nicht einwandfrei erschien, und schon ein Fleck auf dem Apfel ausreichte, ihn liegen zu lassen, sorgte die Mutter dafür, dass der Kühlschrank stets gefüllt und Obst, Gemüse und Fleisch in bester Qualität vorhanden waren. Gleichwohl blieb das Essen auch dann noch für die Tochter mehr »Anstrengung als ein Genuss«.[89]

Dass zwischen Essen und Sexualität ein enges Band besteht, ist bekannt. Simone Weil wird als asexuelles Wesen beschrieben. Als sie erwachsen ist, macht man sich über ihren Mangel an Weiblichkeit mit anzüglichen Bemerkungen lustig, offenbar ohne dass sie das sonderlich tangiert hätte. Ihre Äußerungen über die Sexualität in der Ehe, die auf das Notwendigste, nämlich das Kinderkriegen, zu beschränken sei, offenbaren einen hybriden jungfräulichen Geist und stellen sie in eine Reihe mit vielen anderen christlichen und nichtchristlichen AsketInnen.

Die Mutter hatte früh erkannt, dass ihre Tochter anders war als andere Kinder. Gefährdeter. Zu den Problemen mit dem Essen kamen die ständigen Migräneanfälle, die sich im Erwachsenenalter mehrten und allmählich zur dunklen Schmerzgrundierung ihres Lebens wurden.

Da war es gut, die Augen aufzuhalten und hinter den Kulissen die fürsorgende Hand über die gefährdete Tochter zu halten. Man könnte in diesem Zusammenhang von »Überbehütung« sprechen und diese mit bestimmten typischen Merkmalen der Krankheitsgeschichte von Anorexie-Patienten in Verbindung bringen. Nur muss man sich dabei vorsehen, nicht Ursache und Wirkung miteinander zu verwechseln. Bevor man zu dem Ergebnis gelangt, dass die Krankheit unter Umständen eine Antwort auf zu viel elterliche Fürsorge darstellt, sollte man bedenken, dass die Fürsorge ihrerseits bereits die Antwort auf ein besorgniserregendes oder krankhaftes Verhalten des Kindes sein könnte.

Das Reinheitsbedürfnis Simone Weils bezog sich nicht nur auf die tägliche Nahrung, sondern auch auf geistige Güter. So wenig wie bei einem Apfel konnte sie es bei geistigen Erzeugnissen, z. B. Büchern, leiden, wenn diese unreinliche »Flecken« aufwiesen. Sie ärgerte sich darüber, wenn Leser einem Buchautor, der es mit der Wahrheit nicht ganz genau nahm, aufs Wort glaubten. Als Autor habe man nicht das Recht, so sagte sie, die Leser »Falsches schlucken (!) zu lassen«. Auch die »Existenz von Zeitungen, von denen alle Welt weiß, dass kein Mitarbeiter dort bleiben könnte, wenn er nicht bisweilen einwilligte, die Wahrheit bewußt zu entstellen«, war für sie ein Gräuel, den sie am liebsten unter Strafe gestellt hätte.[90]

Zum bewundernswerten Wahrheitssinn gesellte sich ein ebensolcher Gerechtigkeitssinn, dazu eine außergewöhnliche Empathie für die unter Not, Unterdrückung und Armut leidende Menschheit. Die ihr gegenüber durchaus kritisch eingestellte Schulfreundin Simone de Beauvoir versagte ihr nicht den Respekt. Als sie davon gehört hatte, dass Simone Weil bei der Nachricht über eine Hungersnot in China wieder einmal in Tränen ausgebrochen sei, beneidete sie sie »um ein Herz, das imstande war, für den ganzen Erdkreis zu schlagen«.

In ihrem Idealismus, der oft nicht mehr von Naivität zu unterscheiden war, ging Simone Weil so weit, ihren Geldbeutel in der Wohngemeinschaft offen herumliegen zu lassen, nicht aus Nachlässigkeit, sondern aus Prinzip. Geld war für sie nicht Eigentum, sondern »einfach da«. »Mir wäre es lieb«, so schrieb sie, »wenn das Geld wie das Wasser wäre und von selbst dorthin flösse, wo zu wenig davon vorhanden ist«.

Sie ließ es gerne »fließen«. Die Erzählung eines Freundes über einen Kriegskameraden, der nie Brief- oder Paketpost erhalten hatte, reichte aus, um für ihn ein Paket zu packen und den gänzlich Unbekannten mit einer ansehnlichen Geldsumme zu beschenken,

die sie sich im wahrsten Sinne des Wortes vom Munde abgespart hatte.
Menschen wie Simone Weil gehen den Zeitgenossen in der Regel auf den Wecker, gelten im besten Fall als lästig oder nervig oder, im schlimmsten Fall, einfach nur als »Spinner«. Die Antwort General de Gaulles auf ihren Vorschlag, eine Gruppe von Krankenschwestern aus dem französischen Widerstand an vorderster Front einzusetzen, lautete schlicht: »Sie ist ja verrückt (»Une folle«).«[91]
Auch wenn viele ihrer Gedanken noch unausgegoren erscheinen und von einem eigentlichen System nicht die Rede sein kann, wird doch bei der Lektüre bereits nach wenigen Zeilen klar, dass wir es bei Simone Weil mit einer Autorin zu tun haben, die schreiben kann. Originalität des Ausdrucks und Authentizität des geistig Erlebten entschädigen den Leser für den etwas ungeordneten Zustand der literarischen Hinterlassenschaft und haben wesentlich zum ungewöhnlichen Nachruhm der Autorin beigetragen.
An ihrer Seite darf sich der Leser auf eine Abenteuerreise begeben, die ihn dahin führt, wo der moderne Intellektuelle nur noch selten hingelangt: zur Religion. So ist denn auch an guter alter Metaphysik und mystischen Erlebnissen kein Mangel. Wer diese sucht, kommt auf seine Kosten – mitten im 20. Jahrhundert. Während der Rezitation des Gedichts »Love« des englischen Dichters George Herbert wird Simone von einem Christuserlebnis überwältigt, just an jener Stelle, wo es heißt: »Christ came down and took me.«[92]
Zu der Faszination, die Simone Weil als Literatin auf jeden Leser ausübt, tritt schließlich noch die bewegte Geschichte eines Lebens, das seine tragische Poesie durch den frühen Tod erhielt. Wie Edith Stein, Therese von Lisieux und andere partizipierte Simone Weil von der Faszination der »Frühvollendeten«, die, wie man weiß, immer von einem besonderen Geheimnis umweht sind. Als »Heilige des Absurden« wurde sie bezeichnet, als »gläubige Häretikerin«, als »Abenteurerin des Absoluten«.[93]

Teilweise ist die Rezeption der Philosophin von geradezu beängstigend vereinnahmendem Zugriff. Irritierend vor allem der Konsens von Katholiken, Anarchisten, Linken und Feministinnen. Katholiken wollten in ihr einen Typus »neuer Heiligkeit« entdeckt haben. Gewerkschafter loben ihren Einsatz für die Werktätigen. Anarchisten ihre Kritik an der Macht des Apparats. Feministen zitieren gerne ihren Ausspruch, dass die kleinbürgerliche Familie in Wahrheit nichts anderes sei als legalisierte Prostitution. Auch Schriftsteller wie Ingeborg Bachmann und Heinrich Böll fehlten nicht im Chor der Laudatoren. Und selbst Modemacher haben die französische Autorin neuerdings für sich entdeckt. So Wolfgang Joop, der den Kapiteln seines Buches »Im Wolfspelz« oft einen Poesiealbumspruch aus dem Werk Simone Weils voranstellt.[94]

Bei so viel Beifall hört man auch Widerspruch gern. Er kommt vornehmlich aus dem jüdischen Lager, wo Klage erhoben wird, Simone Weil sei ihrer jüdischen Herkunft untreu geworden, ja, habe sie im Grunde verraten.

Man kann diesen Vorwürfen, auf die wir noch zurückkommen, die Berechtigung nicht absprechen. Dafür, dass »ein Herz, das imstande war, für den ganzen Erdkreis zu schlagen« (Simone de Beauvoir), angesichts des europäischen Judenprogroms ganz stille ward, will sich keine rechte Erklärung finden lassen.[95]

Dazu immer wieder der abstoßende Tod. Wo man gutwillig war, konnte man ihn in die Tradition der Nahrungsenthaltung einer Katharina von Siena oder Therese von Konnersreuth und anderer Mystikerinnen stellen, was jedoch die unbequeme Frage aufwarf, ob dort nicht ebenfalls pathologische Motive zugrunde gelegen haben könnten.

Simone Weil meinte es nicht gut mit ihrem Körper. Ob krank oder nicht, in jedem Fall war ihr der harte und unerbittliche Geist all jener Asketen und Asketinnen zueigen, von denen schon in den vergangenen Kapiteln die Rede war – Spuren eines leisen Maso-

chismus eingeschlossen. Wie anders soll man sich das Brandmal auf ihrem Arm erklären, das sie sich als Jugendliche mittels einer glühenden Zigarette beibrachte? Wie anders ihre spätere Angewohnheit, ausschließlich auf dem harten Fußboden zu schlafen?[96] Auch Neuplatoniker wie Plotin konnten bisweilen schon einmal eine Mahlzeit vergessen. Bei Simone Weil waren es gleich mehrere. Von einem Marcioniten hören wir, er habe nur noch von seiner Spucke gelebt (Körperpflege inklusive), und Katharer hungerten sich mittels ihrer »Endura« selig. Sie alle ließen ihrem Körper nichts durchgehen, bis dieser schließlich mit ihnen durchging.
Martin Buber hatte Simone Weil einst in einem seiner Vorträge eine »jüdische Marcionitin« genannt.[97] Das entspricht dem Eindruck, der sich bei einem oberflächlichen Vergleich zwischen der französischen Philosophin und dem antiken Ketzerhaupt ergibt und ist, wie alle ersten Eindrücke, nicht völlig aus der Luft gegriffen. Wie Marcion so übt auch Simone Weil am Gott des Alten Testaments und seinem Bundesvolk harsche Kritik. Die Geschichte Israels stellt für sie eine einzige Aneinanderreihung von grausamen Morden und entsetzlichen Schandtaten dar. Das ganze Alte Testament sei voll von fleischlicher Lust, Inzest, Prostitution, Unreinheit, Betrug und Diebstahl. Israels Unreinheit sei seine Immoralität und sein Materialismus. Zwischen den Grausamkeiten des alttestamentlichen Gottes und dem von Christus verkündigten liebenden Vater gebe es keine Gemeinsamkeit.
Jedoch gibt es für Simone Weil auch ein unverdorbenes Christentum. Sie findet es dort, wo das Band zwischen Altem und Neuem Testament, zwischen Jahwe und Jesus getrennt ist: bei den Gnostikern, Manichäern und Katharern. Deswegen seien sie die wahren Vertreter und echten Erben des antiken Christentums.
Für ihre einseitige und ungerechte Kritik am alttestamentlichen Bundesvolk ist Simone Weil zu Recht gescholten worden. Leider sind in diesem Zusammenhang auch ihre historischen Thesen,

die damit gar nichts zu tun haben, unter Beschuss geraten. Susan Sonntag kann nicht akzeptieren, dass das gnostische Christentum gegenüber dem kirchlichen in historischer Hinsicht einen Vorrang hat, d. h. älter sein soll als das kirchliche. Sie findet die Konzeption eines »Helleno-Christianism«, für das es überall Vorläufer gegeben haben soll, außer in Israel, nicht überzeugend. Weils Auffassung offenbart nach Sonntags Meinung einen exklusiven Platonismus.[98] Uns will jedoch scheinen, dass Simone Weil gerade für ihre historischen Ansichten, die sich ja im Großen und Ganzen mit unserem Bild des frühen Christentums decken, eher Lob als Tadel verdient hätte. Ebenso wie für Marcion ist auch für sie Gott das schlechthin Gute und insofern grundsätzlich von dem strafenden und richtenden Gott des Alten Testaments unterschieden. Wenn Gott tatsächlich gut ist, wenn er reine Güte und Liebe ist, und zwar nichts als das – wie kann er dann der Schöpfer einer Welt sein, die alles andere als gut ist?

Marcion gelangte bei der Lösung dieses Widerspruchs zu seinem Dualismus. Um die Idee des Guten Gottes zu retten, sah er sich genötigt, die Einheit Gottes als Schöpfer und Erlöser zu leugnen. Auch bei Simone Weil finden wir eine Reihe von Aussagen, in denen das Band zwischen der Schöpfung und der Idee des Guten bzw. eines guten Gottes zerrissen scheint.

»Diese Welt ist unbewohnbar«, stellt sie fest, »darum müssen wir in die andere fliehen. Aber die Tür ist geschlossen.« Das klingt schon nach Sartre (»Huis clos«) und Existenzialismus, aber auch nach dem von Gott abgetrennten, abgeschlossenen Weltgehäuse der Gnostiker und Marcioniten, das von keinem Strahl jenseitigen Lichtes erhellt wird, weil es ganz und gar unter der dunklen Herrschaft des »Herrn der Welt« steht. Nur dass die Herrschaft des Demiurgen bei Weil durch ein abstraktes Gesetz, das der Schwerkraft, ersetzt ist, das Vergeltung, Rache, Selbstbehauptung und Willen zur Macht beinhaltet.

In diesem Kosmos stoßen sich die Widersprüche und Einzelinteressen derart, dass das Leben zu einer kafkaesken Unmöglichkeit, einer Absurdität wird. Grund dafür ist, dass der Mensch gleichzeitig Kreatur und Gott und dabei zugleich etwas ganz anderes als Gott ist. Innerhalb dieses Kosmos gibt es für den Menschen zwar Hoffnungszeichen, aber schlechterdings keine Hoffnung. Die kommt in Gestalt der Gnade von außerhalb, um ihn nach kurzer Berührung sogleich wieder zu verlassen, denn nun muss der Mensch seinen Weg allein finden. Wie ein Hund, der Witterung aufgenommen hat, muss die Seele »in einem blinden Tasten, die unendliche Dichte von Zeit und Raum durchmessen, auf der Suche nach dem, den sie liebt. So legt die Seele nun in umgekehrter Richtung den Reiseweg zurück, auf dem Gott zu ihr gekommen ist. Und dies ist das Kreuz.«[99]

Trotz des pessimistischen Einschlags ihrer Philosophie versinkt Weil nicht im Nihilismus. Sie kann die Welt ungeschminkt Welt sein lassen und doch zugleich an ihrer Hoffnung auf das »Ganz Andere« festhalten. Denn auch wenn er abgedankt und den Menschen in der Zeit wie hinter einem hohen Bretterzaun zurückgelassen hat, ist Gott da: Er »wartet geduldig«, ja die »Zeit ist das Warten Gottes, der um unsere Liebe bettelt.«[100]

Das alles klingt wie Marcionitismus in moderner unmythologischer Sprache. Was jedoch die »jüdische Marcionitin« von Marcion unterscheidet, ist Folgendes: Simone Weil kann von der Schönheit der Welt sprechen, ein Ausdruck, der Marcion und seinen Anhängern natürlich niemals über die Lippen gekommen wäre, so wenig wie den von Weil bewunderten Katharern. »Die Schönheit der Welt«, so sagt sie, »spricht zu uns von der Liebe, die ihre Seele ist, so wie der Ausdruck eines menschlichen Gesichtes, das nicht log, absolut schön sein mag.« An diesen ganz unmarcionitischen und ungnostischen, der griechischen Stoa entlehnten Gedanken zeigt sich der Einfluss ihres Lehrers Alain. Auch dort, wo die Gedanken plötzlich eine platonische, neuplatonische Wendung nehmen und Weil den Eros ins Spiel bringt, der bei ihr allerdings anders heißt, nämlich »Désir«. Im Grunde ist die Begierde natürlich nichts Gutes, ja »unsere Begierden, die uns hienieden das Unbegrenzte suchen lassen, sind dadurch die einzige Quelle des Irrtums und des Verbrechens«. Andererseits kommt es doch sehr auf ihre Richtung an. Dort, wo sie die Erscheinungswelt durchdringen, um in der Materie die eingegrabenen Inschriften und Symbole zu lesen, kann es geschehen, dass sie etwas von der Schönheit und »übernatürlichen Poesie« wahrnehmen, ja, das »Licht der Ewigkeit« selbst erkennen. Überhaupt geht es der unverbesserlichen Platonikerin Simone Weil doch sehr ums Erkennen und Schauen. Ihr Ideal ist ein Zustand, wie sie mit Verweis auf Platos Phädrus bemerkt, »wo schauen essen ist. Was man anschaut, ist nicht wirklich, sondern ein Schmuck. Was man isst, wird zerstört, ist nicht mehr wirklich.« Die Synthese von Schauen und Essen müsste dann wohl »Visio beatifica« heißen.[101]

Schönheit und Gottferne, Absurdität und übernatürliche Poesie – wie passt das zusammen? Gewiss liegt die Lösung der Widersprüche in dem unfertigen Zustand des Gesamtwerkes der mit verschiedenen philosophischen Konzepten experimentierenden Autorin. Vielleicht aber auch darin, dass der Begriff der »Abwesenheit Gottes«, die Rede von der »Verlassenheit« usw. häufig bereits im existenzialistischen Sinne missverstanden wird. Dabei handelt es sich aber keineswegs um die faktische Beschreibung einer Welt ohne Gott, sondern um die subjektive Erfahrung einer modernen Mystikerin. Das »Verlassensein« Weils ähnelt am ehesten der Erfahrung der »Trockenheit« mittelalterlicher MystikerIn nen. Damit war der Zustand einer seelischen Flaute zwischen den als Höhepunkten erfahrenen jeweiligen mystischen Erlebnissen gemeint. Die Rede von »Verlassenheit«, »Ferne« ist also nur relativ. Für den, der einmal die in die Tiefe seiner Existenz reichende

Erfahrung mit etwas wie »Gnade« gemacht hat, wird alles andere zum Warten auf eine erneute Begegnung. Dabei verliert alles »Dazwischen« an Wert, wird nur noch Hinweis und Zeichen darauf. Die pessimistische Rede von der Verlassenheit verstünde sich also in Wahrheit nur vor dem Hintergrund einer vorangegangenen, als überwältigend erlebten Erfahrung der Nähe.

Man mag bedauern, dass Weil nicht an ihrer neuplatonischen Konzeption, die der Welt immerhin einen relativen Wert beimaß, festgehalten hat. Ihr Konzept der Decréation und der Auslöschung des Ich, das einen Leerraum hinterlässt, der dann, wie bei Meister Eckhart, durch das Absolute ausgefüllt werden soll, wurde zum Programm des geistigen und physischen Suizids. Gewiss konnte auch Mechthild von Magdeburg dichten:

*»Du sollst minnen das Nicht,*
*Du sollst fliehen das Icht.«*

Doch bei Simone Weil wird die Entwerdung der alten Mystikerinnen und Mystiker zu einem aggressiven, selbstzerstörerischen Akt. Bereits die folgenden Sätze lassen das böse Ende ahnen: »Vater, der Du das Gute bist und ich das Minderwertige, reiß diesen Leib und diese Seele los von mir und mache daraus etwas, das Dir gehört, und laß in alle Ewigkeit von mir nur dieses Losreißen bestehen oder das Nichts.«[102]

## Franz im Glück – oder: Der Sanyasi von Assisi

Man braucht nicht Papst zu sein, um den »Poverello«, den »kleinen Armen« aus Assisi, zu mögen. Dem gewinnenden Zauber des kleinen Mannes mit den abstehenden Ohren können auch wir uns nicht entziehen. Schon seine Zeitgenossen verehrten ihn. Die Nachwelt schuf ihm eindrucksvolle Denkmäler und hob ihn als strahlenden Stern in den christlichen Heiligenhimmel empor. Konfessionelle, religiöse oder weltanschauliche Grenzen kannte sein Ruhm nicht. Zumal Künstler, Dichter, Musiker und Maler, ließen sich von der Poesie inspirieren, die sein Leben wie der Duft jener Blumen umgab, denen er auf seinen Wanderungen gepredigt haben soll. Giotto war einer der ersten, die sein Leben – oder war es seine Legende? – in einem Bilderbogen prachtvoller Fresken erzählte, Franz Liszt vertonte »Franziskuslegenden«, Komponist und Hobby-Ornithologe Olivier Messiaen seine Vogelpredigt, Rilke, Hesse, Dario Fo und zuletzt Bodo Kirchhoff verklärten ihn literarisch. Es ist wahrlich schwer, sich von dem Charme dieses Mannes nicht berühren zu lassen.

Und doch, Vorsicht vor den heiligen Charmeuren! Sie sind immer sympathisch, immer liebenswürdig, stets gewandt und geschmeidig, überaus gefällig und anpassungsfähig – mitunter vielleicht ein wenig zu anpassungsfähig und so weich und formbar wie Wachs. Jedenfalls lohnt es sich, ganz genau hinzusehen.

Leider macht uns die Überlieferung das genaue Hinsehen nicht eben leicht. Man könnte geradezu von einem Quellendesaster sprechen. In der Forschung heißt das »Franziskanische Frage« und bedeutet, dass uns der Zugang zum Leben des historischen Franziskus durch die überlieferten Quellen eher verstellt als geebnet wird. Ohne näher darauf einzugehen, ist doch so viel klar, dass es vollkommen naiv wäre, sich ihnen vorbehaltlos anzuvertrauen. Keine ist frei von theologischer, kirchlicher oder sonstiger Tendenz, sie alle vermitteln je unterschiedliche Bilder des Heiligen.

Kaum eine kann mit letzter Sicherheit datiert oder als authentisches Zeugnis ausgewiesen werden.

Sie alle tragen überdies den etwas penetranten Geschmack der katholischen Heiligenlegende an sich. Auch die von Theologen und Historikern hoch bewerteten älteren Franziskuslegenden sind nicht frei von fantastischen Zügen. In der Lebensbeschreibung des Thomas Celano lesen wir, wie der Heilige durch Gegenstände, die er mit der Hand berührt hatte, auch in Abwesenheit Kranke gesund machen konnte, einer blinden Frau das Augenlicht zurückgab, Lahme und Gichtbrüchige heilte, eine Fallsüchtige vom Dämon befreite usw. Wer angesichts solcher und anderer erstaunlicher Geschichten einmal das Vertrauen in die historische Zuverlässigkeit ihrer frommen Erzähler verloren hat, erlangt es so schnell nicht wieder. Sagen wir es geradeheraus: Leben und Legende des Heiligen sind in diesen Quellen, die nicht den Gattungsgesetzen der historischen Biografie, sondern denen der katholischen Heiligenviten folgen, oft so innig miteinander verwachsen, dass das eine von dem andern kaum noch zu trennen ist. Jeder Historiker, der hier das Seziermesser ansetzt, riskiert, wichtige biografische Daten unter den Tisch fallen zu lassen oder legendarische Züge der Franziskus-Biografie als historisch abzusegnen.

Eine tragische Situation, bei der wenig richtig und alles falsch gemacht werden kann. Vielleicht wäre es am ehrlichsten, wenn Theologen und Historiker vor den Vorhang träten, um ihrem Publikum mitzuteilen, dass der Gesuchte leider verschollen ist und dass fast alles, was wir haben, »Mutmaßungen über Franziskus« sind.

Wir kennen das Problem aber schon aus anderen Zusammenhängen. Die historische Zuverlässigkeit jener Quellen, denen wir unser Bild von den historischen Gründergestalten des Buddhismus und des Christentums zu verdanken haben, ließ nicht weniger zu wünschen übrig. Wir haben uns im Großen und Ganzen darauf beschränkt, die Überlieferung zu referieren und nur in seltenen Fällen beansprucht, etwas besser wissen zu wollen als sie. Daran wollen wir uns auch hier halten. Schließlich geht es uns um Entsagungskunst und nicht um Quellenkritik. Die Frage nach der historischen Authentizität der Überlieferung steht für uns nicht im Vordergrund. Entscheidend ist, dass Leben und Schicksal des Franz von Assisi für die folgenden Generationen als »Lebensentwurf« prägend blieb. Die Überhöhung durch die Legende oder den Mythos hat dazu mehr beitragen können, als es ein bloßer Tatsachenbericht vermocht hätte.[103]

Die Franziskuslegende des Bonaventura hebt an wie ein fünftes Evangelium. Der Heilige sei von Gott als »Lehrer, Führer und Herold der evangelischen Vollkommenheit« bestellt und den Gläubigen als »Leitstern« gegeben. Von hier ist der Schritt zu einer Stilisierung des Heiligen zu einem »zweiten Christus« nicht mehr weit. Nach einer Überlieferung aus dem 15. Jahrhundert soll er wie der Herr zwischen Ochs und Esel im Stall geboren worden sein. Das könnte als stilvoller Auftakt zur Lebensgeschichte eines Mannes gelten, der mit den Wundmalen Jesu an seinem Körper starb – allein es ist doch sehr unwahrscheinlich. Dem Sohn eines reichen Tuchhändlers mit Namen Pietro Bernardone und seiner Frau Pica standen für die Geburt ohne Zweifel komfortablere Räumlichkeiten zur Verfügung. Denn wenn die Überlieferung über den Heiligen sich auch sonst vielfach widerspricht, so sind sich doch die meisten Quellen darin einig, dass der kleine Francesco (= kleiner Franzose), wie der eben aus Frankreich kommende Vater seinen Sohn nannte, aus einem wohlhabendem Haus stammte.

Der Vater hatte seinen Sohn zum Dienst in seinem Tuchgewerbe und zur Übernahme des Geschäfts bestimmt. Ein Problem scheint darin noch nicht gelegen zu haben. Ebenso wenig darin, dass der Sohn das Geld des Vaters mit vollen Händen ausgab, in erster Linie für teure Kleidung, so sagt es jedenfalls die »Dreigefährtenlegende«. Von sexuellen Ausschweifungen ist nichts bekannt. Es heißt ausdrücklich, dass sich der angehende Heilige schon früh dazu entschlossen habe, »denen in keiner Weise zu antworten, die Unanständiges zu ihm redeten«. Die »Dreigefährtenlegende« weiß zu berichten, dass der Heilige im Städtekrieg zwischen Assisi und Perugia (1202) in Gefangenschaft geriet und daraufhin schwer erkrankte. Heute sind Historiker schnell geneigt, von Traumatisierung zu sprechen und einen Zusammenhang mit der alsbald folgenden Bekehrung zum christlichen Bettelmönch anzunehmen. Doch sollte man nicht vergessen, dass Traumatisierung eine moderne Kategorie darstellt, die dem in religiösen Koordinaten denkenden mittelalterlichen Menschen unbekannt war. Außerdem ist zu beachten, dass die Kriegsbegeisterung des jungen Franziskus auch nach seiner Genesung noch eine Zeitlang anhielt. Als kurze Zeit später ein kriegerisches Abenteuer in Apulien lockte, bot Franziskus seine Teilnahme an. Dieses Mal hinderte ihn allerdings ein Traum daran mitzuziehen.

Wie man sieht, lässt sich eine plausible und in sich stimmige Bekehrungsgeschichte des Franziskus mit Hilfe der Quellen, die sich an psychologischer Entwicklung wenig interessiert zeigen, nur schwer geben. Feststellen lässt sich lediglich, dass der lebenslustige Sohn des reichen Tuchhändlers irgendwann zu Beginn seines dritten Lebensjahrzehnts eine schwere weltanschauliche und – da alle »Weltanschauung« damals noch mit Religion zu tun hatte – religiöse Krise durchlebte, in der sich die bisherige Einstellung zur Welt grundlegend veränderte.

Thomas Celano hat die Symptome dieser Krise im Zusammenhang mit einem Spaziergang, den der eben von der Krankheit genesende Franziskus durch die Landschaft Assisis macht, beschrieben. Es ist die plötzlich aufbrechende Schwermut, die den Geschmack an der Welt vergällt und an allem, was bis dahin Freude machte. Es ist dies die gleiche Melancholie, wie sie Buddha einst erfasst haben mochte, vielleicht auch Marcion oder Antonius, und gewiss ist sie Simone Weil nicht fremd gewesen.

Zu dieser neuen Erfahrung melancholischen Ungenügens, die sich wie ein grauer Vorhang zwischen Franziskus und die Welt schob, kam eine andere, die in ihrer Art viel schwerer zu beschreiben und zu verstehen ist. In seinem Testament spricht Franziskus davon, dass ihm das, was ihm »bitter vorkam, in Süßigkeit der Seele und des Leibes verwandelt« worden sei. Das nimmt Bezug auf eine Begegnung mit einem Aussätzigen, die in der »Dreigefährtenlegende« berichtet wird. Während er bis dahin die Nähe der Aussätzigen, die ihm im Umfeld eines Hospitals begegneten, schon wegen des penetranten, süßlichen Fäulnisgeruchs immer gemieden hatte, gelang es ihm eines Tages, gestärkt durch eine zuvor empfangene Gebetsoffenbarung, seinen Ekel zu überwinden. Nicht nur, dass er den bejammernswerten Kreaturen ein Almosen überreichte, er gab ihnen überdies auch noch einen Kuss auf die Hand. Auch dies eine Art Erweckungserlebnis. Einmal davon berührt, wollte er die »Süßigkeit«, die er hier kennengelernt hatte, nicht mehr missen. Er war auf den Geschmack gekommen, den von Christentum und Kreuz.

Irgendwann in diese Zeit muss dann auch die stürmische Affäre mit Frau Armut gefallen sein, aus der sich, wie wir wissen, eine lebenslang andauernde, eheähnliche Beziehung entwickelte. Wo und wie Franziskus die Schöne mit den dunklen weltentsagenden Augen kennengelernt hatte, ist uns nicht bekannt. Sie scheint urplötzlich dagewesen zu sein und sein Herz erobert zu haben. Allein der Gedanke an sie erfüllte ihn mit maßlosem Entzücken – so sehr, dass er ganz außer sich geriet. Als er wieder einmal mit seinen Gefährten unterwegs war, soll er vor lauter Seligkeit plötzlich zu einer Salzsäule erstarrt sein, sodass er sich weder vorwärts noch rückwärts bewegen konnte. Als seine Gefährten mutmaßten, es müsse wohl ein Weib hinter dem seltsamen Verhalten des Freundes stecken, bestätigte Franziskus: »Ihr habt die Wahrheit gesagt;

denn ich habe daran gedacht, mir eine Braut zu nehmen, die edler, reicher und schöner ist, als ihr je eine gesehen habt.«[104] Diese Frau war, wie sich herausstellen sollte, Herrin Armut. Franziskus hatte sich in die Armut verliebt. Er verehrte sie so schwärmerisch wie die durch die Lande ziehenden Ritter und Troubadoure ihre Damen. Nur dass seine Angebetete nicht auf einem hohen Schlossberg wohnte, sondern irgendwo ziemlich tief unten.

Zu der zwischen Melancholie, Weltpessimismus und Enthusiasmus hin und her schwankenden seelischen Grundstimmung kommen noch die in der mittelalterlichen Heiligenliteratur unvermeidlichen göttlichen Offenbarungen, mit deren Hilfe die ungeduldigen himmlischen Mächte gleichsam direkt und »von oben« auf den weiteren Lebensweg ihres auserwählten Werkzeugs Einfluss ausüben.

Franziskus soll seine Audition vor dem noch heute existierenden Kruzifixus der Kirche San Damiano empfangen haben. Die Stimme, so heißt es in der »Dreigefährtenlegende«, soll ihn liebevoll und gütig angesprochen und angewiesen haben, das in Verfall geratene Haus des Herrn wiederherzustellen.

Wie die Jünger im Evangelium missverstand auch Franziskus die Stimme seines Herrn zunächst, indem er die Aufforderung allzu wörtlich nahm und mit der Restaurierung der einsturzgefährdeten Kirche begann. Dass war wohl nicht ganz falsch aber auch nicht ihr eigentlicher Sinn, bezog sich doch die Aufforderung auf nichts Geringeres als auf eine Reformation der durch Macht- und Geldstreben korrumpierten mittelalterlichen Papstkirche.

Weil Franziskus sich die zur Restaurierung der Kirche San Damiano notwendigen Finanzen teilweise durch den heimlichen Verkauf von Stoffen aus dem väterlichen Geschäft besorgt hatte, kam es nach der Entdeckung des Diebstahls zu einem handfesten Konflikt zwischen Vater und Sohn. Der Streit endete auf der Piazza von Assisi mit einem Showdown vor dem örtlichen Bischof. Fast alle

Berichte schildern die dramatische Szene: Auf der einen Seite der über den Wandel seines Sohnes erboste, sein Geld zurückfordernde Vater – auf der anderen Seite Franziskus, der der aufs Äußerste angespannten Situation eine völlig überraschende Wendung gab. Er übererfüllte die Forderung seines Vaters, indem er diesem nicht nur das Geld, sondern sogar seine Kleidung vor die Füße warf und sich nackt vor ihn und die staunende Menge stellte.
Die Szene zeigt zweierlei: Erstens, dass der Heilige einen ausgeprägten Sinn für dramatische Effekte besessen haben muss. Wenn die Szene nicht von den Legendenschreibern erfunden wurde, ist an Franziskus ein guter Regisseur verlorengegangen. Zweitens kann sie zeigen, dass der wahre Entsagungskünstler keinen Aufschub und keine faulen Kompromisse duldete, sondern wenn es darauf ankam, in der Lage sein musste, seine Hüllen spontan fallen zu lassen. Er fällte seinen Entschluss ohne jede Sicherungen, ohne vorbereitende Maßnahmen und praktizierte »Verzicht sofort«, als könne er nicht länger warten, der geliebten Frau Armut endlich in die Arme zu fallen. Die spektakuläre Aktion ist nicht nur Reaktion auf das lieblose Verhalten des Vaters, sondern zugleich auch Abgesang an die von ihm repräsentierte Welt des Profitstrebens. Auch sie bekommt nun den nackten Heiligen zu Gesicht inklusive seines nackten Hinterteils. Positiv gesehen handelt es sich dabei um eine Art Initiation oder, um im Bilde zu bleiben, eine heilige Hochzeit, bei der sich der Heilige seiner geliebten Dame Armut zu lebenslanger Treue und Hingabe verpflichtet, wofür diese ihn mit der Süße ihrer reizenden Gegenwart entlohnt. Mit der Absage an den Vater hatte Franziskus alles aufgegeben, was ihn bis dahin an die Welt band, hatte besitzlos, nackt, unbehaust die »Welt« verlassen und »wollte nichts zu eigen haben, um alles vollständiger in Gott besitzen zu können«.[105]
Die Lösung von allen weltlichen Bindungen müssen wir uns als Befreiungsakt vorstellen. Trotz härtester Entbehrungen sowie an-

fänglicher Verspottungen und Misshandlungen seitens gehässiger und verständnisloser Zeitgenossen sind Jubel und Enthusiasmus die Grundstimmung der nächsten Lebensphase. Im überschwänglichen Hochgefühl der neu gewonnenen Freiheit soll es auch schon einmal vorgekommen sein, dass der Heilige einen am Wegrand liegenden Holzscheit ergriff, über den Arm legte, mit einem Stab darüber strich, so als würde er eine Violine spielen, und dazu Lieder sang und tanzte. Franz im Glück.

Die Freude steckte an. Franzens Follower ließen nicht auf sich warten. Nachdem Bruder Bernhard seine ganze Habe verkauft und sich zum Heiligen gesellt hatte, kamen andere hinzu. Bald hatte Franziskus 12 Brüder –, d. h. ebenso viele wie der Herr Jünger – unter dem machte er es nicht. Alle waren ganz verrückt nach Herrin Armut. Es entstand ein polyamores Netz mit Frau Armut im Zentrum: Sie alle fingen an, »mit der heiligen Armut Umgang zu pflegen, und da sie trotz des Fehlens aller Dinge, die von der Welt sind, sich überaus getröstet fühlten, beschlossen sie, so wie sie dort waren, ihr immer und überall anzuhangen«.[106]

Diese Umwertung aller Werte musste so manche bisher noch nie gestellte Frage aufwerfen, zum Beispiel: Was war eigentlich mit jenen Menschen, die in den Genuss jener Dinge kamen, die von Franzens Gefährten veräußert worden waren? In den »Genuss«? Hatte man sie denn überhaupt glücklich gemacht oder nur das Geld-Unglück von sich auf andere abgewälzt? Wäre es für Christen nicht angemessener, ihre Armut weiterzugeben statt ihren Reichtum? Spannende Fragen und man wünschte sich bisweilen wieder Zeiten und Menschen, die solche Fragen stellten. Man denke sich eine Gesellschaft, in der das Geld wie der Schwarze Peter von der einen Hand in die andere geht – wer nicht davon loskommt, hat das Spiel verloren.

Franziskus blieb seiner tiefen Verachtung alles Monetären zeitlebens treu. Er erachtete Geld für »Mist«, »Sand« oder »Fliegen« –

letzteres, weil es nach seiner Meinung aus der Werkstatt des Herrn Beelzebub stammte, was hebräisch ist und »Herr der Fliegen« heißt und sich in weitestem Sinne auf den schon aus anderen Zusammenhängen unrühmlich bekannten »Herrn der Welt« bezieht. Seinen Anhängern verbot der Heilige den Besitz der Fliegen ganz, und sie haben sich, soweit sie ihm und nicht jenen folgten, die seine Bewegung später feindlich übernahmen, daran gehalten.

Auch wenn der Heilige der Versuchung des Geldes, soweit wir wissen, souverän widerstand, bedeutet das durchaus nicht, dass nicht auch ihn die Lust der Welt bisweilen in Gestalt anderer fleischlicher Versuchungen angekommen wäre. Thomas Celano berichtet in seiner zweiten Vita des Heiligen, dass dieser einst in eiskalter Winternacht die Tür seiner Zelle aufriss und sich nackt in den Schnee warf. Wir brauchen nicht lange zu fragen, was den heiligen Franz in die nächtliche Kälte hinaustrieb. Der Historiker klärt uns darüber auf, dass wir es dabei mit einer Reaktion auf eine Anfechtung zu tun haben, zu deren Therapie im ersten Korintherbrief das Heilmittel Ehe anempfohlen wird.

Der Lebensstil der mittelalterlichen Wandercharismatiker fand mehr und mehr Anklang. Die Schar der Minderbrüder (Minoriten), wie sie genannt wurden, wurde immer größer – und schließlich kam auch noch eine kleine Minderschwester hinzu: die neunzehnjährige Klara aus der Adelsfamilie Offreduccio di Favarone. Die Geschichte von Klara und Franziskus liest sich wie eine mittelalterliche Neuauflage der frühchristlichen Actaliteratur und ihrer Enthaltungsgeschichten: Wie Paulus seine Thekla hält Franziskus Klara »ad mundi contemptum«, d. h. zur Verachtung der Welt an. Auch die der Theklalegende und anderen frühchristlichen Enthaltungsgeschichten eigene unterschwellige Erotik fehlt nicht. Klara war die Erste unter vielen Schwestern. Der »kostbarste und mächtigste Stein« wird zum »Fundament der übrigen darübergelegten Steine«.[107] Mit ihr beginnt die Geschichte des Klarissenordens.

Irgendwann in den Jahren 1209 – 10 kommt es dann zur Begegnung des kleinen Minderbruders mit dem auf der Cathedra Petri sitzenden obersten Vertreter der römischen Kirche, Papst Innozenz III. Man hat diesen als »kalten Asketen« und »Menschenverächter« bezeichnet.[108] Bei der Begegnung zwischen Franziskus und Papst standen sich in der Tat nicht nur zwei unterschiedliche Männer, sondern auch ganz unterschiedliche Prinzipien gegenüber: auf der einen Seite eine schier unbegrenzte Fülle an Macht und Reichtum, auf der anderen gelebte Ohnmacht und Armut. Welchen Ausgang würde die ungleiche Begegnung nehmen?
In den Legenden fügen sich Traumgesichte, Auditionen, Weissagungen und andere göttliche Fingerzeige oftmals wie Puzzlesteine wunderbar ineinander.
Nach der »Dreigefährtenlegende« hatte Franz schon als junger Mann eine Stimme gehört, die ihm befahl, die in Verfall geratene Kirche wiederherzustellen. Der Papst hatte einen Traum, der exakt dazu passte. Ihm träumte noch vor der Ankunft des Heiligen in Rom, »wie die Kirche des heiligen Johannes im Lateran einzustürzen drohte und wie ein Ordensmann, unansehnlich und verachtet, sie mit seinem eigenen Rücken stützte«.[109] Das später von Giotto illustrierte Traumgesicht musste den großen Mann aus Rom für den kleinen Mann aus Assisi, in dem er augenblicklich den unansehnlichen und verachteten »Ordensmann« aus seinem Traum wiedererkannte, einnehmen. Freilich war Franziskus genau genommen kein Ordensmann, und an eine Umwandlung seiner Bewegung in einen katholischen Kirchenorden war vorläufig auch noch nicht zu denken. Alle entsprechenden Vorstellungen sind von der kritischen Forschung in das Reich der Legende verwiesen worden. Papst Innozenz bestätigte die Gemeinschaft der »Minderen Brüder« nicht als Orden, sondern lediglich als Lebensform und entsprach ihrem Wunsch, als Laienprediger durch die Lande zu ziehen und überall zur Buße aufzurufen.

Uns mag es rätselhaft erscheinen, wie ein und dieselbe Religion zwei so unterschiedliche Lebensentwürfe aushalten konnte: den selbstherrlichen »Übermenschen« Innozenz III. und den demütigen Armutsprediger aus Assisi. Und doch, im Traum des Papstes war Franziskus als Retter der einstürzenden Laterankirche erschienen. Der »reine Tor« als Bewahrer der Kirche. War das nicht genau das, was die korrumpierte mittelalterliche Kirche jetzt benötigte? War dem Papst aufgegangen, dass man den Ketzern und Armutsbewegten außerhalb der Kirche am besten dadurch begegnete, dass man ihnen das Wasser abgrub und ihr Thema zu seinem eigenen machte?

Was wäre also, um noch deutlicher zu werden, wenn es sich bei den verschiedenen Franziskuslegenden lediglich um Auftragsarbeiten zur Verherrlichung eines Ideals handelte, das den ketzerischen Armutsbewegungen entrissen und mit ihrer Hilfe wieder im Herzen der Kirche angesiedelt werden sollte? Der Franziskus-Mythos als eine großangelegte PR-Aktion, um das schlechte Image der Kirche aufzubessern?

Indessen wollen wir den Gedanken an dieser Stelle nicht weiter vertiefen, sondern uns stattdessen wieder unserem Legendenhelden zuwenden, dessen Charme uns umso mehr gefangennimmt, desto weniger wir uns das alles vorstellen können und wollen.

Als das IV. Laterankonzil 1215 zum 5. Kreuzzug gegen die Moslems aufrief, soll auch der Heilige Franz mit von der Partie gewesen sein, freilich nicht als Kreuzritter, sondern als Wanderprediger und Missionar. Es wird überliefert, dass sich der Sultan für ihn interessiert haben soll, vielleicht weil er ihn an seine eigenen Wanderprediger, die durch die Lande ziehenden Sufis, erinnerte. Franziskus soll versucht haben, ihn zu missionieren, doch der Sultan wollte nicht, verhielt sich aber wohlwollend und gab dem merkwürdigen Reisenden aus dem Abendland ansonsten Narrenfreiheit.

Wahrscheinlich war Franziskus ganz gerne in die Ferne gezogen, da ihm die Sache mit der von ihm ins Leben gerufenen Bewegung zuhause allmählich über den Kopf zu wachsen drohte. Er hatte etwas losgetreten, was, um weiterhin zu gedeihen, der gestaltenden Hand bedurfte. Aber Organisieren war seine Sache nicht. Er war ein feuriger Prediger, ebenso inspiriert wie inspirierend, aber ansonsten wohl eher ein sympathischer Chaot. Der Historiker Arno Borst zitiert aus einer Quelle, die berichtet, wie die von Franziskus missionierten ersten Jünger aus dem Orient in die nördlichen Länder kamen und kein Wort der Landessprache verstanden – »auf die Frage, ob sie Ketzer seien, nickten sie freundlich …«[110]

So entglitt dem Heiligen seine Bewegung zusehends, geriet in die Hände anderer und wurde schließlich als Orden von der Kirche übernommen. Ob Franziskus diese Entwicklung tolerierte oder ob er sie zu verhindern suchte, darüber sind die Quellen uneins. Jedenfalls zog er sich immer stärker in die Einsamkeit zurück, gab sich seinen Visionen und Tagträumereien hin, erfand das Weihnachtskrippenspiel, predigte den Vögeln und Blumen und verfasste Gedichte und Gebete, den Sonnengesang und anderes. Indessen schlugen sich andere über die Frage der zukünftigen Leitung der von ihm gegründeten und in einen Orden verwandelten Bewegung die Köpfe ein.

Den letzten großen Auftritt hatte der Heilige bei seinem Tode. Die Szene war offenbar wieder einmal gut vorbereitet und verfehlte ihren Eindruck nicht. Der Erblindete und von vielerlei Krankheiten und Entbehrungen Gezeichnete verabschiedete sich von seinen Brüdern nackt, auf nacktem Boden liegend, wie bei seiner Geburt. Dabei waren auch seine Stigmata, die Wundmale an den Gliedern und der linken Seite, vor aller Augen – und bald auch in aller Munde, bewiesen sie doch, dass er inzwischen zu einem »zweiten Christus« geworden war. Groß war die Verehrung des Heiligen. Die Überführung in seine Heimatstadt geschah nächtlich, auf ver-

borgenen Pfaden, damit nicht Reliquienjäger den Leichnam zerpflückten.
Auch Dichter haben bisweilen historische Intuitionen. Während der Historiker sich von einem Quellenproblem zum andern quält und am Ende vor lauter Bäumen den Wald nicht mehr sieht, erkennt der dem grauen Alltag der Wissenschaft enthobene, sich adlergleich über staubige Folianten erhebende Poet oft schon mit einem einzigen Blick, worauf es ankommt. Aus den Versen, die Dante dem Heiligen aus Assisi in seiner Göttlichen Komödie gewidmet hat, spricht nicht nur hohe Dichtkunst, sondern auch historischer Weitblick:

*»Von jenem Berg, dort wo er sanfter wird,*
*trat eine Sonne in die Welt, so warm,*
*wie diese manchmal aus dem Ganges steigt.*
*Drum soll, wer diesen Ort erwähnt, nicht mehr*
*‚Ascesi' sagen, denn das wär zu wenig,*
*und richtig muß es heißen: Orient.«*[111]

Es sind vor allem die beiden Stichworte »Ganges« und »Orient«, die uns aufhorchen lassen. Die Erwähnung des heiligen Flusses der Inder kann ebenso wenig wie der Hinweis auf den »Orient« Zufall sein. Ist es möglich, dass Dante den Blick des Lesers von Franziskus, der aufgehenden Sonne, auf dessen östliches, vom Ganges kommendes Pendant lenken wollte: auf Buddha?
Das ist wohl in der Tat nicht auszuschließen. Wie Buddha so hatte auch Franziskus dem Reichtum seines Vaterhauses den Rücken gekehrt und lebte seitdem wie ein indischer Sanyasi: »Oft diente«, wie Bonaventura sagt, »der nackte Boden seinem müden Körper als Ruhestätte. Nicht selten schlief er im Sitzen, wobei er sein Haupt auf ein Stück Holz oder einen Stein stützte. Er trug ein einziges, ärmliches Gewand und diente dem Herrn in Blöße und Kälte.«[112]

Wenn wir aus diesem Text die den »Herrn« betreffende Passage entfernten, wüssten wir nicht, ob wir es bei dem in ärmlichem Gewand auf nacktem Boden hockenden Asketen mit einen christlichen oder einem buddhistischen Bettelmönch zu tun hätten. Die alles überstrahlende Milde und Heiterkeit auf der einen, die strenge Härte gegen sich selbst auf der anderen Seite sind ebenso Kennzeichen franziskanischer wie buddhistischer Askese. Auch Buddhas Anhänger sollen sich auszeichnen durch »Ehrlichkeit und Sanftmut; Geduld und Milde; Freundlichkeit und Zuvorkommenheit; Güte und Lauterkeit«.[113] Die von Buddha empfohlene Läuterung des Herzens »von stolzem Unmut« und die ständige Mahnung des Franziskus an seine Gefährten, alle Negativgefühle aus dem Herzen zu verbannen, entsprechen einander. Und dass eine konsequente Verwirklichung des Armutsideals unter Umständen radikale, physische Nacktheit einschließen kann, wussten schon die indischen Nacktasketen. Wie Franziskus verbietet auch Buddha seinen Anhängern, Geld bzw. Gold und Silber anzunehmen.

Auch wenn die Frage nach dem Woher und Wie eventueller Abhängigkeiten an dieser Stelle offen bleiben muss, sind die Übereinstimmungen eindrucksvoll genug. Freilich gibt es neben der gemeinsamen Schnittmenge auch erhebliche Differenzen. So zum Beispiel kommt der Arbeit im Leben des franziskanischen Bettelmönchs eine wesentlich stärkere Bedeutung zu als in den asiatischen Systemen – vielleicht ein typisch europäischer Zug. Auch Herz und Gefühl spielen im Buddhismus keine nennenswerte Rolle, wohingegen sie aus der franziskanischen Vita nicht wegzudenken sind. Hier ist Gefühl wirklich alles. Überströmende Emotionen lassen den heiligen Franz immer wieder unvermittelt in lauten Jubel ausbrechen, lassen ihn tanzen, lassen ihn erstarren, lassen ihn lachen, beten, weinen, und manchmal schnüren sie ihm sogar die Kehle zu, verhindern eine klare Artikulation und lassen ihn blöken wie ein Schaf – wie bei der ersten Weihnachtsfeier in Greccio.

Religion als großes Gefühl – das verbindet Franziskus und seine Anhänger auch noch mit einer anderen religiösen Strömung, der wir uns in unserem nächsten Kapitel zuwenden wollen, dem Sufismus. Auch dort war Religion in erster Linie Herzenssache. Der Hinweis auf den Sufismus ist keineswegs so abwegig, wie man zunächst meinen möchte. Durch das Vorrücken des Islam im Mittelalter war auch der Sufismus über Sizilien und Spanien nach Europa vorgedrungen. Überdies haben die Kreuzzüge, paradox genug, durchaus auch zum Kennenlernen der jeweiligen Kulturen beigetragen. Der Autor Idries Shah hat auf zahlreiche Parallelen aufmerksam gemacht, z. B. auf den franziskanischen Friedensgruß »Pace a voi« (»Der Friede sei mit euch«), der deutlich an den arabischen Friedensgruß »Salem Aleikum« erinnere.[114]

Zu unserer These, dass die franziskanische Armutsbewegung Traditionen der buddhistischen und sufischen Wanderprediger aufnahm und weiterführte, passt die allbekannte Tierliebe des Franziskus. Sie entspricht, wie schon Schopenhauer erkannte, ganz dem »indischen Geiste«, aber auch dem Pythagoreismus mit seinem Gedanken der tier-menschlichen Wesensverwandtschaft.[115]

Wenn wir, wie dies gewöhnlich geschieht, bei unserer ideengeschichtlichen Suche nach den geistigen Inspirationen des Franziskus auch noch auf den Zusammenhang mit den mittelalterlichen Armutsbewegungen hinweisen, braucht das nicht als Widerspruch angesehen zu werden, waren doch diese Armutsbewegungen selbst von uraltem christlich-gnostischem und östlich asketischem Geist infiziert. Die katharischen »pauperes Christi«, d. h. »Armen Christi«, gab es längst, bevor Franziskus und mit ihm die Kirche das alte christliche Armutsideal wiederentdeckte. Die Geschichte der Waldenserbewegung reicht in die Zeit 1170 – 76 zurück, als

Valdes wie ein indischer »Vanaprastha« Weib und Kind verließ, um sich auf seinen Sandalen, die er nach Apostelart trug, in die Hauslosigkeit zu begeben.

Mit den Katharern verbindet Franziskus auch die Geringschätzung alles Körperlichen. Der Heilige hat seinen Körper schlecht behandelt. Der Kirchenhistoriker Helmut Feld weist in seiner Lebensbeschreibung des Heiligen darauf hin, dass seine Krankheiten vielfach »bewusst, in selbstzerstörerischer Absicht« herbeigeführt wurden.[116] – Die Symptome der Anorexie fallen uns wieder ein, Simone Weil fällt uns ein. Wie sich die Bilder gleichen.

Paradoxerweise wird die Schöpfung bei Franziskus, zumindest theoretisch und poetisch, voll und ganz bejaht – Bruder Wolf und Schwester Sonne sind Zeuge. Es bleibt eine unaufgelöste Spannung. Wir nennen sie katholisch.

Man mag ein »unverdientes«, besser wohl unverschämtes »Glück« darin sehen, dass die mittelalterliche Papstkirche den Heiligen für sich beanspruchen durfte. War er zu schwach oder sie zu stark? War er ein Angepasster, ein Konformist, hatte er zu wenig Biss, war er nicht in der Lage, sich gegen die kirchlichen Vereinnahmungstendenzen zur Wehr zu setzen?

Da wir den historischen Franziskus nur durch den Filter tendenziöser Quellen kennen, ist es schwierig, diese Frage zu entscheiden. Die Annahme, er könne etwa ein »rebellischer Bruder« gewesen sein, wie der Titel eines 2006 erschienenen Buches nahelegt, lässt sich aber wohl ausschließen.[117] Er war kein Sozialrevolutionär, wie uns der Theaterautor Dario Fo glauben machen will. Aber dass der »Narr in Christo« zur freundlichen Spezies jener Menschen gehörte, die ungewollt zum Spielball fremder Interessen werden, ist denkbar. Zu Gunsten des Heiligen wird man allerdings sagen müssen, dass es, soweit es seine Vereinnahmung *post mortem* betrifft, selbstverständlich auch sehr schwer ist, sich erfolgreich gegen die Verfälschung seiner Biografie zu widersetzen. Franziskus

war nicht der erste, dem dies widerfuhr. Geschichte wird von Siegern geschrieben, auch und gerade Kirchengeschichte.
Es wäre eigenartig, wenn man bei der Aufzählung der Geistesströmungen, die auf den heiligen Franz wirkten, die Evangelien außer Acht ließe. Betrachtete Franziskus selbst sein Leben doch offenbar als »imitatio Christi«, was zwar meist mit »Nachahmung« oder »Nachfolge Christi« übersetzt wird, aber wohl am besten mit »Vergegenwärtigung« wiederzugeben wäre. Wer auch immer dieser Heilige war, er muss nicht nur eine außergewöhnliche Empathie und Fantasie besessen haben, sondern verstand sich vor allem darauf, den Inhalt der evangelischen Geschichten wieder aus den kostbaren Särgen goldgefasster, juwelengeschmückter mittelalterlicher Evangeliare auferstehen zu lassen. So wie Kinder Vater und Mutter nachspielen und es während des Spiels tatsächlich sind, wurde Franziskus dank der Kinderkunst des Vergegenwärtigens im Laufe seines Lebens zum »alter Christus«, d. h. zum »zweiten Christus«. Die Evangelien interessierten ihn nicht als heilige Texte oder als altehrwürdige Sammlung vergangener Geschichten, sondern als Vorlagen, um sie zu inszenieren und immer wieder neu Ereignis werden zu lassen. In diesem Sinne trifft die Bezeichnung, die man Franziskus und seinen Brüdern gab, »Gaukler Gottes« = »ioculatores Dei«, in der Tat etwas Wahres.
Man kann das am Krippenspiel sehen, das seine Erfindung ist. Dem Heiligen genügte es nicht, die Weihnachtsgeschichte nur zu lesen oder zu hören, er musste sie sehen, anfassen, fühlen und riechen können, mit Kind und Krippe, Heu und Stroh, Ochs und Esel – und das alles unter funkelndem Sternenhimmel mit Kerzen und Fackeln. »Aus Greccio«, so schwärmt Thomas Celano, wurde damals »ein neues Bethlehem«.[118] Man könnte von »Gleichzeitigkeit« im Sinne Kierkegaards sprechen, eine solche, bei der der Gläubige nicht unbeteiligter Zuschauer bleibt, sondern gleichsam in die Zeit der Inkarnation »zurückspringt« und sich des Ewigkeitscharakter

des Ereignisses bewusst wird.[119] Das ergreift nicht nur den Verstand, sondern Herz und Gemüt gleichermaßen. Und um Letzteres war es dem Gefühlsmenschen Franz in erster Linie zu tun.

Mit der von Franziskus gewählten Existenzform des umherziehenden, Wunder wirkenden, heilenden, unbehausten Wanderpredigers hatte sich der »Schauspieler Gottes« – anspruchsvoll genug – die Hauptrolle in dem göttlichen Evangeliendrama ausgewählt. Auch die Sammlung von zwölf (nach anderen Quellen elf) Gefährten gehört als Neuauflage der Jüngerberufung Jesu in diesen Zusammenhang. Wie der Herr so muss auch Franziskus sich immer wieder von seinen Brüdern zu Gebet und Meditation in die Einsamkeit zurückziehen. Wie der Herr so feiert auch Franziskus unmittelbar vor seinem Tode mit seinen Anhängern das Abendmahl. Und was die Stigmatisation anbetrifft, was ist diese anderes als ein, wie auch immer zu erklärendes, Vergegenwärtigungsgeschehen?

Ob und wieviel »Hysterie« darin steckt, wollen wir hier nicht untersuchen. Versteht man unter Hysterie, wie der Neurologe Paul Julius Möbius, eine Krankheit, die »durch Vorstellungen verursacht« wird, war der Heilige, der von seinen »Vorstellungen« immer wieder überwältigt wurde und seine Tränen unter der Macht solcher Vorstellungen ungehemmt fließen ließ, gewiss hysterisch.[120] Einige nannten ihn »verrückt«. Aber was ist damit gesagt – außer dass Franziskus offenbar das Charisma der Kinder und Künstler besaß, um das ihn unser prosaisches Zeitalter eher beneiden als bedauern sollte.

Mit der Kunst der Vergegenwärtigung ist noch eine andere Begabung, die der Allbeseelung verbunden. »Auch die kleinsten Geschöpfe nannte er«, wie Bonaventura zu berichten weiß, »›Bruder‹ und ›Schwester‹, wusste er doch, dass sie mit ihm den gleichen Ursprung hatten.«[121] Und so wird denn aus einem Hasen »Bruder Häslein«, aus einer Zirpe »Schwester Grille« usw. Aber nicht nur

Tiere zählen zur Geschwisterschar des Heiligen. Auch die Asche, die der Asket in sein Essen mischt, um sich den Geschmack zu verderben, heißt seine keusche »Schwester Asche« und den schikanierten eigenen Körper nennt er »Bruder Esel«. Aus dem Sonnengesang wissen wir, dass er auch Sonne, Mond und Sterne zu seinen Geschwistern zählte – und selbst die Armut lässt, wie wir inzwischen erfahren haben, als Herzensdame und Geliebte des Heiligen grüßen.

Vergegenwärtigung und Allbeseelung überall! Manches hätte kein Regisseur besser erfinden können. Und auch Werbefachleute können von dem Heiligen aus Assisi lernen. Auf die Idee, eine gleichermaßen unpopuläre und abstrakte Größe wie die Armut zum Verkaufsschlager zu machen, indem man ihr Gesicht und Gestalt, noch dazu die einer reizenden Frau, verlieh, musste man erst einmal kommen.

Dass bei aller Extravaganz des Vaganten auch ein wenig Eitelkeit mit im Spiel war, wer wollte das bestreiten? Der Vorwurf ist schon zu Lebzeiten erhoben worden und war gewiss nicht ganz unberechtigt. Mitunter schien sich der demütige Heilige wie ein Kind über den Gedanken gefreut zu haben, dass man bald überall in der ganzen Welt von ihm erzählen würde.

Wie auch immer, die Begegnung mit dem heiligen Kindskopf kann niemanden kalt lassen. Wir freuen uns darüber, endlich einmal einen Entsagungskünstler getroffen zu haben, der ohne die üblichen Ressentiments gegen Frauen auskommt.

Unter der Ägide des Papstes Johannes Paul II. fand am 27. Oktober 1986 in Assisi ein Treffen verschiedener Vertreter christlicher Konfessionen mit Repräsentanten anderer großer Weltreligionen statt. Medien nannten das den »Friedensgipfel in Assisi«. Von christlichen Traditionalisten ist das Treffen später heftig kritisiert worden. In einem Schreiben an Papst Benedikt XVI. warnen sie mit Blick auf ein weiteres Treffen vor dem »Geist von Assisi«. Man fürchtete wohl, dass der Relativismus, wie er in Assisi zum Ausdruck gekommen sei, die Grundlagen des christlich-katholischen Glaubens gefährden könne. »Mit Entsetzen« erinnern sich die Unterzeichner besonders »an die nach Stammesriten geschlachteten Hühner auf dem Altar der Kirche der Hl. Klara und den Schrein mit einer Buddha-Statue auf dem Altar der Kirche des hl. Petrus ...«[122]

Der Kritik an der Schlachtung der Hühner können wir uns uneingeschränkt anschließen. Der blutige Opferdienst dürfte dem freundlichen Verwandten von Bruder Hahn und Schwester Henne sicherlich kaum gefallen haben und kann auch uns nicht gefallen. Was die Buddha-Statue auf dem Altar der Kirche des hl. Petrus angeht, so liegt die Sache aber doch noch etwas anders. Die vorangehenden Seiten könnten gezeigt haben, dass hier endlich zusammenfand, was wirklich zusammengehörte: der christliche Heilige aus Assisi und sein großer Urahn vom Ganges. Auch der ein treuer Gatte von Frau Armut, treuer und aufopferungsvoller gewiss als die Mehrzahl derer, die seine Präsenz auf dem Altar des hl. Petrus kritisierten.

Heute umweht Melancholie die Orte, die die Legende von Assisi einst bettelnd durchwanderte. Pilger aus allen Ländern bevölkern Jahr um Jahr die verwaisten Stätten, um zu filmen und zu fotografieren oder ihre Lippen auf altehrwürdiges Heiligengemäuer zu pressen. Pilger sind wie Gäste einer Trauerfeier und verursachen immer Wehmut, weil sie uns daran erinnern, dass das, weswegen sie da sind, unwiderruflich dahin ist. Man kann auch das verklären und von »Monstranz« und »Segen« sprechen, wie Rilke es in einem Gedicht über den Mann aus Assisi getan hat:

*»Drum ist jetzt alles strahlend und Monstranz*
*und segnet schon wenn wirs ein wenig heben.«*[123]

Doch bevor auch wir uns aufmachen, um eine Pilger-Tour zu den Stätten des Heiligen Franz zu buchen, wäre es gewiss besser, sich selber erst einmal ein wenig in jener Kinderkunst des Vergegenwärtigens zu üben, auf die sich der Heilige so gut verstand. Frau Armut ist auch nach dem Tod des großen Heiligen keine Witwe geblieben, sondern war noch vieler Männer Ehegattin. Wer will, kann auch heute noch um die Hand der schönen Frau mit den dunklen, weltentsagenden Augen anhalten.

# 8. DSCHIHAD – WELTVERZICHT IM ISLAM

## Askese als Kriegsdienst

Inzwischen dürfte klar geworden sein: Zur klassischen Form der Entsagungskunst gehört Transzendenz. Je einladender und anziehender die geglaubten, imaginierten oder vielleicht auch tatsächlich vorhandenen Jenseitsräume, desto leichter fällt es, den Schwerpunkt unseres Daseins dorthin zu verlagern und den irdischen Verlockungen zu widerstehen. Klar ist auch, dass der heutige Protestantismus unter diesem Aspekt nicht gut abschneidet. Da die Grenzsteine des Diesseits von ihm inzwischen immer weiter verrückt wurden und ein Jenseitshorizont häufig kaum noch in Sicht ist, fällt es schwer, den Weltverzicht plausibel zu begründen – es sei denn, man lässt sich durch die Angst vor der bevorstehenden »Großen Katastrophe« motivieren. Und doch scheint die Botschaft, dass es auf dieser Welt so nicht weitergehen wird, weil es so nicht weitergehen kann, nicht dieselbe Schlagkraft zu besitzen wie die, dass es mit dieser Welt auch gar nicht weiterzugehen braucht, weil längst eine andere, bessere gefunden ist.

Damit soll nicht gesagt sein, dass unter Umständen nicht auch ein Protestant Verzicht leisten kann. Nur funktioniert das inzwischen so ganz anders als in früheren Zeiten. So sehr sind die Konsumgewohnheiten auch hier in Fleisch und Blut übergegangen, dass selbst die seit langem in Vergessenheit geratene, aber neuerdings wiederentdeckte Praxis des Fastens inzwischen davon geprägt ist. Der alte vorösterliche Brauch soll uns neuerdings durch den Kauf eines »edlen Tischkalenders« und dreier dazugehöriger Fastenbriefe für den Preis von 15,10 € schmackhaft gemacht werden, die man in einem evangelischen Verlag-Shop erstehen kann. Wer es sich leisten kann, kauft dazu auch noch ein »hochwertiges Notizbuch mit edlem Einband und Gummiband zum Verschließen« für 16,90 €, in das er seine Erfahrungen während der Fastenzeit eintragen und wieder mit einem Gummiband verschließen kann. Macht summa summarum 32 €, die sicherlich anderswo besser angelegt wären. Zum Beispiel dort, wo Menschen leben, die nicht nur vor Ostern und auch nicht ganz freiwillig fasten.

Beim Islam sieht das ganz anders aus, was vermutlich damit zusammenhängt, dass das Diesseits-Jenseits-Konzept noch einigermaßen intakt ist. Statt von oben auf die »Hinterweltler« herabzuschauen, könnten Christen lernen, dass Religion als reine Weltverbesserungsveranstaltung ohne Transzendenz einfach nicht funktionieren kann. Und dass religiöse Entsagung, die einer solchen Grundlage entbehrt, auf Sand gebaut ist.

Im Islam kann Askese im Wesentlichen durch zwei Begriffe ausgedrückt werden. Der eine lautet »Zuhd«, was so viel wie »Verzicht« oder »Desinteresse« bedeutet, der andere »Dschihad«, was zumeist mit »Anstrengung« oder »Kampf« übersetzt wird.

Das letzte Wort hat aus Gründen, die bekannt sind, heute keine gute Presse. Das ist verständlich, wenn auch kein Grund zur Irritation besteht. Unsere Tour führt uns nicht geradewegs zu Nine-Eleven, es soll in diesem Abschnitt weder von Osama bin Laden noch der Al-Qaida die Rede sein. Wir beschränken uns auf den religiösen Kontext – selbst wenn dieser im Islam kaum von dem politischen zu trennen ist. Die politische Bedeutung des Begriffs Dschihad ist bekannt. Danach meint Dschihad den Heiligen Krieg gegen die Ungläubigen, und zwar in einem militärischen Sinne, wobei allerdings die Details dieses Krieges, die Bedingungen, unter denen er zu führen oder wieder zu beenden sei, oft recht unterschiedlich bestimmt werden. Die religiöse Bedeutung, auf die es uns ankommt, ist weniger geläufig. Sie bezeichnet den Kampf bzw. die Anstrengung auf dem Weg zu Gott.

In gewisser Weise ließe sich sagen, dass sich in den beiden Grundbedeutungen die Entwicklung Mohammeds vom Asketen zum »Warlord« widerspiegelt. Die frühe Predigt des Propheten ist ja in erster Linie Gerichtspredigt. Sie hat vor allem das Seelenheil der Zuhörer im Blick und zielt auf Umkehr. Der Zorn Allahs wird all denen prophezeit, die ihr Hab und Gut über alles lieben. Auch wird denjenigen, »denen der Sinn nach dem diesseitigen Leben und seinem Flitter steht«, im Jenseits das Höllenfeuer angedroht. Dagegen soll es denen wohl ergehen, die vor der Habsucht bewahrt bleiben. Die den Kampf mit »der Versuchung des Diesseits widerstehen«, sollen dereinst »gewaltigen Lohn« erhalten. »Kriegsdienst« meint also in Mohammeds früher mekkanischen Phase ein Leben für Allah.[124] Historiker nehmen an, dass Mohammed sich auch durch das Vorbild früher christlicher Asketen anregen ließ.

Seitdem er 622 mit seinen Anhängern von Mekka nach Medina ausgewandert war, übernahm er immer mehr die Rolle eines Heerführers. Der Dschihad bekommt daher gerade in dieser Zeit eine eminent militärische und politische Bedeutung. Angesichts der militärischen Erfolge, die als Zeichen göttlichen Wohlwollens gewertet wurden, warnt der Prophet jedoch vor allzu großem Überschwang. Nach wie vor gilt es, sich nicht täuschen zu lassen und den Verlockungen des Diesseits zu widerstehen. Der Dschihad im Sinne des bewussten Verzichts, die Mahnung, das jenseitige Gericht nicht aus den Augen zu verlieren, bleiben auch weiterhin die bestimmenden Motive seiner Predigt.

Zum Thema »Weltverzicht im Islam« hat der Religionswissenschaftler Richard Gramlich eine imponierende Sammlung von Zeugnissen zusammengestellt. Schon der Gedanke an das Diesseits galt einigen islamischen Theologen als verwerflich: »Wenn ich an etwas Diesseitiges denke«, so heißt es bei Abū Nuʿaym, »durch das ich vom Gedanken an Gott abgelenkt werde, fürchte ich für meinen Verstand«. In ähnlicher Weise sagt ein anderer islamischer Theologe: »Das Diesseits wurde als Spiegel des Jenseits geschaffen. Wer von ihm her ins Jenseits schaut, wird gerettet, wer durch es vom Jenseits abgelenkt wird, geht verloren, und sein Spiegel wird finster.« Gerade die Schönheiten der Welt sind geeignet, den Gläubigen von seinem Weg zu Gott abzulenken: »Das Schönste vom Diesseits ist in den Augen seines Betrachters das Hässlichste, denn das Diesseits lenkt von dem ab, was schöner ist als es.« Darum betrachtet man es am besten als tot.[125]

Wie schon dem indischen, buddhistischen, orphischen, kynischen oder christlichen Entsagungskünstler bietet sich auch dem islamischen Verzichter ein reiches Betätigungsfeld. Der Dschihad gegen die diesseitigen Neigungen der Triebseele kann auf ganz verschiedenen Feldern geführt werden und sich gegen den Nahrungs-, Geschlechts-, Besitz-, Geltungstrieb usw. richten. Hinsichtlich der Form ihrer Entsagung lassen sich die islamischen Verzichter im Allgemeinen also kaum von ihren andersgläubigen Kollegen unterscheiden. Nur dass das Diesseits-Jenseits-Schema bei der Begründung eine alles beherrschende Rolle spielt.

Die von Gramlich gesammelten Zeugnisse ergeben ein ebenso geschlossenes wie eindrucksvolles Bild des islamischen Weltverzichts. Allerdings sollte man sich nicht zu dem Eindruck verleiten lassen, dieses Bild würde die heutige Realität des gelebten Islam widerspiegeln. Das wäre so, als wollte man den aktuellen Stand christlicher Spiritualität aus einer Anthologie mit Texten von Thomas von Aquin, Meister Eckhart und Gerhard Tersteegen erheben. Die von Gramlich zitierten Texte sind in der Regel mehrere Jahrhunderte alt und entstammen vielfach den mystischen Seitenströmungen des Islam. Der Stand der Verzichter und Asketen hat seit jeher einen elitären Charakter besessen. Das war und ist auch im Islam nicht viel anders. Aus den asketischen und mystischen Texten einiger Frommer lässt sich kein Bild über den Gesamtzustand einer Religion ableiten. Allerdings bringt es der stärker gesetzliche Charakter des Islam mit sich, dass die kultischen Bestimmungen von den Gläubigen strenger befolgt werden, so z. B. das Verbot des Verzehrs von Schweinefleisch oder des Trinkens von alkoholischen Getränken. Auch die »Gebetsaskese«, d. h. das fünfmalige tägliche Gebet in Richtung Mekka, hat für den Gläubigen verpflichtenden Charakter.

Eine wichtige Rolle nimmt in diesem Zusammenhang das Ramadanfasten ein, das zu den fünf Säulen des Islam zählt. In der zweiten Koransure (Vers 185) wird die im neunten Monat des islamischen Kalenders begangene Fastenzeit mit der Offenbarung des Koran an den Propheten begründet. Das Fasten beginnt mit der Morgendämmerung, wenn ein weißer von einem schwarzen Faden zu unterscheiden ist, und endet mit dem Sonnenuntergang. In dieser Zeit wird von allen Gläubigen, die im Vollbesitz ihrer geistigen und körperlichen Kräfte sind, Enthaltung von fester und flüssiger Nahrung, vom Rauchen und auch vom Geschlechtsverkehr gefordert, darüber hinaus aber auch eine strengere Befolgung der religiösen Pflichten (z. B. Armenspende). Konflikte sollen in dieser Zeit möglichst beigelegt werden. Nicht zuletzt darin zeigt sich die soziale Dimension des Ramadanfastens.

Was zunächst nach ehrwürdiger religiöser Entsagungskunst und bewundernswerter Selbstdisziplin klingt, offenbart sich bei näherem Zusehen häufig als ein durchaus zwiespältiges Phänomen. Seit langem ist bekannt, dass viele Gläubige nach der Fastenzeit mehr Gewicht auf die Waage bringen als vorher, was nicht weiter verwundert, da die Tafel bei den meisten Familien zwischen Sonnenuntergang und -aufgang üppiger gedeckt ist als sonst. Für die Entbehrungen des Tages entschädigt man sich zusammen mit Gästen in ausgelassener Runde mit allerlei speziell für den Ramadan zubereiteten kalorienreichen Köstlichkeiten. Dem islamischen Gesetz widerspricht das nicht. Ob der ursprüngliche Sinn des Fastens damit erfüllt wird, ist eine andere Frage.

Insofern ergeht es dann doch auch dem Islam wie so vielen anderen Religionen, deren ursprünglicher spiritueller Gehalt sich auf dem Wege zur »Volksreligion« immer weiter verflüchtigt und so weit verdünnt hat, bis am Ende nur noch religiöse Folklore übrigbleibt. Wem der Sinn stärker nach echter religiöser Entsagung oder mystischer Gottsuche steht, sollte sich jenen islamischen Lehrern zuwenden, von denen einige in Zitaten bereits zu Wort gekommen sind. Radikale Weltentsagung ist, wie wir schon sahen, in allen Religionen immer nur Sache kleiner Minderheiten gewesen. Das galt für den Buddhismus und das Christentum, und das gilt natürlich auch für den Islam. Auch hier gibt es eine geistliche Elitetruppe. Die Rede ist von den Sufis.

## Vom Weltverzicht zum Ichverzicht – Sufis und islamische Mystik

Die Herkunft des Namens ist ungewiss. Einige Gelehrte wollen ihn vom arabischen Wort »sūf« für »Schurwolle« ableiten und darin einen Hinweis auf die wollene Kleidung der Sufis sehen. Andere glauben, ihn von der Wurzel »safā« für »rein sein« herleiten zu können. Wieder andere behaupten, Ursprung des Begriffs sei das griechische Wort »sophia«, Weisheit. Mit einem anderen Wort wird der Sufi häufig auch als »Derwisch« bezeichnet. Ob das aus dem Persischen stammende Wort »Darvish« tatsächlich »Bettler« bedeutet, ist umstritten. Vielleicht hatte es mit dem Erscheinungsbild der im abgewetzten bunten Mantel von Türschwelle zu Türschwelle (persisch »dar«) wandernden und um Almosen bittenden Gottesmänner zu tun.

Es wird weithin anerkannt, dass der Sufismus kein genuin islamisches Erzeugnis ist, sondern sich an vorislamische Strömungen anschließt und diese unter neuen Vorzeichen fortsetzt. Wenn die Einzelheiten dieses historischen Prozesses unter Wissenschaftlern auch umstritten sein mögen, so lassen sie sich doch vor dem Hintergrund der hier aufgezeigten Entwicklung vom östlichen Asketentum zur Orphik, von dort zum Pythagoreismus und Kynismus, schließlich zum Neupythagoreismus, Neuplatonismus, Manichäismus und Christentum die meisten Züge des Sufismus gut erklären. Die in den letzten Kapiteln dargestellten indischen und hellenistischen Lehren stimmen darin mit dem Sufismus überein, dass sie der Reinigung, im Sinne geistiger Läuterung und als Befreiung von Unkenntnis, große Bedeutung beimaßen. Wie bei den indischen Asketen, Orphikern oder Gnostikern besteht das Heil für den Sufi im erlösenden Wissen. Ritualismus und Legalismus haben als Heilsweg ausgedient. Wesentlich für den Sufi ist »die Fähigkeit des Loslassens, im geistigen Sinne nichts zu besitzen und von nichts besessen zu werden, das Erleben des Geliebten (Gott), ein

Geschehen, in dem man erst im vollen Sinne Mensch ist, und, den Eigenwillen in der Liebe Gottes sterben zu lassen.«[126]
Vertreter eines universellen Sufismus behaupten, dass die mystische Erfahrung über jede Art verfasster Religion stehe und diese sogar bedinge. Daher rührt bisweilen ihre »Standortlosigkeit«. Der Dichter und Mystiker Rumi: »Ich bin weder Christ noch Jude, auch Parse und Muslim nicht ... Mein Ort ist da, wo kein Ort ist.«[127]
Dass die mystischen Strömungen, die der Sufismus in sich aufnahm, durch den Islam noch einmal einen starken Schub in Richtung All-Einheitsmystik erfuhren, braucht nicht bestritten zu werden. Charakteristisch ist jedoch der Enthusiasmus sowie die Radikalität, mit der dieser Einheitsgedanke von den sufischen Mystikern vertreten wird, ohne dass er, wie im orthodoxen Islam, zur platten Kampfparole wurde. Das menschliche Bewusstsein geht so vollkommen in Gott auf, dass jede Ich-Du-, Subjekt-Objekt-Spannung zugunsten des einen göttlichen Ich aufgelöst wird. Weltverzicht führt zum Ichverzicht. Spiritualität und Askese bedingen einander. »Spiritualität light«, d. h. eine Spiritualität mit vollem Bauch, ist gar nicht denkbar.
Zur asketischen Grundlage gesellen sich gewisse mystische Techniken, die ihre Wirkung aus der ständigen Wiederholung bestimmter Gebets- und Koranverse oder Gottesnamen beziehen. Ihr Sinn ist es, die Verstandesebene abzuschalten, um den Geist für andere, höhere Bewusstseinszustände zu öffnen. Man nennt das »Dhikr«. Das entspricht den auch anderswo geübten mystischen Techniken, z. B. dem in der christlich-orthodoxen Kirche geübten Herzensgebet, nur dass die Inhalte andere sind. Die Koranrezitation oder das »La ilaha illa Allah« (»Es gibt keinen Gott außer Gott«) kann auch durch Tanz und Musik ersetzt werden. Selbst der Konsum von Haschisch ist nicht unbekannt. Doch soll von diesen und anderen Ekstasetechniken hier nicht die Rede sein, ebenso wenig von den tanzenden Derwischen. Diese Dinge

fühlen sich aus der Innenansicht gewiss besser an, als sie sich von außen darstellen. Das gilt zumal von dem monotonen Einerlei der Gebetsformeln oder auch der oft recht gewöhnungsbedürftigen Musik, die aber ihre abendländische Entsprechung im gregorianischen Choral hat, der ja auch nichts anderes ist als eine musikalische Meditationsübung. Faszinierender als derartige Techniken, die eine im Grunde so bedeutende Angelegenheit wie die Mystik leicht in den unangenehmen Ruch des handwerklich Gemachten bringen, scheint etwas anderes: die Idee, dass äußere oder geistige Schönheit dem einzelnen Mystiker zum »Mysterium fascinosum« werden kann und damit zum Vehikel für seine geistige Erhebung. Die Wurzeln dieses Gedankens reichen auf Platon zurück, der in verschiedenen Dialogen (z. B. im »Gastmahl«) den Aufstieg der Seele auf der Stufenleiter des von Mal zu Mal vollkommener werdenden Schönen beschreibt. Wie bei Plato wurde die Schau körperlicher und geistiger Schönheit auch im Sufismus als Weg mystischer Erfahrung angesehen. Gott gilt als die ursprüngliche Quelle alles Guten und Schönen, dem sich die Seele auf dem Wege der Meditation, z. B. durch den Anblick des/der schönen Geliebten, nähert und mit dem sie sich in der mystischen Ekstase vereinigt. Das alles ist natürlich nicht zu denken ohne den Eros bzw. die Liebe, die als eigentlicher Antriebsmotor für den mystischen Aufstieg gilt. Die Liebe ist neben der Einheit das Grundthema islamischer Mystik. Auch wenn sich dafür in der platonischen, gnostischen oder christlichen Tradition auf eine Vielzahl von Entsprechungen verweisen lässt – das gnostische »Mysterium des Brautgemachs«, die Kirchenväterauslegung des »Hohen Liedes« usw. –, ist doch die Tonart, in der die mystische Erfahrung hier besungen wird, der überschwängliche, bilderreiche Herzenston, etwas ganz Neues. Während die griechische Mystik eher Sache des Intellekts bleibt, ist die islamische sehr viel emotionaler und außerdem auch noch poetischer.

Es ist überaus verwunderlich, dass die mystische Liebestrunkenheit eines Rumi oder Halladsch einem islamischen und keinem christlichen Kontext entstammt, wie man es gerade von einer »Religion der Liebe« hätte erwarten können. Das mag damit zusammenhängen, dass die Liebe im Christentum frühzeitig nur noch im Sinne der »Agape«, d. h. des mildtätigen Erbarmens, aufgefasst wurde. Diese an sich sehr ehrenwerte Dame ist allerdings ein wenig temperamentlos und eignet sich nur schwer für mystische Aufschwünge, die eher Sache des Eros sind. Dass erotische Liebe ausschließlich sinnliche oder körperliche Liebe sei, ist ein oberflächliches Vorurteil, das dem Weg zu einer christlichen Mystik immer wieder im Wege stand. In Wahrheit ist der Eros als Zugpferd für jede geistige Aufwärtsbewegung unerlässlich.
Wie man weiß, ist die von vielen Sufis beschworene universale »Religion der Liebe« nach 800 Jahren immer noch Desiderat und schöner Traum geblieben – und wird es vermutlich auch wohl bleiben. Etwas so Fragiles und Weltflüchtiges wie die Liebe, die jeder Organisation und Institutionalisierung abhold ist, lässt sich nun einmal nicht in die Form einer verfassten Religion mit Imamen oder Päpsten und Priestern pressen.

# 9. KONSUMVERZICHT – SCHRUMPFTUM STATT WACHSTUM

## Herbert Marcuse und »Die Große Verweigerung«

»Konsumterror, Konsumidiot, Konsumverweigerung« – erinnern wir uns? Wer weiß noch, wie uns wurde? – wohlig warm ums Herz wurde uns, wenn wir diese Worte aussprachen, klar und deutlich, um sie langsam und genüsslich zu wiederholen und unseren Eltern, die eben mit vollgestopften Plastiktüten vom Einkauf aus dem Discounter zurückkamen, verächtlich entgegenzuschleudern, wobei wir noch hinzufügten: Konsum ist Scheiße!
Dass einige stolze Konsumverweigerer gleichwohl nicht davon abstanden, nächtens den 180-Liter-Bosch-Kühlschrank mit den eingeschweißten Fleischwürsten und Frucht-Joghurts zu plündern, was macht das? Es ging bei alledem ja nicht um Fleischwürste und Frucht-Joghurts, sondern ums Prinzip, darum nämlich, sich des in der kapitalistischen Gesellschaft geführten »falschen Lebens« bewusst zu werden und die gesellschaftlichen Verblendungszusammenhänge zu durchschauen. »Verweigerung«, »Widerstand« lauteten die Stichworte. Damals. Und heute? Das Leben ist so falsch wie eh und falscher, doch nun wird es noch nicht einmal mehr »durchschaut«. Der oberflächliche Schein der kapitalistischen Waren- und Medienwelt ist für die meisten Menschen faszinierender denn je. Als Großväter und -mütter müssen die Konsumverweigerer von einst beunruhigt feststellen, dass ihre Enkelkinder ohne 4-teiligen »Scout-Schulranzen Megaset« und Designer-Klamotten gar nicht mehr in die Schule zu kriegen sind. Auch wenn man es sich nur ungern eingestand, weil es schmerzlich war, konnte man am Ende nicht mehr die Augen davor verschließen, dass schon die eigenen Kinder zu einer Schar biederer Markenfetischisten

geworden waren, die sich den ganzen Tag bei Coffee to go und Chicken Nuggets völlig überflüssige Nachrichten, Fotos und Gedröhne zupostete oder irgendwo im www versumpfte. Politisches Bewusstsein? Fehlanzeige. Gewiss keine leichte Erkenntnis für die Weltveränderer von einst. Hat ihre Erziehung versagt? Vielleicht. Zu antiautoritär? Gut möglich. Es hat sich nicht ausgezahlt.

Man mag dagegen einwenden, dass es in den letzten Jahren auch eine Reihe erfreulicher Entwicklungen gegeben habe: ein erwachendes ökologisches Bewusstsein, Biolandwirtschaft und Bioläden, die zumal in den einschlägigen Szene-Vierteln der Großstädte wie Pilze aus dem Boden sprießen, eindrucksvolle Green-Peace- und Robin-Wood-Aktionen und schließlich Demonstrationen und Initiativen der jungen Antiglobalisierer aus der Attac-Bewegung, die Erinnerungen an die Protestbewegungen der 68er Zeit wecken. Immerhin gibt es auch in Deutschland inzwischen einen alljährlichen »Kauf-Nix-Tag«, ein Pendant zum »Buy nothing day«, ein 24-stündiger Kauf- und Konsumverzicht zur besten, nämlich zur Vorweihnachtszeit. Doch wer wollte leugnen, dass solchen und anderen gut gemeinten Initiativen immer auch ein Hauch von Halbherzigkeit anhaftet. Geben wir es zu: Die Gewöhnung an den Wohlstand hat uns korrumpiert. Der Biss ist weg, die alte Leidenschaft dahin. Anfang der siebziger Jahre wäre es noch undenkbar gewesen, dass Vertreter des Einzelhandels uns Adventssonntag für Adventssonntag zur besten Sendezeit den Sinn des Weihnachtsfestes erklären, ohne dass ihnen dabei jemand ins Wort gefallen wäre. Heute sind viele Journalisten Konformisten, fast schon handzahm, und manche Talkshowmoderatoren haben vor Müdigkeit schwere Lider. Ja, Wohlstand muss wohl müde machen. Und ängstlich auch.

Wer sich etwas darauf einbildet, am »Kauf-nix-Tag« ohne Einkaufstüten gesehen worden zu sein, hat seine Weihnachtseinkäufe in der Regel nur auf den nächsten Adventssonntag verschoben.

Gewiss eine Mehrheit von Menschen will Ökologie, will Natur und demonstriert gegen Atomkraft, Flug- und Autolärm – aber dieselbe Mehrheit spricht unablässig vom Shoppen und will jedes Jahr Urlaub machen, am liebsten zweimal, mit dem Auto oder dem Flieger, will freie Fahrt für freie Bürger ... Warum sonst sind unsere Landschaften mit Beton, Asphalt und Solarflächen zugepflastert oder mit Windrädern verspargelt? Deswegen, weil sich an unseren Ansprüchen wenig geändert hat und nur die Quellen für die Energie, mit deren Hilfe wir sie befriedigen wollen, andere sind. Jetzt sollen »regenerative« Energien an die Stelle der Atomkraft treten. Das wird als Fortschritt gefeiert. Dabei ist der Unterschied nur der, dass wir die größtenteils überflüssigen Produkte, die Tag für Tag auf den Markt geworfen werden, nicht mehr mit dem Risiko eines möglichen Super-GAUs, sondern mit einer durch Windräder und Stromtrassen völlig verschandelten Landschaft bezahlen. Die durch die Aufstellung von Windrädern faktisch erfolgte Landschaftszerstörung, die wegen ihrer breiten flächenmäßigen Streuung an brutaler Hässlichkeit alles übertrifft, was das industrielle Zeitalter auf diesem Sektor bis dahin an Grauenhaftem zu bieten hatte, wird entweder verdrängt oder mit Begriffen wie »ökologisch notwendig« oder »nachhaltig« schöngeredet.
Wirklich »nachhaltig« wäre nur ein bescheidenerer Lebensstil. Doch allein von Bescheidenheit zu reden, ist subversiv in Tagen, in denen das Konsumieren zum guten Ton gehört, der Kauf eines Neuwagens mit Hilfe einer »Abwrackprämie« als nationale Pflicht gilt und den sozial Schwächsten die Stütze nicht mehr aus solidarischem Mitgefühl gegeben wird, sondern damit »die Wirtschaft boomt«. Eine echte Revolution könnte heute wohl nur noch von den Bescheidenen im Lande ausgehen. Aber eben deswegen, weil es sie kaum noch gibt, wird sie vermutlich ausbleiben – und irgendwann durch die Apokalypse ersetzt.
Konsumforscher Wolfgang König stellt fest: »Konsum ist selbst-

verständlich geworden. Man stellt Konsum nicht mehr – wie in den 60ern – grundsätzlich in Frage.«[128] So ist es. An die Stelle des einstigen Aufbegehrens ist weithin nur noch schlaffe Gleichgültigkeit und müde Resignation oder eine von allen Skrupeln befreite hysterische Kauflust getreten. Zwar hätten wenigstens Konsumkritiker von damals als Pensionäre und Rentner inzwischen wieder die Freiheit, dem System gehörig auf den Nerv zu gehen. Doch wo sind sie geblieben? Vermutlich haben sie gerade keine Zeit, weil sie eine Kreuzfahrt in die Karibik gebucht haben.

Fangen wir an, wo alles anfing, bei den 68ern. Natürlich könnte man auch früher beginnen, die Kritik an der Konsumgesellschaft ist nicht ihre Erfindung. Aber sie wurde selten forcierter und eindrucksvoller vorgetragen als von ihnen und ihren geistigen Vätern, zu denen vor allem das philosophische Dreigestirn Marcuse, Adorno und Horkheimer zählt. Im Gegensatz zu den meisten anderen bisher vorgestellten Verzichtsaktionen wurde die »Große Verweigerung« weder religiös noch metaphysisch, sondern rein säkular als Herrschafts- und Kulturkritik an einem bestimmten wirtschaftlichen und gesellschaftlichen System, dem Kapitalismus eben, begründet. Trotz des expliziten Fehlens einer religiösen Dimension gibt es strukturell gemeinsame Züge mit einigen der in den vorhergehenden Kapiteln dargestellten religiösen Bewegungen. So wie die Verzichtsleistung dort gewöhnlich mit einer Erkenntnis, z. B. in Form innerer Erleuchtungen oder prophetischer Aussprüche, begründet wurde, ging auch der »Großen Verweigerung« ein Erkenntnis- und Erweckungsakt voran, nämlich die gesellschaftliche Analyse und das Aufdecken des »Verblendungszusammenhangs«. Auch hier gab es neben einer Elite von solchen, die den Sinn bzw. Unsinn der ganzen Sache durchschaut hatten, die Masse der Unerleuchteten, die sich durch den trügerischen Glanz der vermeintlichen kapitalistischen Errungenschaften täuschen ließen. Die mythologischen Gestalten der religiösen Systeme, die »Mächtigen und Gewaltigen«, die »Herren der Welt, die in dieser Finsternis herrschen«, haben konkrete irdische Gestalt bekommen. Es handelt sich um die Vertreter des Kapitalismus und deren Schergen. Schließlich ähnelt die »Große Verweigerung« auch darin älteren religiösen Verzichtsmodellen, als hier ebenfalls alles auf ein »Reich Gottes«, freilich ohne Gott, hinauslaufen sollte. Als Voraussetzung dafür galt die Abschaffung des dem alten Äon zugehörigen Systems. Ein anderer, bisher noch nicht genannter geistiger Vater der 68er-Bewegung, Ernst Bloch, hat davon noch gewusst.

Ob religiöse Wurzeln oder nicht, die »Große Verweigerung« gehört in jedem Fall in die Geschichte des Verzichts. Die ihr zugrunde liegende Kritik bezog sich auf ein System, das als marode und menschenverachtend galt und von dem keine innere Erneuerung, keine Reformen mehr zu erwarten waren. Sich weigern, »das Spiel mitzuspielen, kann die Tatsache sein, die den Beginn des Endes einer Periode markiert«. Dieser gewiss sehr interpretationsfähige Satz Marcuses wurde gern auch im Sinne eines Konsumverzichts gedeutet: denn wie ließ sich der Kapitalismus besser treffen, als dadurch, dass man dem von ihm offerierten Ramsch einfach die kalte Schulter zeigte? Zur Herrschaftskritik kam noch ein weiterer Gesichtspunkt, der später häufig unterschlagen wurde: Kritik an der Konsumgesellschaft war – zumindest bei dem Dreigestirn Marcuse, Adorno, Horkheimer – immer auch Kulturkritik, und zwar in einem durchaus konservativen, bürgerlich-traditionellen Sinn. Marcuse kann kräftig über das Maß an Ungebundenheit räsonieren, das das System der Bevölkerung (zur eigenen Stabilisierung) einräumt. Er findet den »Grad, in dem es der Bevölkerung gestattet ist, den Frieden zu stören, wo immer es noch Friede und Stille gibt, unangenehm aufzufallen und die Dinge zu verhässlichen, vor Vertraulichkeit überzufließen und gegen die guten Formen zu verstoßen, ... beängstigend«.[129] Was hätte Marcuse erst zu dem hohlen

Spaßgebrüll, das uns heute aus vielen TV-Kanälen (die Öffentlich-Rechtlichen eingeschlossen) entgegendröhnt, gesagt?

In seiner Geringschätzung aller »Vergnügungs- und Erbauungsmedien« wusste sich Marcuse übrigens auch mit dem feinsinnigen Musenfreund Theodor Wiesengrund einig. Da ist es nur konsequent, wenn er in den letzten Abschnitten seines »Eindimensionalen Menschen« sogar mit einer Erziehungsdiktatur liebäugelt – auch dies eine Lieblingsidee zumal konservativer Kritiker. Es waren halt noch echte Kulturmenschen, die Vertreter der Frankfurter Schule, kernige Volkspädagogen, die, wie gestrenge Erzieher nun einmal sind, sich sicherlich nicht davor gescheut hätten, ihren Zöglingen zu deren eigenem geistigen Wohl den Fernseher abzudrehen und ihnen stattdessen ein »gutes Buch« in die Hand zu drücken. Unsere heutige, in Hedonismus und Konsum versinkende Spaß-Gesellschaft könnte die gestrenge Hand solcher Pädagogen sicherlich wieder gut gebrauchen. Inzwischen ist diese Art zupackender Kulturkritik leider in Verruf geraten und einem allgemeinen Werterelativismus, bei dem alle Katzen grau und alle Kritiker lau sind, zum Opfer gefallen.

Neben die Herrschafts- und Kulturkritik, mit denen die Ablehnung der Konsumgesellschaft begründet wurde, trat schließlich noch die ökologische Kritik, die anfangs allerdings ein wenig in den Kinderschuhen steckte. Das war der Tatsache geschuldet, dass andere Themen im Vordergrund standen und die Ausmaße der durch Industrialisierung und Globalisierung bewirkten Natur- und Umweltzerstörung noch nicht ins Bewusstsein gesickert waren. Das änderte sich erst 1972, als das Buch »Die Grenzen des Wachstums« erschien, eine Studie zur Zukunft der Weltwirtschaft, die im Auftrag des »Club of Rome«, einem multinationalen und -kulturellen Zusammenschluss verschiedener Wissenschaftler und Intellektueller, erarbeitet worden war. Oft zitiert wurde der Satz, mit dem die Verfasser das düstere Ergebnis ihrer Recherche kurz und bündig zusammenfassten: »Wenn die gegenwärtige Zunahme der Weltbevölkerung, der Industrialisierung, der Umweltverschmutzung, der Nahrungsmittelproduktion und der Ausbeutung von natürlichen Rohstoffen unverändert anhält, werden die absoluten Wachstumsgrenzen auf der Erde im Laufe der nächsten hundert Jahre erreicht.«

Eine Lösung aus der Misere sahen die Autoren, wie sie später klärend feststellten, in »einer überaus ambitionierten Mischung aus Einschränkung des Konsums, Kontrolle des Bevölkerungswachstums, Reduktion des Schadstoffausstoßes und zahlreichen weiteren Maßnahmen«.[130] Das Dogma eines unbegrenzten Wirtschaftswachstums wurde erstmals infrage gestellt. Die Forderung nach einem »Nullwachstum« machte die Runde.

Weil sich die Menschheit in einer grundsätzlich neuen Situation befand, bekam auch der Verzicht eine grundsätzlich neue Bedeutung. Bis dahin war er in der Regel eine freiwillige Leistung, die aus religiösen oder weltanschaulichen Gründen von Einzelnen zur Erlangung ihres Seelenheils erbracht wurde. Nun erhielt er existenzielle Tragweite. Er wurde zur Überlebensstrategie, d. h. er geschah dort, wo er denn geschah, nicht bloß aus freiem Willen, sondern als notwendige Folgerung aus der Einsicht in die drohende Apokalypse; nicht zur Sicherung des persönlichen Seelenheils, sondern zur Sicherung der physischen Existenz; nicht individuell, sondern am besten kollektiv, zur Sicherung des Überlebens der gesamten Menschheit. Verzicht und Askese sind nicht mehr nur Mittel zur Selbstfindung durch Weltdistanzierung, sondern zur Weltrettung.

Wir wollen diese Engführung und Säkularisierung des Askese-Gedanken, die sich unter dem Eindruck der drohenden »Großen Katastrophe« seit den Siebzigern vielerorts herausbildete, an dieser Stelle wertneutral konstatieren. Es sei dem Leser/der Leserin überlassen zu beurteilen, ob der Wegfall des Freiwilligkeitsgedankens und die Säkularisierung des Begriffs, sein bloßer Bezug auf das physische Überleben der Menschheit, nicht auch einen erheblichen Substanzverlust mit sich brachte – dies bei aller Sympathie mit den Konsumkritikern und ihrem Versuch, die drohende Apokalypse durch einen bescheideneren Lebensstil doch noch abzuwenden.

## »Haben und Sein« – Erich Fromm

Die Verfasser der Studie »Die Grenzen des Wachstums« kamen am Ende zu dem Ergebnis, dass nur durchgreifende politische, ökonomische und technologisch-ökologische Maßnahmen die »große, letztlich globale Katastrophe« verhindern könnten. Etwas anders lautet das Resultat bei den Autoren einer etwa gleichzeitig entstandenen Untersuchung, die 1974 unter dem vielsagenden Titel »Menschheit am Wendepunkt« veröffentlicht wurde. Darin werden nicht nur strukturelle Reformen, sondern auch ein fundamentaler Wandel der menschlichen Grundwerte gefordert: »Wenn der Mensch als humanes Wesen überleben soll«, so heißt es im Epilog, »muss er heute bereit sein, auf eigene Vorteile zugunsten zukünftiger Generationen zu verzichten.«[131]

Auch für den 1980 verstorbenen Psychoanalytiker und Philosophen Erich Fromm hängt »das physische Überleben der Menschheit von einer radikalen Veränderung des Herzens ab«. Ihm geht es in erster Linie um den »Neuen Menschen«, der nach seiner Meinung nicht mithilfe neuer politischer oder wirtschaftlicher Strukturen, sondern nur durch radikalen Gesinnungswandel entstehen soll. Unter Rückgriff auf Meister Eckhart und alte biblische Ansätze entwickelt Fromm sein Überlebenskonzept, das auf der Unterscheidung von Haben und Sein basiert. In dem gleichnamigen, 1976 veröffentlichten Buch skizziert er die »seelischen Grundlagen einer neuen Gesellschaft«.[132]

Die Ursachen für die sich am Horizont abzeichnende große Katastrophe sieht Fromm in den Problemen der gegenwärtigen Erwerbsgesellschaft. Ihre »drei Säulen Privateigentum, Profit und Macht« bilden die ideologische Basis des Habenmodus, d. h. einer Daseinsweise, die durch Egoismus, Prestigedenken, Beziehungsunfähigkeit, Misstrauen, Gier, Entfremdung etc. gekennzeichnet ist. Fromm entwickelt eine scharfsichtige, immer noch hochaktuelle Psychologie des Kaufens und Konsumierens. Den Akt des Besitzergreifens beim Autokauf bezeichnet er treffend als »Defloration«. Das Konsumieren sei eine »Flucht vor sich selbst«; »das ständige Ausschauen nach neuen Dingen, die man tun und nach neuen technischen Spielereien, die man ausprobieren kann«, sei »nur ein Mittel ..., um sich davor zu schützen, sich selbst oder anderen nahe zu sein«. Während im Habenmodus der Grundsatz: »Haste was, biste was« gilt, ist es im Sein-Modus umgekehrt. Hier heißt es: »Ich bin, wer ich bin und nicht, was ich habe.« Diese Seinsweise sei, so Fromm, durch Sicherheit, Identitätsgefühl, Liebe und Vertrauen gekennzeichnet. Die Kräfte der Vernunft und der Liebe aber verringerten sich nicht, sondern würden ständig wachsen. Darum könne auch nur der Sein-Modus die seelische Basis für eine neue, bessere und friedlichere Gesellschaft und die Schaffung eines »Neuen Menschen« bilden.[133]

Es scheint zunächst, als ob Fromm jede Form des Habens ablehne. Doch ist dies nicht der Fall. Fromm leugnet nicht die Notwendigkeit »existenziellen oder funktionalen Habens« und kann sogar vom »gesunden Konsum« sprechen. Dem entspricht seine negative Haltung zur Askese. Diese sei, so behauptet er, »mit ihrem ständigen Kreisen um Verzicht und Entsagen« nur »die Kehrseite eines heftigen Verlangens nach Besitz und Konsum«. Der Asket möge diese Wünsche verdrängt haben, beschäftige sich aber faktisch »gerade durch sein Bestreben, Besitz und Konsum zu unterdrücken, unausgesetzt mit diesen«. Fromm nennt dies »Leugnen durch Überkompensieren«.[134]

Deutlich ist, dass Fromm hier offenbar eine pathologische Form der Askese im Auge hat. Die mag es gegeben haben, sie ist aber, wie wir im Laufe dieses Buches bereits festgestellt haben, nicht die Regel, wie sich überhaupt der ganze Komplex Askese keineswegs mit der simplen Diagnose »Überkompensation« abtun lässt. Wenn der Mensch in dem von Fromm angestrebten Sein-Modus die Forderung, sein Leben nicht durch Habsucht und Gier bestimmen zu lassen, wirklich ernst nimmt, wird er kaum umhinkommen, sich irgendwann mit dem Gedanken des dauernden oder zeitweiligen Verzichts anzufreunden. Was aber ist dieser Verzicht anderes als das, was traditionell als Askese bezeichnet wurde? Fromm möchte es gerne so darstellen, als sei die Alternative von Haben und Nichthaben bzw. zwischen asketischer und nichtasketischer Lebensweise hinfällig. Aber das ist natürlich nicht der Fall. Es scheint, als scheute sich der Lehrer des »Neuen Menschen« davor, seinen Schülern mitzuteilen, dass die alte bittere Medizin des Verzichts auch im neuen Seinsmodus keineswegs ganz ausgedient hat.

Leider ist auch das von Fromm propagierte Erziehungsziel, die Schaffung eines »Neuen Menschen«, nicht besonders glücklich formuliert. Der »Neue Mensch« war, wie man weiß, das erklärte Ziel der meisten Diktaturen und totalitären Systeme des 20. Jahrhunderts. Die Erinnerungen vieler Menschen an Erfahrungen, die sie beispielsweise mit dem Erziehungswesen der DDR machen mussten, die Erinnerungen auch an Zeiten, in denen aus der Erziehung zum sozialistischen »Neuen Menschen« Umerziehung mit entsprechenden Umerziehungslagern wurde, sind nicht dazu angetan, positive Gefühle zu wecken. Vermutlich wäre es besser gewesen, wenn das Konzept von Haben und Sein ohne solche Anleihen aus dem Wortschatz abgewirtschafteter Ideologien entwickelt worden wäre.

Fromms Ansatz erweist sich als humanistische Neuauflage uralter religiöser Konzepte, wie schon in den letzten Kapiteln gezeigt wurde. Der Unterschied ist nur der, dass die erzieherische Arbeit, die Schaffung des »Neuen Menschen«, die bisher als Aufgabe der Religionen betrachtet wurde, nun auf den Staat übergehen soll. Fromm scheint gar nicht zu bemerken, dass es dadurch auch mit der »Unabhängigkeit, Freiheit« und dem »Vorhandensein kritischer Vernunft«, die er als Grundlagen des Seinsmodus betrachtet, vorbei ist.[135] Am Ende wird aus dem Staat der Weltanschauungsstaat und aus der gut gemeinten Bildungsarbeit jene staatliche Indoktrination und Gehirnwäsche, die Fromm gerade ablehnt und die sich von totalitären Erziehungsprogrammen nur wenig unterscheidet.

## »Du musst dein Leben ändern!« – Peter Sloterdijk

Sechs Jahre nach dem Erscheinen von Fromms Buch stellte sich der Philosoph Carl. F. von Weizsäcker in einem Aufsatz die Frage: »Gehen wir einer asketischen Weltkultur entgegen?« Das Ergebnis des Aufsatzes ist zwiespältig: Weizsäcker sieht die gesellschaftsverändernden Konsequenzen eines bewusst geübten Verzichts und plädiert sogar für »die Entwicklung neuer Formen der Selbstbeherrschung«, da diese für die »Zukunft unerläßlich« seien. Da der Verzicht allerdings in einer demokratischen Gesellschaft nicht anbefohlen werden könne, dürfe nicht »auf die Durchsetzung demokratischer Askese« gewartet werden, »um die materiellen Probleme der technischen Zivilisation zu lösen«.[136]

Weizsäcker scheint also mehr auf die Wirkung politischer und ökonomischer Maßnahmen zu setzen als auf die von Fromm geforderte, sehr wünschenswerte, aber demokratisch schwer umsetzbare radikale Veränderung des Herzens und Schaffung eines »Neuen Menschen«.

Von ganz anderer Seite hat sich der Philosoph Peter Sloterdijk der Frage genähert. Der Titel seines Buches ist dem Sonett Rilkes »Archaischer Torso Apollos« entnommen: »Du musst dein Leben ändern.« Der Appell klingt wie die prägnante Antwort auf unsere Fragen. Woraus der kategorische Imperativ seine Dringlichkeit bezieht, macht der Aus- und Rückblick deutlich: »Die einzige Tatsache von universaler ethischer Bedeutung in der aktuellen Welt ist die diffus wachsende Einsicht, dass es so nicht weiter gehen kann ... die einzige Autorität, die heute sagen darf: ›Du mußt dein Leben ändern!‹, ist die globale Krise, von der seit einer Weile jeder wahrnimmt, dass sie begonnen hat, ihre Apostel auszusenden.« Also auch hier soll die »Große Katastrophe« die Menschheit als »Göttin des Jahrhunderts« disziplinieren.[137]

Das angekündigte Programm klingt verheißungsvoll und erweckt dem Leser spontan Bereitschaft, dem Philosophen selbst auf verschlungensten Pfaden zu folgen. Tatsächlich ist der Kreis, den er zusammen mit ihm abzuschreiten hat, um sich von ihm in die Geheimnisse der Anthropotechnik einweihen zu lassen, sehr groß: Rilkes archaischer Torso, die Geschichte der Olympiade, Unthans Krüppel-Probleme der Menschheit, Ron Hubbards Scientology-Church, Jakobs Himmelsleiter, die Wandlung des Saulus zum Paulus, dazu immer wieder Nietzsche, müssen herhalten, um zu beweisen, dass wir alle Übende sind. Ausgehend von der Überzeugung, dass Übung der Sieg ist, der die Welt überwunden hat, entwirft Sloterdijk eine »Anthropologie des übenden Lebens«. Aufgeschreckt durch Nachrichten über gewisse, neuerdings zu beobachtende religiöse Aufbrüche, beschäftigt er sich in der Einleitung seines Werkes mit der fälschlich sogenannten »Religion«, die er freilich nur unter Übungsgesichtspunkten gelten lassen will. Dazu erinnert er an den ursprünglichen Wortsinn des Begriffs Askese = Übung. Die bei Weizsäcker noch vorhandene religiöse Konnotation des Wortes wird von Sloterdijk als überholt verworfen. Das hat damit zu tun, dass der Philosoph bereits in einer Umbruchszeit lebt, der von ihm höchstpersönlich herbeigeführten »anthropotechnischen Wende«. »Dem ›Scheitern‹ der Aufklärung«, so Sloterdijk, »muß eine schärfere Sicht auf die spirituellen Tatsachen entgegengestellt werden. Ich werde zeigen, daß eine Rückwendung zur Religion ebenso wenig möglich ist wie eine Rückkehr der Religion – aus dem einfachen Grund, weil es keine ›Religion‹ und keine ›Religionen‹ gibt, sondern nur mißverstandene spirituelle Übungssysteme.«[138]

Mit der »Religion« – die als Begriff verabschiedet wird – wird auch die Askese als ein Übungssystem neben anderen erkannt. Diese neue Sicht verlangt neue Begrifflichkeiten: In Sloterdijks Unternehmen geht es »um nicht weniger als um die Einführung einer alternativen Sprache, und mit der Sprache einer veränderten Optik, für eine Gruppe von Phänomenen, für welche die Tradition Ausdrücke wie ›Spiritualität‹, ›Frömmigkeit‹, ›Moral‹, ›Ethik‹ und ›Askese‹ anzubieten pflegte«.[139]

Das Erfreuliche an dieser Entdeckung: »Auch der falsche Gegensatz zwischen den Gläubigen und Ungläubigen entfällt und wird durch die Unterscheidung zwischen Praktizierenden und Ungeübten bzw. anders Übenden ersetzt« – »... hier finden Wagenlenker und Gelehrte, Ringkämpfer und Kirchenväter ... zusammen.« Durch »Ausweitung der Übungszone des einzelnen wie der Gesellschaft« kommt es zur Bildung einer ganz neuen Umma der Übenden. Sie alle arbeiten auf ihre Weise an der »Ko-Immunisierung« einer Gesellschaft, die die alten Gegensätze hinter sich gelassen hat und in ein neues Morgen aufbricht.[140]

Viel wäre wohl noch zu ergänzen und viel zu zitieren. Wir wollen es bei diesen kurzen Andeutungen belassen. Die vom Philosophen und »Rhapsoden« an anderer Stelle geäußerte glaubhafte Versicherung, »zu einem Aktivwortschatz von fünfzigtausend Zeichen ... Zugang« zu haben, könnte durchaus als Drohung missverstanden werden.[141] Es stünde zu befürchten, dass die Verwirrung durch noch mehr Wörter – dort, wo der Leser Begriffe erwartet – nur größer würde.

Im Übrigen hat der Autor dieses Buches auch nicht die Absicht, sich tiefer in den Diskurs, den der Philosoph weitgehend mit sich selber führt, einzumischen, zumal ihm dort, wo die Luft allzu dünn wird, immer schnell der Atem ausgeht. Philosophische Hochseilakte erregen ihm, ebenso wie die Lektüre katholischer Heiligenlegenden, immer ein gewisses Unwohlsein. Gleichwohl sieht er sich um der eigenen Sache willen genötigt, den ungleichen Kampf aufzunehmen und dem Geistesgoliath auf dem Hochseil wenigstens an einigen Punkten – vom sicheren Erdboden aus – zu widersprechen. Er hält den Beweis für Sloterdijks zentrale These, dass es Religionen nicht gebe, für nicht gelungen. Oder vielmehr, er kann noch nicht einmal erkennen, dass in Sloterdijks Buch ansatzweise der Versuch gemacht würde, die These plausibel zu begründen. Das Verfahren, Religion und Religionen aus den ferneren Überlegungen herauszueskamotieren, erinnert vielmehr an die Art und Weise, wie Zauberkünstler ihre Kaninchen im Zylinderhut zum Verschwinden bringen. Gewiss, das Publikum und das deutsche Feuilleton sind verblüfft und reagieren mit spontanem Applaus. Wenn wir allerdings dem Rat, den der Philosoph an anderer Stelle ausspricht, auch im Hinblick auf ihn selbst befolgten und die Lage auf der Bühne, hinter der Bühne und im Zylinder näher inspizierten, würden wir schnell herausfinden, dass das Kaninchen nach wie vor existiert und sich nach der Vorstellung bei einer verdienten Mohrrübe bester Gesundheit erfreut.

Worauf beruht der Trick unseres Zaubermeisters? Ganz einfach darauf, dass er uns gar nicht erst verrät, was er unter Religion versteht. Wenn der Begriffsinhalt unbestimmt bleibt, erfordert es nur wenig Mühe, auch den Begriff selbst zum Verschwinden zu bringen und zu behaupten, Religion und Religionen habe es nie gegeben. Anstatt sich seinen eigenen Religionsbegriff zu machen, den er zugleich für nicht-existent erklärt, hätte Sloterdijk an den in der Religionswissenschaft üblichen Gebrauch des Begriffs anknüpfen können. Er hätte dann schnell erkannt, dass die Furcht vor irgendwelchen weltanschaulichen Festlegungen, die mit der Verwendung des Begriffs impliziert sein sollen, völlig unbegründet ist. Als »Summe von Glaubensvorstellungen«, die auf eine Wirklichkeit bezogen sind, »die zwar durch Erfahrung nicht beweisbar, für den Gläubigen aber unbedingt gewiss ist« (Hans-Joachim Schoeps)[142], kann auch ein Wissenschaftler über Religion sprechen. Eine Entscheidung über die Realität oder Nichtrealität der Glaubensinhalte ist damit nicht getroffen.

Aber natürlich ist klar, was Sloterdijk mit seinem Manöver bezweckt. Er möchte zum Ausdruck bringen, dass wir es bei den Inhalten der »spirituellen Übungssysteme« mit Illusionen und bei den Systemen selbst mit einem menschlichen Gemächte zu tun haben. Ironischerweise knüpft er zu diesem Zweck sogar an den protestantischen Theologen Karl Barth an, der einst in ganz ähnlicher Weise, die Thesen Feuerbachs aufnehmend, behauptet hatte, bei den Religionen handele es sich um »Menschenwerk« und nur das Christentum sei authentische göttliche Offenbarung. Sloterdijk ebenso wie Barth überschreiten die Grenze dessen, was sich wissenschaftlich feststellen lässt. Der eine, indem er sich als Theologe zum Richter über die Wahrheit von Glaubensvorstellungen macht und nur noch das Christentum gelten lassen will, der andere, indem er als Atheist in den Fußstapfen Nietzsches alle Religionen überhaupt nur noch als »freie Illusionsausübung« betrachtet.[143] Bekenner sind beide. Abgesehen von der hastigen Verabschiedung des Religionsbegriffs bleibt aber auch völlig unklar, wie sich Sloterdijk sein Projekt eines »Ko-Immunismus« aller gemeinsam Übenden vorstellt. Darin müssten doch wohl auch jene eingeschlossen sein, die ihrer Illusionsausübung weiterhin in frommen Exerzitien nachgehen und denen er mehr als ein Viertel seines Buches gewidmet hat. Sloterdijk vergisst, dass die spirituellen Übungssysteme schon deswegen nicht mit den üblichen Trainings- und Fitnessprogrammen auf eine Stufe gestellt werden können, weil sie im Allgemeinen nicht dazu bestimmt sind, die Welt zu verändern oder zu verbessern, sondern dazu, diese auf Distanz zu halten und im Extremfall sogar gänzlich zu verabschieden. Insofern ist der Gedanke einer »Ko-Immunisierung« auf Sand gebaut. Wie sollten sich die beiden grundverschiedenen Gruppen, von denen die eine mit Klavier-, Rücken- und Po-Übungen in die Welt strebt und die andere mit spirituellen Exerzitien aus der Welt stiebt, wohl unter dem ihnen vom Philosophen aufgespannten Schirm zu gemeinsamer Weltrettungsaktion versammeln können? Oder glaubt dieser tatsächlich, heutige Christen, Moslems, Juden, Buddhisten usw.

durch »Aufklärung« dahin bringen zu können, ihre Vertikalspannung Gott, oder wie auch immer, durch die »Göttin des Jahrhunderts«, die »Große Katastrophe« ersetzen zu können? Verglichen mit der dafür notwendigen globalen Überzeugungs- und Missionsarbeit werden sich die bisherigen missionarischen Anstrengungen aller Religionen als unbedeutendes Geplänkel erweisen. Religion als System der Weltverabschiedung hat, wie Sloterdijk selbst feststellt, ganz andere Exerzitien hervorgebracht als alle anderen mehr oder weniger auf Welterhaltung und -verbesserung ausgerichteten Übungssysteme. Dass diese nicht mit jenen kompatibel sind, hat mit der Eigenart der meisten Religionen, ihrer grundlegenden Distanz zur Welt, zu tun. Nicht auszuschließen, dass der Philosoph am Ende die Übersicht über sein großangelegtes und weitgespanntes Werk, darin irgendwie alles mit allem zusammenhängt und zu einem einzigen »Panazee« zusammengebraut wird, verloren hat.

Wir deuteten schon an, dass der Ertrag des riesigen Aufwands, den Sloterdijk unternimmt, sich am Ende recht bescheiden ausnimmt. Was bleibt, um die große Katastrophe abzuwenden, ist jener unwirsche Imperativ, der uns unsere damalige Klavierlehrerin so verhasst machte: Üben, üben, üben! – und dies auch noch mit dem pädagogisch unsensiblen Hinweis darauf, dass unsere asiatischen Mitschüler schon weiter seien als wir. Aber was soll eigentlich geübt werden und wozu überhaupt die Aufforderung, wenn doch der Mensch nach Meinung des Philosophen ohnehin ein »ständig übendes« Wesen ist und gar nicht anders kann als üben?

Da Sloterdijk in seinem Buch mit konkreten Vorschlägen hinterm Berg hält, darf er es dem ratlos zurückgelassenen Leser nicht verübeln, wenn er sich anhand eines populären Sekundär-Mediums kundig zu machen versucht. So hat die BILD-Zeitung im Rahmen eines Interviews mit »Deutschlands bekanntestem Philosophen« ein komfortables, knappes Fünf-Punkte-Trainingsprogramm erstellt:

»– Den Körper und den Geist regelmäßig fit halten.
– Aufmerksam und geistesgegenwärtig sein.
– Bereitschaft zur Belastung zeigen.
– Auf die Ausdruckskultur achten, nicht das Erstbeste (ohne Inhalt) losreden.
– Musik hören. Musik ist Kluger Kopf mit die Schule des Gefühls [!].«[144]

Überflüssig zu sagen, dass man mit diesem Übungsprogramm die Welt nicht nur retten, sondern auch vollends im Orkus versenken kann: Auf der Grundlage dieses Fünf-Punkte-Programms kann man nicht nur ein brillanter Starpianist werden, nicht nur ein großer Philosoph oder Politiker, man kann damit auch Atombomben bauen und abwerfen, die Wirtschaft eines Landes ruinieren, man kann Kriege führen oder – mit Mozarts Kleiner Nachtmusik im Ohr – ein KZ betreiben. Eine Antwort auf unsere Fragen gibt das Fünf-Punkte-Programm jedenfalls nicht.
Fast scheint es, als habe sich Sloterdijk im Irrgarten seiner bunt durcheinander gewürfelten Thesen am Ende verlaufen und vergessen, wozu der Aufwand von mehr als 700 Seiten eigentlich dienen sollte: dem Leser Mittel und Wege zu zeigen, sein Leben zu ändern, um, wenn schon nicht der großen bevorstehenden Katastrophe, so doch »aus der Stumpfheit, der Niedergeschlagenheit, der Verranntheit, vor allem aber aus der Banalität« der gegenwärtigen Welt zu entkommen.[145]
Als problematisch erweist sich überdies, dass sich der Philosoph durch seine völlig überflüssige Verabschiedung des Religionsbegriffs um ein entscheidendes Argument gebracht hat. Denn woher kamen jene ältesten und stärksten Impulse einer von der Welt distanzierenden und von ihr befreienden Askese, woher jene stärksten Gierblocker, die die Menschheit kennt – wenn nicht von den Religionen?

## Landlust – John Seymour

Je mehr die fatalen Folgen unseres Lebensstils für Natur und Umwelt in den siebziger Jahren in den Blick traten, umso größer wurde das Interesse an alternativen Lebensformen. Es war die Zeit, in der eine Schar »grüner Aussteiger« sich den »Traum vom Landleben« erfüllen wollte, nicht aus einer romantischen Anwandlung heraus, sondern in der ernsten Absicht, als »Selbstversorger« ein alternatives Lebensmodell zur bestehenden Konsum- und Industriegesellschaft zu entwickeln.

Literarische Handreichungen dafür verfasste der britische Farmer und Buchautor John Seymour, dessen Bücher hohe Auflagen erlebten. Seine Bücher richteten sich an unerschrockene »Neusiedler« mit der notwendigen Liebe zum Land und zur Landarbeit, d. h. an Menschen, die tatsächlich bereit waren, für ihre Utopie einer besseren Gesellschaft in die Hände zu spucken und die strapaziösen Anstrengungen eines Lebens als Selbstversorger auf sich zu nehmen. Seymour warnte vor allzu großer Euphorie und malte die Härten und Entbehrungen des Landlebens realistisch aus, andererseits stellte er die Vision eines sinnvollen und erfüllten Lebens ohne entfremdete Arbeit in Aussicht, eingebettet in den Kreislauf der Natur.[146]

Obwohl wir uns mit der modernen Zivilisationskritik im Allgemeinen in einer religionsfreien Zone bewegen, zeigt sich John Seymour durchaus nicht unbeeindruckt von altüberlieferten Rezepten, die die Menschheit pazifizieren halfen. Ehrfürchtig schreibt er von »eingeschlechtlichen Gemeinschaften«, die »manchmal Jahrhunderte überdauerten«. Denn »von Haus aus haben sie drei bedeutende Vorteile: eine gemeinsame Religion, keine Kinder und keinen Sex. Wo es keinen Sex gibt, gibt es auch keine sexuelle Eifersucht; wo es keine Kinder gibt, gibt es keinen Streit ihretwegen; und eine Religion kann Menschen zusammenhalten, wie sonst nichts auf der Welt.« Aber solche Anwandlungen sind, wie überhaupt alle Rückgriffe auf christliche oder andere religiöse Traditionen eher selten, widersprachen sie doch dem gleichzeitig laufenden Programm der sexuellen Befreiung. Zölibatär lebende Gemeinschaften wollten dazu nur schlecht passen.

Seymours Ideal war das des Selbstversorgers, dessen Farm eine Nation im Kleinen darstellt und vollkommen autark ist. Nicht der zu erwirtschaftende Gewinn stand im Vordergrund, sondern Freude und Befriedigung über die getane Arbeit. Das letzte »Ziel des Bauernlebens«, so zitiert Seymour aus dem Buch »Die Strohhalmrevolution« des japanischen Bauern Fukuoka, »ist nicht Erzeugung landwirtschaftlicher Produkte, sondern die Kultivierung und Vervollkommnung des Menschen«.[147]

Heute nun, sind, wie es scheint, viele dieser Ansätze verdröppelt. Gewiss, es gibt Öko-Dörfer wie z. B. »Sieben Linden« in Sachsen-Anhalt. Man baut Obst und Gemüse biologisch an, isst vegetarisch oder vegan, spricht viel von Perma-Kultur und sucht ein »lustvolles und gesundes Leben« – ohne ganz auf modernen Komfort, oder was man darunter versteht, zu verzichten. Sogar eine Dorfdisco gibt es. Zum Thema Verzicht gehört das alles streng genommen nicht, trotz einer im Dorf aufgestellten Buddha-Statue.[148]

Ansonsten spielt sich »Der Traum vom Landleben« in erster Linie in »Landlust«, »Liebes Land« und anderen Hochglanzillustrierten ab, die es in den letzten Jahren zu ungewöhnlich hoher Auflage gebracht haben. Aus den »Neusiedlern« sind Klein- oder Sonntagsgärtner geworden, die in der Kleingartenkolonie oder ihrem Landsitz Kohl oder Gurken anbauen oder als Städter auf ihrem Balkon Tomaten züchten. Der Typ des ländlichen »Selbstversorgers«, der unter weitgehendem Verzicht auf Konsumgüter vollkommen autark lebt, ist mehr oder weniger ausgestorben.

Doch gibt es noch ein paar Felsen in der Brandung. Oder anders gesagt: Es leben noch ein paar Leute in Armorica, Menschen, die ihren Grundsätzen nicht untreu geworden sind und die das, woran sie glauben, nicht für ein Linsengericht oder ein dickes Konto verraten haben. Damit aber ist, wie wir inzwischen wissen, die hohe Entsagungskunst wieder genau dort angekommen, wo sie einmal war: Bei den wenigen Einzelnen, den »Sonderlingen«, den »Aussteigern«, den »Originalen« und »Spinnern«, die ihren eigenen Traum von einem sinnvollen Leben verwirklichen, ohne auf Trends oder den jeweiligen Zeitgeist zu achten.

## Mensch Gottfried

Die Leser von Thomas Manns Buddenbrooks kennen Eberhard Graf Mölln, den Vater von Kai Graf Mölln, Freund Hanno Buddenbrooks. Das kleine Gehöft des Grafen von heruntergekommenem Adel liegt irgendwo vor den Toren Lübecks, ein »fast wertloses Anwesen, das überhaupt keinen Namen hatte. Man gewann, blickte man hin, den Eindruck eines Misthaufens, einer Anzahl Hühner, einer Hundehütte und eines armseligen, katenartigen Gebäudes, mit tief hinunterreichendem, rotem Dache.« Auf einem Schild an der niedrigen Haustür des Herrenhauses war zu lesen: »Hier wohnt Graf Mölln ganz allein, braucht nichts, kauft nichts und hat nichts zu verschenken.«

Der Hausherr, so Thomas Mann, »war ein Sonderling, den selten jemand zu sehen bekam, und der, beschäftigt mit Hühner-, Hunde- und Gemüsezucht, abgeschieden von aller Welt auf seinem kleinen Gehöfte hauste: ein großer Mann mit Stulpenstiefeln, einer grünen Friesjoppe, kahlem Kopfe, einem ungeheuren ergrauten Rübezahlbarte, einer Reitpeitsche in der Hand, obgleich er durchaus kein Pferd besaß, und einem unter der buschigen Braue ins Auge geklemmten Monokel.«[149]

Der Aussteiger, von dem hier die Rede ist, sieht anders aus als der Sonderling aus Thomas Manns Roman. Er trägt keinen Rübezahlbart, kein »ins Auge geklemmtes Monokel« und hält in seiner Hand auch keine Reitpeitsche. Statt eines Adelstitels hat er ein Diplom in Erziehungswissenschaft, statt einer Friesjoppe trägt er gerne ärmellose Achselshirts, mit denen er seine schönen, kräftigen Muskeln zeigen kann. Und ab und zu fährt er mit dem Fahrrad in die 25 km entfernte, benachbarte Stadt, um in einer Diskothek Salsa zu tanzen.[150]

Die Rede ist von Gottfried Stollwerk in Hiddinghausen bei Osnabrück, den die BILD-Zeitung den »konsequentesten Aussteiger

Deutschlands« genannt hat. Der Superlativ in einer Zeitung, in der an Superlativen bekanntlich kein Mangel herrscht, könnte falsche Erwartungen wecken. Gottfried lebt nicht im Wald, ernährt sich nicht von Beeren und tanzt auch nicht mit dem Wolf, er schläft nicht unter freiem Himmel und ist nicht mit dem Wohnwagen unterwegs, sondern lebt ganz bodenständig in einem von den Eltern geerbten Bauernhof. Schon deswegen will auch die Bezeichnung »Habenichts«, die ihm der Journalist Jan Grossarth gab, nicht recht passen.

Der Hof liegt irgendwo in der leicht gewellten Landschaft zwischen Wiehengebirge und Teutoburger Wald. Ein wenig heruntergekommen mag er in den Augen einiger Leute, deren Häuser mit glasierten Tondachziegeln bedeckt sind und unter deren Car-Port ein Daimler, BMW oder Audi steht, schon aussehen. Aber »heruntergekommen« ist in ihren Augen ja ohnehin nur das, was sie in anderen Zusammenhängen, auf alten Ölschinken oder Stichen, ohne zu zögern, als »idyllisch« bezeichnen würden.

Vor dem Eingang des Hauptgebäudes, dort wo anderswo der Zweitwagen steht, döst ein Schaf in der Herbstsonne. Eine Steinpflasterung, wie vor den meisten Bauernhöfen der Gegend, die noch genutzt werden, sucht man vergeblich. Brennnesseln und Unkraut wuchern. Vielleicht hat sich die Natur auch nur zurückgeholt, was ihr einmal gehörte. Irgendwo klappert ein Windspiel aus Bambus. Und irgendwo kräht ein Hahn. Im Gras scharren Hühner, die einen Namen haben, z. B. Frau Braun und Frau Schwarz, zwei Glucken mit braunem bzw. schwarzem Federkleid. Die Anrede beim Nachnamen klingt persönlich, aber wohl nicht so persönlich, dass sie eine spätere Verwendung als Suppenhuhn ausschlösse. Auf der blassgrünen Dielentür, der »Grotendör«, ist eine Kreideschrift zu lesen. Die Aufschrift in ungelenken Buchstaben ist nicht ganz so originell wie die auf dem Türschild des Grafen von Mölln, aber derjenige, der sie verfasst hat, ist ja auch kein Schriftsteller: »Ich bleibe auf dem Land / und ernähre mich, wie ich kann.« Das klingt wie ein Bekenntnis, vielleicht aber auch nur nach spontaner Lust, dem Besucher sein Herz zu öffnen. Vor dem verwitterten Holztor eines alten verputzten Fachwerkgebäudes, über dem Netze mit Zwiebeln oder irgendetwas Ähnlichem hängen, sitzt der Hausherr auf einem Blecheimer in einem verschossenen, blassblauen Arbeitskittel. Er trägt »Holzschen« an den Füßen und genießt ein paar Weintrauben aus eigenem Anbau.

Doch der idyllische Eindruck trügt. Jedenfalls wird er vom Hausherrn dementiert. Vor den Fernsehkameras kann er auch ganz anders. Dann z. B., wenn es ums »Eingemachte« geht, und das bedeutet in diesem Fall: um die Wasserquelle, von der er lebt und von der er seinen Wasserbedarf, bescheidene 3 Liter täglich, deckt. Die ist nämlich versiegt. Selbst in 6 Metern Tiefe gibt es kein Wasser mehr. Jetzt heißt es: Wasser kaufen oder aus dem nahe gelegenen Bach oder dem benachbarten See holen. Doch ist das Wasser aus dem Bach überhaupt genießbar? Es könnte trinkbar sein, so Gottfried, wenn wir unsere Lebensweise ändern würden. Die Stimme wird laut, die Gestik ausladend, die Bewegungen eckig, und es kommt zum Disput. Gregor Bialas, der ihn interviewt, will sich gegen den Anwurf wehren: »Aber da können Sie mich doch nicht für verantwortlich machen.« Vergebens. Mit »wir« meint Gottfried tatsächlich jeden von uns, jeden, der nicht bereit ist, auf seine Ansprüche zu verzichten und seinen Wasserbedarf einzuschränken. Er behauptet: »Ihr Desinteresse liegt genau darin begründet: weil Sie Ihre Lebensweise nicht ändern wollen!« Das sitzt.

Das Leben auf dem Lande ist hart für jemanden, der es sich nicht so leicht machen will wie die Mehrheit der Menschen, hart für einen Selbstversorger wie ihn. Was sollen da die idyllischen Hochglanzbilder vom Leben auf dem Lande? »Sie wollen schöne Kuhbilder fotografieren, heititei, schönes Lämmchen, oh aua aua ...«

Darum noch einmal: Die Lebensweise in der Stadt hat Konsequenzen, nämlich die, dass Gottfried Stollwerks Wasserquelle allmählich versiegt und das Wasser des Baches ungenießbar wird. Und wir lassen das zu.
Gewiss ließe sich das alles ein wenig sachlicher ausdrücken, nur würde das nicht viel daran ändern, dass Bauer Gottfried grundsätzlich Recht hat. Kein Zweifel, dass sein Problem im Kleinen irgendwann unser Problem im Großen werden wird. Die verheerenden Folgen unserer Vergeudungs- und Verschwendungssucht sind abzusehen.
Die eiserne Disziplin, die dazugehört, an einem Tag mit nur drei Litern Wasser auszukommen, ist bewundernswert. Das geht natürlich nicht ohne Abstriche. Körperpflege, Wäsche, Abwasch, Toilette – alles muss dem Wasserspardiktat untergeordnet werden. Gottfrieds Bad besteht aus einer Mischung von Regenwasser und Spülwasser mit einem Schuss Molke, den das Euter seines Zickleins liefert. Das ist je nach dessen Tagesform mal mehr, mal weniger. Das Spülwasser wurde nach Art eines dualen Systems zuvor schon einmal gebraucht, und zwar für den Abwasch des Essgeschirrs. Um das Abwaschwasser nicht allzu stark zu verunreinigen, werden die Teller samt Löffel, Gabel und Messer gründlich abgeleckt, wodurch die Zunge in Bewegung bleibt, was die Tätigkeit der (für das rationale und analytische Denken wichtigen) linken Gehirnhälfte anregen soll. Das klingt barbarisch, hat aber durchaus Methode und ist auch nicht ganz ohne Kultur, denn zur atmosphärischen Einstimmung auf das Mittagessen wird eine Kerze angezündet und auf den Tisch gestellt.
Nachdem die Molke ihren Dienst als Abwaschmittel getan hat, kommt sie, wie schon gesagt, in die Schüssel mit dem Wasser für die tägliche Körperpflege. Hier darf sie noch einmal ihre mild reinigende und pflegende Wirkung auf der Haut entfalten, von der all diejenigen, die sich ihre empfindliche Hautflora Tag für Tag

mit parfümierten Seifen und aggressiven Deos kaputt machen, gar nichts wissen.

Dass eine Waschmaschine in Gottfried Stollwerks Haushalt fehlt, ist so selbstverständlich, dass es nicht eigens erwähnt zu werden braucht. Aber Handwäsche ist ein hartes Geschäft, zumal dann, wenn sie sich häuft. Hausfrauen wissen das. Hausmänner häufig noch nicht. Man kann sich die Arbeit aber erleichtern, indem man das eine oder andere durchschwitzte Wäschestück einfach 14 Tage zum Durchlüften in die frische Landluft hängt.

Häufiger Unterhosenwechsel kann bei Männern über 50 zum Problem werden. Wer soll dagegen anwaschen? Darum gibt es in der Hosentasche immer eine Serviette – »für den Pimmel«, zum Abtrocknen. An ein Wasserklosett mit aufwändigem Klärgrubensystem ist in diesem Zusammenhang natürlich gar nicht zu denken. Warum auch, solange es Eimer gibt, auf die man sich setzen kann. Gottfried drückt das Verfahren, um das es geht, kurz und bündig so aus: »Ich pisse in einen weißen Eimer und scheiße in einen Blecheimer mit blauem Rand.« Die Eimer werden dann zum Feld gebracht und dort entleert. »Für mich ist Scheiße Gold. Dass wir aus Scheiße Sondermüll gemacht haben, darin sehe ich das Symbol für den Niedergang unserer Kultur.« Auch an dieser Aussage mit ihrer feinsinnigen Anspielung auf Spenglers »Untergang des Abendlands« ist grundsätzlich nichts falsch. Der Eimerinhalt wirkt wie Dünger. Zumal Landwirtkollegen, die ihr Land seit Jahren mit dem Unkrautbekämpfungsmittel Glyphosat vergiften oder tonnenweise mit Gülle überschwemmen, haben nicht das geringste Recht, darüber die Nase zu rümpfen.

Und überhaupt: Wer kennt nicht dieses traurige Gefühl des täglichen Irrsinns, das uns bei dem Blick in das WC-Becken beschleicht, wenn wir dem Ergebnis unseres morgendlichen Geschäfts hinterherschauen und mit ihm 6-8 Liter oder (je nach Spülbecken) mehr kostbaren Trinkwassers (Gottfrieds doppelte und dreifache Tagesration!) verschwinden sehen. Jemand, der sich einen Rest von Wertschätzung für die kostbare Ressource bewahrt hat, kann sich an dieser Vergeudung nicht beteiligen.

Aber ist ein Eimer oder Plumpsklo wirklich eine Alternative? Abgesehen davon, dass nicht jeder von uns ein Stück eigenes Land besitzt, auf dem er seinen Eimer entleeren kann, wie geht das im Winter, wenn draußen alles zugefroren ist und sich der Eimerinhalt zu einem einzigen Eisklumpen verwandelt hat? Lohnt die Anschaffung eines Eispickels? Oder reicht ein wenig heißes Wasser? Hier käme man gerne einmal mit Gottfried ins Gespräch, um ein wenig zu fachsimpeln. Von Selbstentsorger zu Selbstentsorger gewissermaßen. Aber das nur am Rande.

Gottfried Stollwerk, der sich Spaß-Bauer nennt, ist seit langem im kleinbäuerlichen, selbstversorgerischen Milieu aktiv. Heute gehören ihm 5 Hektar Land, 4,5 Hektar Wald, eine Ziege, zwölf Hühner, eine Kuh, ein tragendes Rind, ein Bullenkalb, 19 Schafe sowie eine Katze. Als Selbstversorger kauft er weiter nichts ein als ab und zu ein wenig Hafer, Öl, Streichhölzer und Zucker. Radikalisiert hat er das Selbstversorgungsprinzip erst seit der Trennung von seiner Frau und seitdem die Kinder nicht mehr im Hause sind. Mit Familie wäre ein Leben, wie er es jetzt führt, nicht möglich. D. h., möglich schon, nur wollen zumal Kinder in heutigen Zeiten ungern auf die Annehmlichkeiten moderner Zivilisation, oder was sie darunter verstehen, verzichten. Ein Leben ohne Fernsehen, Computer, Internet und Facebook können sie sich nicht mehr vorstellen. Sie finden es gut, dass ihr Vater ist, wie er ist, allerdings kommt für sie das Lebensmodell, das er ihnen vorlebt, nicht infrage.

Tatsächlich ist das Leben des Selbstversorgers hart. Jeden Morgen früh aus den Federn, um mit der Sense Gras zu mähen. Den anfallenden Kuhdung zum Düngen aufs Land tragen, »nonstop täglich«. Füttern, Schlachten, Mähen, Ernten, Kochen, Einmachen. Entspannung bietet zwischendurch nur der Tanz zu der Musik aus dem Kassettenrekorder oder in einer Diskothek in Osnabrück. Mit Vorliebe Tango und Salsa. Doch auch die dunklen Wintermonate laden zur Muße ein. Zum Frühstück ein Schnäpschen zum Durchwärmen, lange Lesenachmittage im Bett, die Poesie der Schatten und der winterlichen Dunkelheit genießen, wer kann das noch?

Wir wollen uns nicht an der kleinkarierten Mäkelei derer beteiligen, die von Inkonsequenzen reden, hier Plastik, dort ein Elektrokabel auf dem Hof des Selbstversorgers gesehen zu haben glauben. Von diesen Kritikern wissen die wenigsten, wie es ist, wenn man eine Wiese mit der Sense mäht. Früh aufzustehen und die eigene Muskelkraft kennenzulernen ist etwas ganz anderes, als kluge Seminar-Vorträge über Perma-Kultur zu halten und seine »Power Point«-Präsentationen für Eintrittsgeld auf die Leinwand zu projizieren. Wer hier von Inkonsequenzen spricht, soll es erst mal besser machen.

Ebenso wenig wollen wir uns mit Anwürfen von Leuten beschäftigen, nach deren Meinung der Sendewagen der Öffentlich-Rechtlichen in der letzten Zeit allzu oft auf dem Hof des Bauern Stollwerk gesehen wurde. Auch dass Journalisten häufiger im Hause aus- und eingehen, kann uns nicht stören. Selbstversorgung braucht heutzutage Öffentlichkeit.

Schließlich wollen wir auch nicht an Gottfrieds Sprache Anstoß nehmen, weil er die Dinge so nennt, wie sie nun einmal sind. Dass er »Pisse« sagt und »Scheiße« und Sätze wie: »Kühe sind sehr gelenkig und können sich selber fast am Arsch lecken«, können nur empfindliche FAZ-Leser als »ordinär« empfinden. Dabei ist er nur direkt und erinnert ein wenig an den alten Bekannten Diogenes. Auch der war bekanntlich nicht zimperlich und Mitglied des »Vereins für deutliche Aussprache«. Ist Gottfried Stollwerk vielleicht ein neuer Diogenes, der seine Tonne mit dem Bauernhof vertauscht hat? Nein, dazu ist er als Landwirt viel zu bodenständig, außerdem ist er kein Frauenverächter, und was die Falschmünzerei betrifft, so ist das seine Sache auch nicht. Aber mit Sicherheit gehört er zu den von Diogenes gesuchten Menschen – »Mensch Gottfried« eben.

Außer Gottfried Stollwerk gibt es natürlich noch weitere Selbstversorger und Konsumverächter in Deutschland. Jan Grossarth hat in seinem Buch »Vom Aussteigen und Ankommen« eine Reihe von Aussteiger-Porträts zusammengestellt: Menschen, die auf unsere stolz präsentierten Errungenschaften der Zivilisation dankend verzichten und als Waldmenschen wie Herr Hamacher oder als Bootsleute und Gaukler ihren eigenen Weg gehen – jenseits der von ihnen verachteten und der sie verachtenden Masse.

Nicht enthalten ist in dem Buch ein Abschnitt über Herrn Hilmer.[151] Auf den ersten Blick scheint der adrett aussehende, immer gut rasierte, freundliche Herr mit der Zahnlücke gar nicht zu unserem Thema zu gehören. Das schlichte Haus des frühberenteten Maurers steht in einer Siedlung irgendwo in Norddeutschland und unterscheidet sich äußerlich wenig von den Nachbarhäusern. Erst beim Betreten des Gartens und des Hausinnern zeigt sich, dass hier etwas anders ist. Ungelesene Zeitungen und Bücher, Uhren, Stühle, Plastiktüten, Küchenrollen, Bettwäsche, Kniekissen, Autogrammsammlungen usw., zentimeter- und manchmal meterhoch geschichtet, »alles wertvolle Sachen«, wie Herr Hilmer versichert. Er spricht von seiner »Schatzkammer«. Sein Garten sieht aus, als sei ein Orkan durch einen Flohmarkt gefahren.

Günther Hilmer ist ein Messi, einer der alles aufbewahren muss und nichts wegschmeißen kann. Was hat ein Messi wie Herr Hilmer mit Konsumverzicht zu tun? Vielleicht kommen wir mit ihm der Rätselfrage näher, die schon Erich Fromm beschäftigte, »warum die heutigen Menschen zwar gerne kaufen und konsumieren, aber an dem Erworbenen so wenig hängen«.[152] Herr Hilmer hängt am Erworbenen, weil es ihm ans Herz gewachsen ist. Besitz ist für ihn kein Status, sondern Herzenssache, dazu da, sich selbst und anderen eine Freude zu machen. Dinge wegzuwerfen käme ihm vor, als müsste er Leben vernichten, Existenzen auslöschen. Das tut man nicht, so wenig wie man Menschen oder Haustiere auf den Müll wirft. Alle Dinge sind für ihn beseelt. Wir kennen das vom Heiligen Franz. Herr Hilmer ist weniger Entsagungs- als Beseelungskünstler. Er sieht sich selbst als »Retter der Dinge«, die ein Recht darauf haben, einmal hergestellt, für immer da zu sein. Herr Hilmer kann in einer Welt nicht leben, in der alles zerstört wird. Bei seiner Wertschätzung der Dinge folgt er einem uralten menschlichen Instinkt. Alte Grabbeigaben zeigen, dass Menschen früher in vielen Kulturen mit ihren Lieblingsgegenständen beigesetzt wurden. Nur dass dieser Instinkt in unserer Wegwerfgesellschaft schon lange nicht mehr vorhanden ist, weil er uns ausgeredet wurde. Wäre er vorhanden, müsste sich die Industrie an uns die Zähne ausbeißen, so wie sie das wohl auch an Herrn Hilmer tut. Als »Retter der Dinge« sucht er zuerst auf der Straße und nicht in den Warenhäusern.

Menschen wie Herr Hilmer sind gegen die nie aufhörende Jagd nach Neuem und die krank machende Sucht nach ständiger Abwechslung immun. Zufriedenheit über das, was wir haben, kann Verzicht auf das, was wir noch nicht haben, leicht machen.

Das Sammeln erfüllt den Sammler und Retter bei aller Traurigkeit über den Menschen und die Wegwerfgesellschaft mit einem tiefen Glücksgefühl. In solchen Augenblicken, wo er mit sich und der Welt ganz eins ist, kann er auch schon einmal eine seiner Birken auf seinem Grundstück umarmen und einen Ringelnatz-Vers dazu zitieren:

*»Du weißt nicht mehr, wie Blumen duften,*
*kennst nur die Arbeit und das Schuften -*
*... so geh'n sie hin die schönsten Jahre,*

*auf einmal liegst du auf der Bahre*
*und hinter dir da grinst der Tod:*
*Kaputtgearbeitet, du Idiot!«*

Auch ein Beitrag zum Thema Rente mit 67!

## Lieber Störfaktor als Störfall – Cécile Lecomte, genannt »Eichhörnchen«

Unser letzter Abschnitt beginnt als aufgeregtes Agitato mit unruhig flackerndem Blaulicht.[153] Durch ein Megafon ertönt die Stimme eines Polizeibeamten: »Achtung, Achtung, hier spricht die Polizei, Ihr Verhalten, ... die andauernde Blockade des Bahnverkehrs, erfüllt den Tatbestand der Nötigung und ist durch den Schutzcharakter des Versammlungsgesetzes nicht mehr gedeckt. Daher die erneute Aufforderung, den Baum unverzüglich zu verlassen.«

Der Polizeibeamte hält in seiner rechten Hand einen Aktenordner mit Schriftstücken, die mit Klarsichtfolien geschützt sind. Daraus liest er seinen Text. Offenbar ist jedes Wort wichtig, jeder Versprecher könnte bei dem späteren Prozess vor Gericht Probleme machen.

Die Sätze sind an eine junge Frau gerichtet, die in fast 5 Meter Höhe mit Gurten, Karabinerhaken und Kletterseilen über einer Bahntrasse baumelt. Sie ist den Ausführungen des Beamten auf dem Erdboden mit vollem Mund kauend gefolgt und denkt nicht daran, Folge zu leisten. Am Ende rücken Klettertruppen der Bundespolizei an, um die zierliche Kletterin auf den Boden der gesetzlichen Tatsachen zurückzuholen.

In den Augen der Polizei ist Cécile Lecomte, die ihrer Kletterei wegen den Namen »Eichhörnchen« erhielt, ein Albtraum. Friedrich Niehörster, Polizeipräsident von Lüneburg, findet das »absolut nervig. Das ist absolut krank, was sie macht. Sie ist frei, und dann klettert sie auf das nächste Ding und macht irgendwas. Als wenn wir eine Maschine anstellen. Das ist ein Störfaktor und den muss man irgendwann mal unterbinden.« Deutscher Ordnungssinn und anarchistischer Freigeist prallen unversöhnlich aufeinander.

Wer wie wir ganz in der Welt der Entsagungskunst lebt und nach seiner Beschäftigung mit indischen Fakiren und spätantiken Eremiten und Wüstenleuten in das grelle Licht der Gegenwart tritt, wird Cécile Lecomte mit seinem für asketische Phänomene sensibilisierten Blick wohl zunächst für eine klassische Vertreterin des Dendritentums (»dendros«. griech. für »Baum«) halten, einer schon in Indien verbreiteten Abart der Säulenheiligen. Menschen, die es sich genug sein ließen, ihr Dasein »frei wie ein Vogel« ausschließlich in den Wipfeln der Bäume zu verbringen. Die Gott dort näher zu sein glaubten als auf dem Erdboden und ihre Verachtung der Zivilisation, aber auch ihre tiefe Verbundenheit mit der Natur, dem Himmel zumal, auf diese Weise zum Ausdruck brachten. Und die dabei – ebenso wie ihre Kollegen auf den hohen Säulen – den Neid dämonischer Mächte fürchten mussten. Die werden ja bekanntlich immer dann bösartig, wenn Menschen glücklich sind. Um ihren heimtückischen Attacken zu entgehen, die jedes Mal darin gipfelten, den Gottesmann vom Baum hinabzustoßen, band dieser sich in Ermangelung der bereits genannten Gurte, Karabinerhaken und Kletterseile mit einer Eisenkette an einem Ast des Baumes fest. Wer gleichwohl zu Fall gebracht wurde, hing oft kopfunter vom Baum und musste darauf warten, von hilfsbereiten Passanten wieder auf die Füße gestellt zu werden. Das war besser, als aus großer Höhe, vom Schlaf übermannt, ohne jede Sicherung auf die Erde zu plumpsen.

Auch Cécile Lecomte hängt oft kopfunter. Auch sie liebt das unbeschwerte Leben in der Natur von Kindheit an. Wenn sie nicht gerade in Bäumen hängt, lebt sie in einer Bauwagensiedlung vor dem Stadtrand von Lüneburg. Cécile bewohnt dort den größten Bauwagen, wegen seines Oberdecks sozusagen das Hochhaus der Siedlung. Wie Graf von Mölln und Gottfried ist auch Cécile mit sich im Reinen. Sie vermisst nichts, »braucht nichts, kauft nichts«. Ihre Nahrung holt sie sich aus den Hinterhöfen der Supermärkte, dort wo die Container stehen. »Containern« nennt man das. Gemüse, leicht lädiert, Joghurts, deren Haltbarkeitsdatum vor wenigen Stunden abgelaufen ist, mit dem Müll unserer Wegwerfgesellschaft lebt es sich komfortabel. Ihre Anhänglichkeit an Dinge, die von der Gesellschaft aussortiert wurden, verbindet sie über alle Unterschiede des Alters und der Weltanschauung hinweg mit Herrn Hilmer.

Obwohl sich Cécile auch in ihrem Bauwagen wohl, und d. h. vor allem frei fühlt, ist ihr eigentliches Element die Luft. Am glücklichsten ist sie in den Bäumen. Manchmal spreizt sie Arme und Beine auseinander und formt mit ihrem ganzen Körper ein eindrucksvolles großes X. Der verquere Buchstabe hat natürlich Bedeutung. Fast könnte man meinen, es handele sich dabei um einen apotropäischen Abwehrzauber, mit dem böse Geister abgewiesen werden sollen. Ganz abwegig ist die Assoziation nicht, denn das Symbol bedeutet ein Nein zur Atomkraft, die nach Meinung vieler Menschen ja damit irgendwie verwandt sein soll.

Damit ist aber auch der Unterschied zum alten Dendritentum offenkundig. Cécile Lecomte geht es nicht um ein religiöses, sondern um ein politisches Projekt. Sie und ihre Gesinnungsfreunde wollen die Castor-Transporte mit ihrer Kletterei verhindern. Bisher haben sie sie freilich nur um ein paar Stunden verzögern können, weil die Einsatzkräfte der Polizei sie immer wieder vom Baum holten und in Gewahrsam nahmen. Ein Grund zur Entmutigung ist das aber nicht. Steter Tropfen höhlt den Stein.

Heute ist Madame Lecomte Berufsaktivistin. Ihre Arbeit als Lehrerin hat sie an den Nagel gehängt und gegen einen Vollzeitjob im Atomwiderstand getauscht. Ihren Lebensunterhalt finanziert sie durch ein Patenschaftssystem. Über das Förder-Programm »BewegungsarbeiterInnen«, das mehr als dreißig Mitglieder zählt, erhält sie regelmäßige finanzielle Zuwendungen. Die Mitglieder-Mäzene sind Anwälte, Ärzte, möglicherweise auch Steuerfahnder, Insolvenzverwalter oder Immobilienmakler. Jedenfalls handelt es sich um Menschen, die zur Anti-Atombewegung gehören, auch

einmal jung waren und vielleicht sogar als Bewohner der »Republik Freies Wendland« abends vor dem Lagerfeuer saßen und dort, auf der Gitarre schrummelnd, ihre Protestlieder sangen. Vielen ist das Demonstrieren inzwischen zu anstrengend geworden. Der Rücken, die Knie, das Herz, die vielen Sitzblockaden, man wird ja nicht jünger. Wie gut, dass es VollzeitaktivistInnen gibt. Die verstehen was von ihrem Job. Dem Idealismus tut das keinen Abbruch und die Arbeit ist wenigstens professionell.
Ein Tag im Baum ist für Cécile Lecomte ein normaler Arbeitstag. Häufig steht dann »Castorstreckenaktionstag« in ihrem Kalender. Man bemerkt by the way, dass die Aussteigerin aus Frankreich jetzt im Land der Energieversorgungsunternehmen, Frequenzzuteilungsverordnungen und Gesamtbetriebsratsvorsitzenden angekommen ist. Ihr Terminkalender ist prallvoll, neben »Castorstreckenaktionstag« steht da z. B. »Baumbesetzung gegen AKW- und HSL-Neubau in Le Chefresne«, »Klima- und Energiecamp« in der Lausitz, dazu »40 Jahre Zeitschrift Graswurzelrevolution – Fest und Konferenz u. a. mit Schnupperklettern«. Dazu eine endlos lange Liste mit Gerichtsterminen. Ihre Aktionen haben ihr eine Flut von Prozessen eingebracht. Staat und Wirtschaft haben es nicht gerne, wenn ihnen jemand auf der Nase herumklettert. Jede Aktion zieht einen immer länger werdenden Rattenschwanz von Prozessen nach sich. Je mehr Prozesse, desto weniger Aktionen. Irgendwann droht ein Prozessinfarkt. Zum Glück übernimmt der Förderkreis die Kosten.
Inzwischen ist die Vollzeitaktivistin 32 Jahre alt. Mit ihren rot-blonden, kurz geschnittenen Haaren, ihrem jungenhaft kessen Gesicht, in dem nur die Sommersprossen fehlen, könnte sie bei Kinofilmen ab 18 immer noch Probleme an der Kasse bekommen. Sie sieht wie eine sportive Version von Petra Kelly aus, mit französischem Akzent. Das klingt reizvoll. Harmlos ist sie nicht. Renitenz blitzt aus Augen und Mundwinkeln und manchmal aus allen Knopflöchern.

Die Kletterei liegt Cécile im Blut. Zusammen mit der Mutter sammelte sie früh erste Klettererfahrungen, brachte es später sogar zur französischen Jugendmeisterin im Sportklettern. Dabei entstand erstmals der Gedanke, die Natur zu schützen. Das politische Bewusstsein erwachte. Sie beteiligt sich an der vor allem in Frankreich aktiven »Gegenwerbung«. »Warum gibt es Werbung?« fragte sie. »Um den Anreiz zum Einkaufen immer größer werden zu lassen. Aber warum immer mehr produzieren, warum immer mehr einkaufen? Um Geld anzuhäufen und Sachen anzuhäufen, dadurch werde ich nicht glücklich und dadurch wird das Klima auch nicht glücklich, weil die Erdressourcen begrenzt sind.« Weil sie gesehen habe, »dass Wirtschaft und Umwelt einfach zusammenhängen«, sei sie politisch aktiv geworden, erklärt sie.

In der Konsequenz liefen die Aktionen der französischen Gegenwerbungsbewegung auf das Übermalen von Werbeplakaten hinaus. Die FAZ spricht in diesem Zusammenhang von: Schmierfinken gegen »Werbeterror«. Doch dabei scheint es sich um ein Versehen zu handeln. Offensichtlich wurden die Gänsefüßchen vom Verfasser des Artikels falsch gesetzt. Richtiger müsste es heißen: »Schmierfinken« gegen Werbeterror.

Dem Grundsatz der französischen Décroissance »Schrumpftum statt Wachstum« ist Cécile Lecomte bis heute treugeblieben: »... das ewige Wachstum ist nicht möglich. Wir leben in einer endlichen Welt. Die Grundressourcen sind begrenzt. Wachstum- und Kapital-Sucht führen zur Ungerechtigkeit, zur Ausschöpfung der Ressourcen, zur Umweltzerstörung ... es geht darum, weniger zu konsumieren und anders zu leben.«

Mit diesen Worten, denen wir nichts weiter hinzufügen wollen, verabschieden wir uns vom Menschen Gottfried, Herrn Hilmer und Madame Lecomte.

Unsere Galerie der Entsagungskünstler endet so, wie sie begonnen hat, mit »Sonderlingen«, »Außenseitern« und »Querköpfen«. Statt sie als »Spinner« zu belächeln oder als »Störfaktoren« zu behandeln, täte man wohl besser daran, ihnen zuzuhören, sich mit ihren Gedanken auseinanderzusetzen oder sie einfach einmal für eine Weile gewähren zu lassen und abzuwarten, was am Ende dabei herauskommt. Das wäre einen Versuch wert. Vielleicht wäre ja die Welt noch zu retten, wenn wir für die nächsten Jahrzehnte oder Jahrhunderte Menschen wie Gottfried, Eichhörnchen oder Herrn Hilmer das Feld überließen. Schlimmer als es ist, kann es eh nicht werden.

Weil aber nicht ernsthaft damit zu rechnen ist, wird wohl auch nicht mehr viel zu retten sein. Es sei denn die Evolution zeigt sich barmherzig und gönnt der guten alten Erde doch noch einen anderen, neuen Menschentyp. Irgendwann. Zu lange sollte sie allerdings nicht mehr damit warten.

## Die Kunst, sich einen Wurm schmecken zu lassen, ohne auf den Angelhaken zu beißen

Ein wenig ungerecht mag es erscheinen, dass unter den in diesem Buch beschriebenen Formen der Entsagungskunst vor allem der Typus des Totalentsagers unsere Aufmerksamkeit fesselte. Aber so ist das nun einmal. Das Fremdartige, das Exotische ist immer anziehender als die Dinge, mit denen wir Tag zu Tag zu tun haben. Zu eindrucksvoll ist sie auch, die Kompromisslosigkeit mit der diese Entsagungskünstler auf Dinge verzichten, die für den Rest der Menschheit das Leben schlechthin, den Inbegriff dessen, was wir heute als »Lebensqualität« bezeichnen, ausmachen, Dinge also, um die anderswo gerungen und gestritten wird, um die Kriege geführt werden.

Den Satten und Wohlgenährten unter uns mag dieser Asketentypus äußerlich abstoßend erscheinen. Die körperlich unscheinbaren Gestalten mögen den spontanen Wunsch nach Distanz in ihnen erwecken. Und doch kann, wer den Anblick erträgt, manches von ihnen lernen. Beispielsweise von der Art, wie sie erstarrtes Leben durch Hungern und Fasten wieder in Fluss bringen oder wie der Verzicht auf Dinge, die anderen unverzichtbar erscheinen, Kräfte freisetzt, von denen die meisten Menschen nichts ahnen. Kurzum, er kann an ihnen beobachten, wie die Reibung mit der Welt Energie produziert. Die ausgemergelten Körper der Asketen sind, wenn dies zu sagen erlaubt ist, in Wahrheit Lampenschirme, am Tage unscheinbar – und doch, was für ein magischer Glanz, wenn sie plötzlich wie von einem inneren Licht erleuchtet werden. Enklaven des Geistes in einer Welt, die notorisch geistfremd ist.

Die Frage, was denn das sei, Geist, lassen wir an dieser Stelle endgültig unbeantwortet. Verwiesen sei auf die vorhergehenden Kapitel des Buches, besonders die, die von der indischen, orphischen und gnostischen Askese handelten.

Indessen mag manchem Leser die allzu starke Ausweitung dieser Art Askese auf das sexuelle Gebiet unzeitgemäß erscheinen. In der Tat ist Sexualität kein Hindernis für innere Freiheit oder mystische Ekstase, z. B. dort, wo geistiger und sinnlicher Eros zusammengehen. Da das aber keineswegs immer der Fall ist und die Tendenz im Allgemeinen dahin geht, dass sich das sinnliche vom geistigen Erleben abkoppelt und am Ende eine Parallelwelt mit eigenen Maßstäben, eigenen Gesetzen und eigenen Zwängen (und Süchten) bildet, hat die alte Asketenwarnung vor den Gefahren der Sexualität nach wie vor ihre Berechtigung. Sinnliches Erleben und geistig spirituelles Wachstum passen nun einmal nicht zusammen. Und so bleibt es denn auch dabei, dass Sexualität für eine außer Rand und Band geratene, um sich selbst rotierende, maß- und grenzenlose Begehrlichkeit immer noch das beste Synonym darstellt. »Die Sexualität ist«, wie der Philosoph Alain de Botton es treffend formulierte, »eine Kraft, von der wir realistischerweise weder erwarten noch wünschen dürfen, dass sie jemals gänzlich befreit sei.«[154]

Am Ende nur noch eine Frage: Und wir? Wo stehen denn wir, d. h. all jene, bei denen es für das Große Nein nicht reicht, weil sie zu schwach dafür sind, weil sie in bürgerliche Ordnungen eingebunden sind, Verantwortung übernommen haben und sehen müssen, wie sie Beruf, Ehe, Kinder und Hobby unter einen Hut bringen? Nun, wie wäre es, wenn wir es ab und zu einmal mit einem Kleinen Nein versuchten? Manchmal scheint es, als habe ein Teil der Menschheit inzwischen ganz vergessen, dass es diese Möglichkeit des Neinsagens überhaupt noch gibt. Ein kleines Nein zu meinen eigenen Ansprüchen, wenn ich an denen der mir Anvertrauten schon nichts ändern kann, sollte eigentlich nicht schwerfallen: Nein zu noch mehr Konsum, nein zum neuen Auto, solange das alte noch fährt, nein zu den Avancen des verheirateten Kollegen/der verheirateten Kollegin, nein zum nächsten Klick auf die Pornoseite ...

Das ließe sich fortsetzen und wäre doch schon einmal ein Anfang. Die Sache mit dem Kleinen Nein mag anspruchslos klingen, aber wer weiß, was sich daraus noch alles entwickelt? Vielleicht kommt irgendwann ein fernsehfreier Tag dazu oder eine geschenkreduzierte Weihnacht, bei der nur noch die Kinder mit dem Geschenkpapier rascheln, ein Tag ohne Handy und überflüssige Gespräche ... Alles hängt von uns und unserem persönlichen Geschmack ab. Die Freiheit und die Möglichkeit des eigenen Verzichts sind jedem von uns von Geburt an gegeben. Wir müssen nur wollen. Die Tendenz ist jedenfalls klar oder sollte es zumindest sein: Es geht um das Nein zu einem Leben, das nur noch auf komsumorientierter Zerstreuung und materiellem Fortschritt basiert.

Ja, es ist schon so, die Welt ist tief, unauslotbar tief, das wusste Nietzsche und daran wäre auch ohne ihn kaum zu zweifeln. Dass sie auch ein tiefes Meer ist, wie der an ozeanische Metaphern gewöhnte Leser mittlerweile weiß, ist ein alter Weisheitstopos, der im Buddhismus, aber auch im frühen Christentum viel und gerne zitiert und oft variiert wurde. Manchmal wird er noch mit der Warnung verknüpft, sich nicht von seinen Begierden unterkriegen und in die Tiefe hinabziehen zu lassen. Denn unsere Begierden und Wünsche wiegen schwer, sehr schwer.

Oft wird das Bild von der Welt als Meer aber auch mit dem des Fischers verbunden, der seine Netze auswirft. Oder ist es ein Angler, der seinen Köder, eine Made oder ein kleines Würmchen an einer Schnur ins Wasser warf? Ein Angler, der es nicht gut mit uns meint (wir sprachen schon von ihm)? Vielleicht auch das. Die ganze Lebens- und Überlebenskunst der im Meer schwimmenden Fischchen wäre dann wohl die: sich den Wurm schmecken zu lassen – ohne auf den Haken zu beißen?

Keine einfache Kunst, fürwahr, die Kunst der Entsagung.

# Anmerkungen

1. Friedrich Nietzsche: Werke in drei Bänden. München 1966, Bd. 2, S. 284.
2. Südkurier vom 16. 11. 2011.
3. Nietzsche, a. a. O.
4. Petra Teitscheid, Guido Ritter: Verringerung von Lebensmittelabfällen – Identifikation von Ursachen und Handlungsoptionen in NRW. Hgg. vom Institut für Nachhaltige Ernährung und Ernährungswirtschaft. Münster 2011.
5. Um sich davon zu überzeugen, sollte man einen Blick in Harald Spechts »Geschichte(n) der Lust – Zwölf Kapitel über Leidenschaft und Laster«, 2008, werfen.
6. cis/dpa/AP: Umfrage: Dalai Lama beliebter als der Papst. Herausgegeben von SPON, 2007. Online verfügbar unter http://www.spiegel.de/panorama/gesellschaft/umfrage-dalai-lama-beliebter-als-der-papst-a-494452.html
7. Colin Goldner: Dalai Lama – Fall eines Gottkönigs. Aschaffenburg 1999, S. 375. – Frank Gerbert: Sinnsuche: Licht aus dem Osten. In: Focus, Jg. 5, 1994. S. 34.
8. Thomas Lackmann: Vor dem Ökumenischen Kirchentag in Berlin: Haben postmoderne Sinnsucher in der Institution eine Chance? In: Tagesspiegel, 20. 05. 2003.
9. Hans Wolfgang Schumann: Der historische Buddha. Leben und Lehre des Gotama. München 2004, S. 57f.
10. Die »Predigt von Benares« wird zitiert nach Hermann Oldenberg: Buddha. Sein Leben, seine Lehre, seine Gemeinde. Stuttgart 1983, S. 133ff.
11. Klaus-Josef Notz: Lexikon des Buddhismus. Freiburg 1998, Bd. 1, S. 81.
12. Majjhima Nikāya 9,66.
13. Oldenberg, S. 139.
14. Cullavaga IX, 1, 4, zitiert nach Oldenberg, S. 218.
15. Carl Friedrich Koeppen: Die Religion des Buddha und ihre Entstehung. Berlin 1857, S. 90.
16. Aus Dammapada, zitiert nach Hans-Joachim Schoeps: Religionen. Wesen und Geschichte. München 1970, S. 171.
17. Zitiert nach Karl Eugen Neumann: Die Reden Gotamo Buddhos aus der Längeren Sammlung. Zürich 1957, Bd. 2. S. 570.
18. Aus Dhammappada, zitiert nach Gustav Mensching: Buddhistische Geisteswelt. Gütersloh 1955, S. 237.
19. Zitate aus dem Essay von Hans-Dieter Betz: Der Erde Kind bin ich und des gestirnten Himmels, in: Walter Burkert (Hg.): Ansichten griechischer Rituale. Stuttgart 1998, S. 399ff.
20. Ludger Lütkehaus (Hg.): Arthur Schopenhauers Werke, Zürich 1988, Bd. 2, S. 674.
21. Zitiert nach Johannes Haussleiter: Der Vegetarismus in der Antike. Berlin 1935, S. 86.
22. Konrat Ziegler, Walther Sontheimer (Hg.): Der Kleine Pauly. Lexikon der Antike. München 1979, Bd. 4, S. 1265.
23. Lukian, Menipp 20.
24. Sextus Empiricus Adv. math. IX 127; vgl. Haussleiter, S. 105.
25. Iambl. § 168f.; vgl Haussleiter, S. 101.
26. Albert Schweitzer: Aus meinem Leben und Denken. Hamburg 1955, S. 133.
27. Arthur Schopenhauer: Parerga und Paralipomena IV. Hgg. von Rudolf Steiner. Stuttgart 1894, Bd. 11, S. 59.

28. Wo nicht anders vermerkt, basieren die folgenden Diogenes- und Kyniker-Zitate auf der Schrift »Leben und Meinungen berühmter Philosophen« von Diogenes Laertius, übersetzt von Otto Apelt, Leipzig 1912.
29. Leo Sternbach (Hg.): Gnomologium Vaticanum. E codice Vaticano Graeco 743. Berlin 1963, S. 198.
30. Oswald Spengler: Der Untergang des Abendlandes. München 1922-1923, S. 443.
31. Vgl. Oliver Overwien: Die Sprüche des Kynikers Diogenes in der griechischen und arabischen Überlieferung. Stuttgart 2005, S. 59.
32. Dion Chrysostomos VI, 27.
33. Barry Miles: Paul McCartney: Many Years from Now. New York 1997, S. 498f. (von mir übersetzt).
34. Die folgenden Zitate aus Peter Sloterdijk: Kritik der zynischen Vernunft. Frankfurt am Main 1983, Bd. 1, S. 315-317.
35. Vladimir V. Nabokov: Die Gabe. Roman. Reinbek bei Hamburg 1999, S. 547.
36. Georg Wilhelm Friedrich Hegel: Vorlesungen über die Geschichte der Philosophie. 2. Aufl. besorgt von Karl Hegel. Berlin 1840, S. 559f.
37. Sinnliche Genüsse pur in der St. Lamberti-Kirche (2010), online verfügbar unter: http://www.flecken-weferlingen.de/der_ort/ allgemein/sinnliche_genuesse_pur_in_der_st._lamberti-kirche.html
38. Sex-Gottesdienst am Sonntag. Dieser Pfarrer predigt »poppen« und »ficken«. BILD. Online verfügbar unter: http://www.bild.de/news/inland/evangelische-kirche/pfarrer-plant-sex-gottedienst-25481040.bild.html – dpa/BMO 2012 Evangelischer Pfarrer feiert »erotischen Gottesdienst«. Pfarrer Ralf Schmidt will am Sonntag in Wiesbaden in seiner Predigt vor allem über Sexualität und Erotik sprechen. Online verfügbar unter: http://www.morgenpost.de/vermischtes/article108480312/Evangelischer-Pfarrer-feiert-erotischen-Gottesdienst.html
39. Bernhard Lang: Jesus der Hund. Leben und Lehre eines jüdischen Kynikers. München 2010.
40. Neues Deutschland, 24. 12. 2011: »Totengräberin des Glaubens«, Gerd Lüdemann über falsche Kirchendogmen und echte Jesusworte. – Vgl. Hermann Detering: Falsche Zeugen. Außerchristliche Jesuszeugnisse auf dem Prüfstand. Aschaffenburg 2011.
41. Gerd Theißen, Annette Merz: Der historische Jesus. Ein Lehrbuch. 2. durchges. Aufl. Göttingen 1997, S. 200.
42. Cl Strom 3. 9. 63. – Zum Ganzen vgl. Peter R. L. Brown: Die Keuschheit der Engel. Sexuelle Entsagung Askese und Körperlichkeit im frühen Christentum. München 1994.
43. Act Pl et Thecl 5-6.
44. Tertullian, de baptismo 17.
45. Act Pl et Thecl 5-6.
46. Jakob Böhme: Aurora oder Morgenröte im Aufgang. Frankfurt am Main 1992, S. 227.
47. Adolf von Harnack: Marcion. Das Evangelium vom fremden Gott. Leipzig 1924, Darmstadt 1985, S. 150.
48. Tertullian Marc 1. 29. 1.
49. Vgl. zum Ganzen Hermann Detering: Der gefälschte Paulus. Düsseldorf 1995.
50. Justin 1 Apol 26.
51. Tertullian Marc 1. 2. 2.
52. Tertullian Marc 1. 13. 1.
53. Harnack, 117, Anm. 2.
54. Tertullian Marc 1. 24. 7.

55. Tertullian carn 1. 4.
56. Sigmund Freud: Das Unbehagen in der Kultur. Wien 1930.
57. Gilles Quispel: Gnosis als Weltreligion. Zürich 1951, S. 48.
58. Irenäus Haer 1. 2. 4.
59. Hippolyt Ref 7. 28.
60. Kurt Rudolph: Die Gnosis. Wesen und Geschichte einer spätantiken Religion. 2., durchges. und erg. Aufl. Göttingen 1980.
61. Greogor Emmenegger: Rosen aus der Wüste. Norderstedt 2009. – Eine erfreuliche Ausnahme ist Hans Conrad Zanders Buch: Als die Religion noch nicht langweilig war, Gütersloh 2011.
62. Wo nicht anders vermerkt, stammen die folgenden Angaben über Antonius aus der »Vita Antonii« des Kirchenvaters Athanasius.
63. Karlheinz Deschner: Kriminalgeschichte des Christentums. Reinbek bei Hamburg 1997, Bd. 2, S. 207.
64. Udo Manshausen: Wüstenväter für Manager. Weisheiten christlicher Eremiten für die heutige Führungspraxis. Wiesbaden 2002, S. 13.
65. Jeorjios M. Beyer: »Wie der Körper des Alphabets.« Syrisches Christentum im zweiten Drittel des vierten Jahrhunderts: Winkel Stiftung 2007, 181. – Deschner, Bd. 3, S. 347.
66. Theodoret Hist. Mon., 26,2, bei Christoph Markschies: Körper und Körperlichkeit im antiken Mönchtum. In: Barbara Feichtinger (Hg.): Die Christen und der Körper. München 2004, S. 200.
67. Emmenegger, S. 25, 18, 7, 41, 3.
68. Zen-Meister pflegen bekanntlich oft recht handgreiflich zu werden, wenn es darum geht, ihren Schülern Erleuchtung (»Satori«) zu vermitteln.
69. Luis Buñuel: My last breath. London 1994, S. 92: »Give me two hours a day of activity, and I'll take the other twenty-two in dreams.«
70. Theodor Reik: Flaubert und seine »Versuchung des Heiligen Antonius«. Minden 1912, S. 84.
71. Reik, S. 104.
72. Emil M. Cioran, Dasein als Versuchung, in: Peter Sloterdijk, Thomas H. Macho: Weltrevolution der Seele. Zürich 1993, Bd. 2, S. 857.
73. Confessiones 8. 29; vgl. Röm 13,13-14.
74. Canon 1013 § 1 CIC 1917.
75. Confessiones 10. 41ff.
76. Liste der im Folgenden besprochenen Bilder: Peter Paul Rubens: Jesus mit Maria Magdalena, 1618; Jules Joseph Lefebvre: Marie Madeleine à la grotte, 1876; Adolphe Lalyre: La Madeleine ou Marie-Madeleine, 1633; Willem Drost: Batseba, 1654; Jean-Léon Gérôme: Bethsabée, um 1895; Rembrandt: Susanna und die beiden Ältesten, 1647; Cornelis Cornelisz van Haarlem: Susanna im Bade, 1589; Het toilet van Bathseba, 1594.
77. Alfred Dürr: Die Kantaten von Johann Sebastian Bach. Kassel 1971, Bd. 1, S. 472.
78. Christoph Dolgan: Poesie des Begehrens. Würzburg 2009, S. 126. – Gotthold Ephraim Lessing: Werke, hgg. von Georg Witkowski, Leipzig 1935, S. 69 (Der Wunsch).
79. Siegmund Freud: Drei Abhandlungen zur Sexualtheorie. GW V, 27, 33-145. 1. Abhandlung, 33-72 (2. 2. 1. Betasten und Beschauen). – Ulrich Holbein: Von den Wonnen des Voyeurs. In: DIE ZEIT, Jg. Nr. 39, 20. 09. 1991, S. 75–76. Online verfügbar unter: http://www.zeit.de/1991/39/von-den-wonnen-des-voyeurs/seite-1
80. Vgl. Ignaz von Döllinger: Beiträge zur Sektengeschichte des Mittelalters. München 1890, Bd. 2; Arno Borst: Die Katharer. Freiburg im Breisgau, S. 112ff.

81. Herbert Grundmann: Religiöse Bewegungen im Mittelalter. Darmstadt 1977, S. 19f.
82. Samuel Roffey Maitland: Facts And Documents Illustrative Of The History, Doctrine, And Rites Of The Ancient Albigenses & Waldenses. London 1832, S. 392f.
83. Borst, S. 173.
84. Barbara Rohr: Verwurzelt im Ortlosen. Einblicke in Leben und Werk von Simone Weil. Münster, Hamburg, London 2000, S. 127.
85. Simone Weil: Cahiers. = Aufzeichnungen. Elisabeth Edl (Hg.). München 1991, S. 234, Anm. 24.
86. Simone Weil: Cahiers. = Aufzeichnungen. Elisabeth Edl (Hg.). München: 1998, S. 298, Anm. 34.
87. Simone Weil: Schwerkraft und Gnade. Hgg. von Friedhelm Kemp, Gustave Thibon. München 1954, S. 13.
88. Simone Pétrement; Ellen D. Fischer: Simone Weil. Ein Leben. Leipzig 2007, S. 119.
89. Pétrement, S. 123.
90. Zitiert nach Angelica Krogmann: Simone Weil. 9. Aufl. Reinbek bei Hamburg 2000, S. 49f.
91. Beide Zitate nach Pétrement, S. 567, S. 696.
92. Maurice Blanchot: L'entretien infini. Paris: Gallimard 1969, S. 158-159 (»le Christ est descendu et m'a prise«).
93. Claudia Frank: Ein Mensch glaubt. In: Frankfurter Hefte; Zeitschrift für Kultur und Politik, 1952, Jg. 7, Teil 2, S. 889.
94. Wolfgang W. Müller: Simone Weil – Dora Maar. Zwei Gottsucherinnen zu Beginn des 20. Jahrhunderts. In: Wolfgang W. Müller (Hg.): Simone Weil und die religiöse Frage. Zürich 2007, S. 43. – Wolfgang Joop: Im Wolfspelz, Frankfurt am Main 2003.
95. Hans Meyerhoff: Contra Simone Weil. In: Commentary, 1957, Jg. 24.
96. Norma Rosen: Accidents of influence. Writing as a woman and a Jew in America. Albany: State Univ. of New York Press 1992, S. 21f.
97. Shalom Ben Chorin, Verena Lenzen: Zwiesprache mit Martin Buber. Gütersloh 2005, S. 83.
98. Susan Sonntag: Rezension: Simone Weil, in: The New York Review of Books, February 1, 1963: »I cannot accept Simone Weil's gnostic reading of Christianity as historically sound (its religious truth is another matter).«
99. Zitiert nach Rohr, S. 89.
100. Zitiert nach Wolfgang W. Müller: Simone Weil. Theologische Splitter: Zürich 2009, S. 82.
101. Die Zitate dieses Absatzes stammen aus »Zeugnis für das Gute«, zitiert nach Müller, S. 50. – Reinhold Esterbauer, Günther Pöltner: Orte des Schönen. Phäomenologische Annäherungen. Würzburg 2003, S. 490, Anm. 43. – Simone Weil: Cahiers = Aufzeichnungen. Elisabeth Edl (Hg.). München 1998, S. 367. – Simone Weil: Das Unglück und die Gottesliebe. Hgg. von Friedhelm Kemp, Thomas S. Eliot. München 1961.
102. Zitiert nach Ria Endres: Werde, was du bist. Literarische Frauenporträts. Frankfurt am Main 1992, S. 118.
103. Für die folgende Lebensbeschreibung stütze ich mich vor allem auf die Schriften des Thomas Celano (1/2 Cel), die Dreigefährtenlegende (3 Soc) und die Franziskuslegende des Bonaventura (Bon); siehe auch Dieter Berg, Leonhard Lehmann: Franziskus-Quellen. Die Schriften des Heiligen Franziskus, Lebensbeschreibungen, Chroniken und Zeugnisse über ihn und seinen Orden. Kevelaer 2009.

104. 3 Soc 3, 7.
105. 1 Cel 16, 14.
106. 1 Cel 14, 35.
107. 1 Cel 8, 18.
108. Johannes Haller: Das Papsttum. Idee und Wirklichkeit. Reinbek bei Hamburg 1965, Bd. 3, S. 338.
109. 3 Soc 7, 51.
110. Arno Borst: Religiöse und geistige Bewegungen im Hochmittelalter. In: Golo Mann (Hg.): Propyläen-Weltgeschichte: eine Universalgeschichte. 52. – 57. Tsd. Berlin1961, Bd. 5, S. 540.
111. S. 163: Par. XI 49ff.
112. Bon (maior) 5, 1.
113. Neumann, Bd. 2, S. 562.
114. Idries Shah: Die Sufis. Botschaft der Derwische, Weisheit der Magier: München 2006.
115. Ludger Lütkehaus (Hg.): Arthur Schopenhauers Werke, Bd. 2, S. 714.
116. Helmut Feld: Franziskus von Assisi. München 2007, S. 83.
117. Klaus Reblin: Franziskus von Assisi. Der rebellische Bruder. Göttingen 2006.
118. 1 Cel 30, 85.
119. Cora Bartels: Kierkegaard receptus: die theologiegeschichtliche Bedeutung der Kierkegaard-Rezeption Rudolf Bultmanns. Göttingen 2011, S. 305.
120. Paul Julius Möbius: Über den Begriff der Hysterie. In: Neurologische Beiträge, 1894, H. 1.
121. Bon (maior) 2, 8, 6.
122. »Heiligkeit, meiden Sie den Geist von Assisi.« – Offener Brief an Papst Benedikt XVI. Katholisches Magazin für Kirche und Kultur. 2011. Online verfügbar unter: http://www.katholisches.info/2011/01/12/widerstand-gegen-interreligioses-treffen-assisi-3-offener-brief-an-papst-benedikt-xvi
123. Rainer Maria Rilke, Die Heiligen.
124. Suren 8, 28; 11, 15-16; 64, 15; 89, 17-20. Vgl. zum Ganzen: Majid Khadduri: War and peace in the law of Islam, Clark, NJ 2004, S. 46ff.
125. Richard Gramlich: Weltverzicht. Grundlagen und Weisen islamischer Askese. Wiesbaden 1997, S. 30, 47.
126. Andreas Krause: Ich sah in beiden Welten eine. In: Kulturforum Wissen 2009. S. 77.
127. Gerhard Schweizer: Der unbekannte Islam. Sufismus – die religiöse Herausforderung. Stuttgart 2007, S. 62. – Zum Ganzen vgl. Annemarie Schimmel (Hg.): Gärten der Erkenntnis. Düsseldorf, Köln 1982.
128. Wolfgang König: Geschichte der Konsumgesellschaft. Stuttgart 2000, S. 440.
129. Herbert Marcuse: Der eindimensionale Mensch. Neuwied, Berlin 1970, S. 267, S. 255.
130. Dennis L. Meadows, Donella H. Meadows: Die Grenzen des Wachstums. Bericht des Club of Rome zur Lage der Menschheit. Stuttgart 1972/1987, S. 17.
131. Mihailo D. Mesarovic, Eduard Pestel u.a.: Menschheit am Wendepunkt. Stuttgart 1974, S. 88.
132. Erich Fromm: Haben oder Sein. Die seelischen Grundlagen einer neuen Gesellschaft. Stuttgart 1977, S. 19, 167ff.
133. Fromm, S. 73. 76, 111.
134. Fromm, S. 176, 86.
135. Fromm, S. 90.

136. Carl Friedrich von Weizsäcker: Gehen wir einer asketischen Weltkultur entgegen? In: Ders.: Deutlichkeit. München 1981, S. 78.
137. Peter Sloterdijk: Du mußt dein Leben ändern. Frankfurt am Main 2012, S. 699, 701.
138. Sloterdijk, S. 12.
139. Sloterdijk, S. 14.
140. Sloterdijk, S. 104.
141. Peter Sloterdijk: Weltfremdheit. 4. Aufl. Frankfurt am Main 1995, S. 329.
142. Hans-Joachim Schoeps: Religionen Wesen und Geschichte. München 1970, S. 14.
143. Sloterdijk, 2012, S. 166.
144. In: Bild, 19. 04. 2009, Macht Grübeln glücklich, Herr Sloterdijk? Von Rena Beeg, Frank Zauritz.
145. Sloterdijk, 2012, S. 698.
146. John Seymour: Der Traum vom Landleben. München 1984, S. 9.
147. Seymour, S. 93, 22.
148. Lillian Siewert: Alternatives Leben im Ökodorf. »Ich war einfach genervt von der Stadt.« Interview mit Michael Würfel. SPON. 30. 07. 2012.
149. Thomas Mann: Buddenbrooks. Frankfurt am Main, Hamburg 1970, S. 351.
150. Zum Folgenden vgl. die Filmdokumentation von Gregor Bialas, (26. Juni 2012): Mensch Gottfried. Ein Aussteiger in Deutschland. http://www.zdf.de/ZDFmediathek/beitrag/video/1671744/Mensch-Gottfried#/beitrag/video/1671744/Mensch-Gottfried – Außerdem die Artikel und Rezensionen von Jan Grossarth: Wenn es dunkel ist, dann kommen Geister. Ein Selbstversorger im Winter. In: FAZ, 24. 01. 2010. Der Bauer Gottfried. In: FAZ, 10. 07. 2009. Siehe auch Grossarths Buch: Vom Aussteigen und Ankommen. Besuche bei Menschen, die ein einfaches Leben wagen. München 2011. – Christine Kensche: Bauer Gottfried und das Taschentuch fürs Pipi. WELT-Online 2012. Verfügbar unter: http://www.welt.de/fernsehen/article106680511/Bauer-Gottfried-und-das-Taschentuch-fuers-Pipi.html – Kein Wasser, kein Klo, kein Deo. Aussteiger Gottfried lebt wie vor 200 Jahren. BILD-Online 2012. Verfügbar unter: http://www.bild.de/unterhaltung/tv/zdf/aussteiger-gottfried-aus-niedersachsen-24873826.bild.html
151. Raymond Ley (2001): Geliebter Müll! Vom Mann, der nichts wegwerfen konnte. Online verfügbar unter: http://www.youtube.com/watch?v=LIqsD_N009g: NDR
152. Fromm, S. 156.
153. Zum Folgenden vgl. vor allem die Filmdokumentation von Christiane Hoffmann (2012): Von Beruf Demonstrantin. In den Bäumen mit Cécile Lecomte. Online verfügbar unter: http://www.youtube.com/watch?v=fGhad21zuko – Benjamin Braden; Leila Knüppel (2012): Idol, Nervensäge, Nonstop-Aktivistin: Mit »Eichhörnchen« auf Klettertour. Online verfügbar unter: http://www.youtube.com/watch?v=2BRjAOtgkDc – Marie Elaine Hansen, Vivian Lievenbrück (20. 05. 2010): Kletteraktivistin Cécile Lecomte: Porträt. Online verfügbar unter: http://www.youtube.com/watch?v=PDqdPYyaTZ4 – Dazu die Tondokumentation von Nadine Dietrich (2010): Eichhörnchens permanente Revolte. Über die Umweltaktivistin Cécile Lecomte. Unter Mitarbeit von Karin Beindorff. Deutschlandfunk.
154. Alain de Botton: Erotik vs. Vernunft – Die destruktive Macht der Internet-Pornografie. In: Welt-Online, 25. 01. 2012.

Bibliografische Information der Deutschen Nationalbibliothek

Die Deutsche Nationalbibliothek verzeichnet diese Publikation in der Deutschen Nationalbibliografie; detaillierte bibliografische Daten sind im Internet über https://portal.dnb.de abrufbar.

FSC
www.fsc.org
MIX
Papier aus verantwortungsvollen Quellen
FSC® C006701

Verlagsgruppe Random House FSC® N001967
Das für dieses Buch verwendete FSC®-zertifizierte Papier *Munken Premium Cream* liefert Arctic Paper Munkedals AB, Schweden.

1. Auflage


Coverfoto: © Picfive – Fotolia.com / Nasared – Fotolia.com
Druck und Einband: CPI – Ebner & Spiegel, Ulm
Printed in Germany
ISBN 978-3-579-06629-5

www.gtvh.de